3

ISBN: 978-1-77228-088-3

© Laitman Kabbalah Publishers

YAZAR : Semion Vinakur

ÇEVİRİ: Laitman Kabbalah Publishers

www.kabala.info.tr

Kapak: Laitman Kabbalah Publishers
Basım Tarihi: 2023

Merdivenin Sahibi 1

BİR SİNEMATİK ROMAN

Bu neslin hocası Dr. Michael Laitman'a ithaf olunur.

Merdivenin Sahibi

Semion Vinokur

Bir Sinematik Roman

19. asrın sonlarında bir Varşova gecesi.

Bir o ya bir bu yana ağır ağır sallanan bir sokak lambası. Çok eski ağır bir satıl taş yolda su taşırken gıcırtılar çıkarıyordu. Rüzgâr ve yağmur birlikte şehrin boş sokaklarında hızla dans ederken camlara şiddetle çarpıyordu.

Bir adamın keskin çığlığı birdenbire bu sessizliği bölmüştü; "Yehuda!" ve hemen ardından bir kadının sesi işitildi;

"Simha, ne oldu?"

Şiddetle yağan dolu, iki katlı evin pencerelerini dövüyordu. Su seslerinin arasında ikinci katın karanlık odasında neler olduğunu anlamak mümkündü.

Kadının Sesi: "Beni korkutma, Simha... Nasıl bir rüya gördün? Anlatsana!"

Simha'nın Sesi (Rahat bir sesle): "Sara, sen bir oğul doğuracaksın."

Kadının Sesi: "Rüyanda yakında doğacak olan çocuğumuzu mu gördün?.. Lütfen, durma! Daha fazla anlat! Bana neler gördüğünü anlat..."

***

Gece. Yatak Odası.

Masanın üzerinde açık bir kitap duruyordu.

Adamın Sesi: "Altı harf kitabın içinden uçup bir kelime olarak birleşti..."

Kadının Sesi (Bitkin bir sesle): "Off off! Her şey evimizde sakladığımız bu kitap yüzünden... Bu nedenle senden bu kitabı çok uzak ve gizli bir yere saklamanı rica etmişlerdi..."

Kadının eli kitaba doğru uzandı, fakat adam elini kadının eline doğru uzatarak kadının kitaba dokunmasını engelledi.

Simha'nın Sesi: "Yaradan eline basacak..."

Tam bu esnada birisinin pencereye vurduğu işitildi. Kadın korkudan avazı çıktığı kadar bağırmıştı. Oysaki pencerenin dış pervazına beyaz bir kuş tünemişti. Biraz sonra kuş hızla aşağı uçarak, bomboş duran bankların üzerinden geçip gecenin karanlığında kayboldu.

Dışarıda çok güçlü bir yağmur vardı. Bahçedeki bankın üzerinde siyah giyimli uzun boylu birisi oturmuş, kitap okuyordu. Elinde açık bir şekilde tuttuğu kitabın üzerine şapkasından yağmur damlaları damlıyordu. Başını yukarı kaldırarak ikinci kattaki pencereye baktı. Bu adam hayatının son demlerinde Baal Hasulam'a çok benziyordu.

***

5 Eylül 1884 yılı. Simha Levi Aşlag ailesinde bir erkek çocuk dünyaya gelmişti. Kadının elleri küçük bir bebeği havaya kaldırıyordu. Bebek tiz sesiyle bir çığlık attı, sanki çok derin bir nefes alıp usulca susmuştu.

Kadının Sesi: "Nereye bakıyorsun sen bakayım? Nereye bakıyor bu bebek? Acaba tavanda ne görüyor?"

Diğer Kadının Sesi (Fısıltıyla): "Bilmiyorum ama bana öyle geliyor ki bu bebek duvarın arkasında olanları görüyor..."

Bebek beşikte sakince yatarken büyük bir adamın bakışlarıyla tavana bakıyordu.

Bir Sinematik Roman

***

Gündüz. Varşova'da bir Sinagog.
Cemaatin Rav'ı Mordehay Feldman, bebeğin üzerine eğilmişti. Sünnet bıçağı Rav'ın elinde bir an parladı ve kestiği küçük deri parçasını getirdikleri kumun üzerine attı...

Rav Feldman'ın yüzünü bir heyecan kapladı. Bebek ağlamıyordu. Rav Feldman bebeği kaldırıp babasına verirken mırıldandığı duayı şu cümlelerle sonlandırdı:

-"Adı İsrail'de densin..." (Simha'ya bakarak.)

***

Simha: "Yehuda Leib."

Rav Feldman: "Yehuda Leib, Simha'nın oğlu HaLevi Aşlag. Ağlamayı bilmeyen bir bebek!"

***

Aşlag ailesinin evinde bir oda. Sabah.
Üç yaşındaki Yehuda masanın arkasında oturmuş, babası O'nu uzaktan izliyordu.

Yehuda'nın küçük parmağı hızlıca yüce bir kitabın satırlarının üzerinden geçiyor... Sesi işitiliyor:

-"Büyük kapıların içinde bir kilit var ve o dar bir yer, aynı anahtarı oraya sokmak için... ve yazar ki başlangıçta sadece O vardı..."

Yehuda, babasının elini tutmuş sokakta beraber yürüyorlardı. Yehuda'nın gittikçe kaybolan sesi halen sokakta işitilmekteydi.

- "O altı kapı, kapıları açan ve bağlayan anahtarın içindedir. Ve elbette başlangıç O kapıları kapatıp ve onları içine dahil ettiğinde yazılır."

Simha ve oğlu Sinagog'a giriyorlardı...

Simha ve Yehuda, eski kitaplarla dolu rafların önünden geçiyorlardı.

Simha'nın gözleri merakla kapaklara bakıyordu. Onlar Rav Feldman'a doğru yaklaşıyorlarken Feldman onları dikkatlice izliyordu.

Simha: "Sana bazı şeyler danışmak istiyordum saygıdeğer Rav..." (Simha, Yehuda'ya dönerek) "Yehuda, sen kitaplara bakmaya gidebilirsin."

Yehuda, kitaplara doğru giderken babasının fısıldamaları işitiliyordu:

-"Sara ve ben O'nun için çok endişeliyiz... Bazen biz O'nun bizden daha olgun olduğunu hissediyoruz..."

Yehuda, kitaplara doğru yürüyor, siyah kapaklı kitapları inceliyordu. Rav Feldman O'nu gözleri ile ardı sıra takip ediyordu.

Yehuda, birden bire çok eski bir kitabın önünde durdu.

Rav Feldman, aniden yerinden sıçrayıp çocuğa doğru hızlıca ilerlemiş ve arkasında durup mırıldanıyordu:

-"Zohar Kitabı... Anladım..."

Feldman, hızlıca arkasına dönüp Simha'yı yanına çağırdı.

Rav Feldman: "Evinizde Zohar Kitabı var mı?"

Simha (Feldman'ın delici bakışları altında): "Evet. Kayınbabam'dan hediye almıştım."

Rav Feldman: "Hay zavallı! Sakla O'nu ve ne kadar uzağa saklarsan o kadar iyi olur."

Rav Feldman, Simha'ya daha da yakınlaşıp kulağına şöyle fısıldadı:

- "İstiyorum ki oğlun Yahudi olsun... Ve bu kitap O'nu Tora'nın (Tevrat) yolundan saptırır. O halen kitapta neler yazdığını anlayamıyor. O'nun halen aklı yetmiyor, doğru değil mi?"

Simha: "Bana öyle geliyor ki... O anlıyor."

Rav Feldman, bakışlarını Yehuda'ya doğru çevirdi... Yehuda, aynı yerde durup, küçük elleriyle güçlükle o kalın kitabı tutmuştu. Kitabın açık ilk sayfalarını dudakları ile sessizce okuyordu:

- "Gün be gün Horev dağından bir ses çıkıyordu ve o ses insanlara diyor ki: Yaradan'a özünüzden bir parça yöneltin..."

Rav Feldman: "Saçmalık! Büyük insanlar bu kitaptan bir şey anlayamıyor. Bu küçük çocuk bir şey anlayamazki. Kaç yaşında bu?"

Simha: "Henüz üç yaşında."

Rav Feldman, Yehuda'nın bir sonraki sayfayı çevirdiğini görüp Yehuda'nın sesini işitiyordu:

- "Ateş, su ve hava... Başlangıcın ilk üçüncü günleri..."

Rav Feldman (hızlı hızlı soluyor): "Kitabı gizlemelisin! Ne kadar çabuk olursa o kadar iyi! Hemen!"

Aşlag Ailesinin Evi. Yehuda'nın odası.

Simha, sandalyenin üzerinde durup kitabı, kitap dolabının en üst rafına itiyordu...Ve sonra arkasına dönüp Yehuda'nın izleyip izlemediğini kontrol etmiş, sandalyeden inip odadan çıkmıştı.

***

Tora Okuma Odası. Sabah.

Tora okumayı öğreten Şimuel küçük çocukların oturduğu uzun masaların arasında dolaşıyor... Çocukların ayakları yerden yüksekte sallanıyordu. Çocukların gözleri Şimuel'in öğrettiği "haftanın okuma parçasını" takip ederken, monoton bir sesle Şimuel'in ardından okuyorlardı:

- "Ve Terakh (Hz. İbrahim'in babası) 70 yıl yaşasın ve İbrahim'i doğurur ve Nakhor ve Haran (Hz. İbrahim'in kardeşleri) Ve bunlar Terakh'ın neslidir, Terakh İbrahim'i doğurur ve Nakhor ve Haran. Ve Haran doğurur Lot'u (Haran'ın oğlu Lot)."

Yehuda, cebinden gizlice bir elma çıkarmıştı ama hemen o anda öğretmeni eline sopayla vurdu.

Yehuda, acıdan bağırmış, elindeki elma yere yuvarlanmıştı.

Öğretmen, elindeki sopayı iyice Yehuda'nın titreyen dudaklarına yakınlaştırıyordu.

Öğretmen: "Yehuda, sana vuran sopayı öpmek için, içinde bir güç ve arzu bul."

Bunun üzerine Yehuda, yüzünü çevirir.

Öğretmen (vazgeçmiyor): "Eğer böyleyse, Yehuda, Yaradan'dan talep et ki o sopayı öpmek için sana güç versin."

Sopa Yehuda'nın gözleri önünde sağdan sola sallanıyordu.

Bir Sinematik Roman

Yehuda başını aşağı eğdi, fakat öğretmeni vazgeçmiyordu.

Sopa yeniden Yehuda'nın dudaklarına yaklaşmıştı.

- " Eee…" Öğretmenin sesi işitiliyordu. "Eee!"

Ve Yehuda teslim oldu.

Yehuda, sopayı öptü.

Ve hemen ardından sopa havaya yükselip okumayı sürdüren öğrencilerin başının üzerinden geçmişti.

Öğretmen Yehuda'nın yanından uzaklaşıyordu.

Çocuklar monoton sesle okumaya devam ediyorlar:

- "Ve Terakh 70 yıl yaşadı. Ve İbrahim'i doğurdu, Nakhor ve Haran'ı da."

Yehuda'nın yanında arkadaşı Yanke'le oturuyordu.

Öğretmen masasına döndükten sonra, Yanke'le hızlıca masanın altına eğilmiş tozlanan elmayı yerden alıp Yehuda'nın cebine koymuştu…

Varşova. Musevilerin mahallesi.

Yehuda ve Yanke'le sokakta yürürlerken elmayı sırayla dişliyorlardı. Aniden Yehuda, Yanke'le'yi tutup dar bir sokağa çekti. Biraz ilerledikten sonra kendilerini garip bir dükkânın önünde buldular.

Bu karanlık dükkânın içerisinde yerden tavana kadar kitaplar birbirinin üstüne yığılmıştı.

Yehuda, içeriye girdi.

Girişte oturan yaşlı adamın yanından geçmiş ve üzeri kitap dolu çok büyük bir ahşap masanın önünde oturmuştu.

Yehuda, dikkatlice kitapların sayfalarını tarıyordu.

Merdivenin Sahibi

Yanke'le, saygı ve endişeyle ona bakıyordu.

Yanke'le: "Yaradan sana böyle bir güç vermiş Yehuda…"

Yığılmış olan kitaplar yavaş yavaş Yehuda'nın önünde azalıyordu. Ancak bir kitap kaldı…

Yehuda (mırıldanarak): "Bu gücü bana kimin verdiğini bilmiyorum."

Yanke'le: "Yaradan senin büyük bir Rav olmanı istiyor… Diğerlerine öğretmen için."

Yehuda (Kitabı yan tarafa koyup): "Onlara ne öğretmeliyim?"

Yanke'le: "Yaradan'ı sevmek. Onun sevaplarını kılman için. Bütün ruhunla dua etmek için. Ve Yahudi olmak için."

Yehuda: "Tüm bunları sana kim söyledi?"

Yanke'le: "Bu tüm kitaplarımızda yazar."

Yehuda (Sinirli bir şekilde): "Bilmiyorum… Bilmiyorum bu kitaplarda ne yazdığını."

Yehuda'nın arkasından yaşlı adamın homurtulu sesi işitiliyordu:

- "Yaşlı Salamon senin için bazı şeyler hazırlıyor."

Yaşlı Salamon, dükkânın sahibi, yırtık terliklerini yerde sürükleyerek çocuklara yaklaşmıştı.

Salamon (Hayranlık ve şaşkınlıkla): "Ne? Hepsini okudun mu?"

Yehuda: "Salamon hepsini nasıl okuyacağım?"

Salamon (Üzgün bir şekilde kendi kendine): "Yaşlı Salamon'da bu kitap yoktur. Salamon her yerde bu kitabı aradı. Öyle yerlerde aradım ki hayatımda hiç aramadığım yerler. (Parmağıyla yukarıyı işaret ederek). Salamon en

Bir Sinematik Roman

eski rafın üzerinde Ramak'ın bir mektubunu buldu. Ve orada (başını aniden çevirerek) örümcek ağı tutmuş rafın köşesinde büyük Ramhal'ın yazılarını bulmuştur."

Salamon, Yehuda'ya bakarak Yehuda'nın ellerini kenara itti.

- "Fakat o Zohar Kitabı'nı hiçbir yerde bulamadı."

Salamon sert bir şekilde dönerek kitap raflarının yanından geçiyordu. Kendi kendine konuşuyordu.

Salamon: "Fakat kitap buradaydı. Yaşlı Bere'le o kitabı Salamon'a getirmişti..."

Salamon sandalyeye çöküp ağır elini sert bir şekilde masaya vurdu.

Salamon: "Bere'le Salamon'a demişti: Bu kitabı genç Yehuda için sakla. (Salamon'un sesi gittikçe azalıyordu.) Ve nerede O? Nerede o kitap? Sana soruyorum ihtiyar Salamon..."

Sesi azalarak.

Yanke'le, arkasına dönmüştü. Salamon, yerinde uyuyordu.

Yehuda, kitaba dalmış, hiçbir şey O'nun için önemli değildi.

Yanke'le: "Benim de Yaradan'la ilgili farklı düşüncelerim var, Yehuda. Ben de farklı şeyler düşünüyorum."

Yehuda ona cevap vermiyordu.

Yanke'le: "Sadece sen böyle değilsin..."

Yehuda, suskundu. O, orada değildi.

Yanke'le, dükkândan çıktı.

Musevi Mahallesi. Gündüz.

Merdivenin Sahibi

Yanke'le, birkaç metre ilerlemişti ki aniden yolun diğer tarafından Simha'nın kendisini çağıran sesini işitti.

Simha: "Yanke'le, Yehuda nerede? Yehuda'nın nerede olduğunu biliyor musun?"

Yanke'le, hızlıca uzaklaşmaya başlamıştı.

Simha, arkasından koşup, yolu geçtikten sonra onun önüne geçti.

-"Yehuda nerede?" diye tekrar sordu Simha. "O bugün okuldan dönmedi."

- "Yehuda'nız," Yanke'le aniden hırslı bir şekilde cevap verdi, "Yaşlı adamın kitapçı dükkânında oturuyor ve ağzının suyunu akıtarak kendi kendine konuşuyor... Ve yasak kitapları okuyor!"

Kitapçı dükkânı.

Yehuda, kitabı okurken üzerine bir gölge düştü.

Simha'nın sesi: "Gel, Yehuda. Yeter."

Yehuda, başını kaldırıp babasına baktı.

Simha: "Annen ve ben çok endişelendik. Çünkü sevimli çocuğumuzun nerede olduğunu bilmiyorduk."

Simha'nın arkasından horulduyan Salamon'un sesi işitiliyordu:

- "Çocuğunuzu o aptal endişelerinizle sıkboğaz etmeyin, rahat bırakın! Öyle büyük bir zamandayız ki Yaradan onu koruyor!"

Simha, Yehuda'nın elinden tutup ardı sıra çekiştiriyordu.

Onlar hızlıca Salamon'un önünden geçerlerken... Salamon eliyle gizlice Yehuda'nın elbisesine dokunup sonra elini dudaklarına götürüp öptü.

***

Oda.

Sabah güneşi masanın üzerinde geziniyordu. Çocuklar Yehuda'nın çevresine toplanmışlar. Yehuda'nın gözleri siyah bir bantla bağlıydı.

Bir çocuğun sesi: "Sayfa Tet (9), yukarıdan 13. satır."

Yehuda, hiç duraksamadan yazıyı okumaya başlamıştı:

- "Ve Allah'dan korkarak... Ki insanın kötülüğü yeryüzünde artar ve tüm kalbinin ve aklının eğilimi her gün kötülüktedir."

Yehuda'nın küçük parmağı kitabın üzerindeki satırları sırayla takip ediyordu.

Hayranlıkla bir ses: "Doğru!"

Bir el kitabın sayfalarını hızlıca ileriye doğru çeviriyordu...

Farklı bir çocuğun sesi devam ediyor:

- "Sayfa Tet Vav (15), aşağıdan üçüncü satır."

Yehuda, (anında cevap vererek): "Ve derler ki bize şehir inşa ederler ve başı gökyüzüne değen kuleler ve bize bir isim yapacaklar."

Birkaç çocuk (Hayranlıkla): "Vaauuv!"

Yanke'le birden bire cebinden uzun bir iğne çıkarıp Yehuda'nın başının üzerinden geçirerek tam olarak kitabın içinde Kaf harfinin olduğu yere batırır...

İğne içeri girmişti, sayfaların içinden geçerek kapağa saplanmıştı.

Yanke'le: "Yüzündeki bandı çıkarabilirsin."

Yehuda, bandı yüzünden çıkarıp iğnenin saplandığı Kaf harfine bakıyordu.

Yanke'le: "Ve?"

Yehuda: "Sameh" (Sameh harfi)

Yanke'le hızlıca sayfanın arkasını çevirdiğinde, iğnenin Sameh harfine isabet ettiğini görmüştü.

Yehuda: "Het."

Yanke'le yeni bir sayfa çevirir. Ve burada Het harfinin delindiğini görür.

- "Vaauuv!" Çocuklar şenlenmişti.

Yanke'le: "Devam et!"

Yehuda: "Pey."

Yanke'le yeni bir sayfa çeviriyor. Tamamen! Pey harfi...

Çocuklar (Kendilerine hakim olamayıp büyük bir sesle bağırıyorlardı): "Vaauuv!!!"

Ve Yehuda devam eder: "Mem... Dalet... Alef... Bet..."

Aniden Öğretmen Şimuel'in sesi işitilir:

- "Aferin, Yehuda!"

Öğretmen sınıfın girişinde duruyordu.

Şimuel, Yehuda'ya tepeden bakıyordu.

Öğretmen: "Çok büyük Hasidler, Yehuda, Tüm Tora'yı o kadar iyi bilirlerdi ki gece uyurlarken bile rüyalarında Tora'yı görürlerdi. Sayfa sayfa. Sen iyi bir Hasid olacaksın,

Bir Sinematik Roman

"...Yehuda... Eğer benliğine hükmedebilirsen Öğretmen Yehuda'ya yaklaşıp başını sevgiyle okşadı.

Öğretmen: "Böyle işte Yehuda. Ve Yaradan bize böyle davranır. Dün sopa ve bugün şekerleme."

Öğretmen cebinden üzerine kâğıt parçaları yapışmış bir şekerleme çıkartarak Yehuda'ya verdi. Çocukların tüm bakışları şekerlemeye yönelmişti. O şekerleme çocukların gözüne dünyanın en tatlı yiyeceği gibi görünüyordu...

Öğretmen: "Ve O yaptığı tüm her şeyi sevgisiyle yapıyor." (Öğretmen bakışlarını sınıfın çevresinde gezdirdi.) "O'nu sevmeyi öğrenin çocuklar ve anlayın ki Yaradanımız her zaman bizimledir."

Yehuda, çocukların kıskançlıkla şekere baktıklarını görmüştü.

Yehuda şekerlemeyi masaya koyarak kendisinden uzaklaştırdı...

Öğretmen: "Hayır, hayır, hayır Yehuda. Ye onu. O şekeri kazandın. Ve tüm herkes senin kazandığın bu şekeri nasıl yediğini izleme şansını kazandılar. Ve belki bu durumda onlar bu kıskançlıkla Tora'yı senin bildiğin gibi öğrenmeyi arzulayacaklar..."

Yehuda: "Neden Tora'yı bu şekilde öğrenmek gerek?"

Öğretmen: "Anlamadım..."

Yehuda: "Ben Tora'yı ezbere biliyorum. Tüm satırları, tüm harfleri, daha ne?"

Öğretmen: "Eee, Yehuda... Senden bu soruyu duymak bana çok garip geliyor. Bu soruyu bana ne niyetle soruyorsun? Hissediyorum ki sen benim bilgeliliğimi ölçüyorsun, Yehuda... Bunu yapmana gerek yok."

Yehuda (Büyük bir saflıkla): "Ben gerçekten anlamıyorum, bu kitabı niçin ezbere bilmeliyim."

Öğretmen: "Sevap işlemek için, şeriat (hukuk) ve yargı için, Yehuda, onları ezbere bilmen lazım."

Yehuda: "Onları niçin kullanmalıyım?"

Tüm çocuklar korkak bakışlarını Öğretmen'den Yehuda'ya ve Yehuda'dan Öğretmen'e çeviriyorlardı.

Öğretmen (Sert bir şekilde): "Seçilmiş bir halk olmak için (Elindeki sopayı başının üzerinde döndürerek kitaptan okuyordu) -Ve sizler benim Krallığımın Kohenleri olacaksınız ve kutsal bir ulus- böyle yazılır... Ve tüm halk aynı yerde cevap verip derler ki Yaradan'ın tüm emirlerini yapacağız. Hatırlıyor musun Yehuda?"

Yehuda: "Evet."

Yehuda'nın yüzü solmuştu. Gözlerini öğretmenden ayırmıyordu.

Öğretmen: "Daha nedir anlaşılmayan senin için?"

Yehuda (sessizce): "Ben anlamıyorum... Niçin doğdum?"

Bir an sanki zaman durur. Öğretmen, Yehuda'ya bakıyordu...

Öğretmen: "Doğdun ki her şeye gücü yeten Yaradan'ın sevaplarını tutmak için."

Yehuda: "Anlamıyorum ben, Yaradan kimdir?"

Öğretmen: "Sorunu anlamıyorum."

Yehuda: "Daha O'nu görmedim. Kim O?"

Öğretmen: "Babanın babası Musa, O'nu Sina Dağı'nın üzerinde gördü." (Elindeki okuma çubuğunu sanki bir melodinin eşliğinde çevirerek tekrar şu pasajları okuyarak) "Ve Musa, Musa'nın kardeşi Aron, Aron'un oğulları Nadav ve Avihu ve ileri gelen 70 yaşlı kişi yükselerek. Ve İsrail'in Yaradan'ını ve ayakların altında On Emrin yazıldığı taş tableti, aydınlık gökyüzü gibi gördüler."

Öğretmen aniden Yehuda'yı parmağıyla işaret ederek.

- "Devam et Yehuda!"

Yehuda: "Ve Yaradan, İsrail'in asil oğullarına elini uzatmadı. Ve Yaradan'ı düşleyip, yediler ve içtiler."

Öğretmen: "Gördün mü her şeyi biliyorsun. Öyleyse neden soruyorsun?"

Yehuda: "Ben hiçbir şey bilmiyorum. Bilmek istemiyorum... Ona göre ben istiyorum ki..."

O susmuş, derinden solumuştu.

Öğretmen (Sabırsızca): "Eee!"

Yehuda: "Ben hissetmek istiyorum... Ben istiyorum... O'nunla buluşmak istiyorum. Görmek! Yaradan'ın kim olduğunu bilmek istiyorum! Şayet O varsa! Bu cümlelerin arkasında ne olduğunu keşfetmek istiyorum!"

Öğretmen şaşkın gözlerle Yehuda'ya bakıyordu. Tüm çocuklar çok şaşırmıştı.

Öğretmen (Henüz şaşkın ve sessiz bir şekilde): "Bence sınıftan çıkman gerek. (Bağırarak.) Çık dışarı!"

***

Varşova. Yahudi Mahallesinde bir cadde.

Yehuda yalnız bir şekilde caddeden geçiyordu. Yehuda geçerken çevredeki dükkân sahiplerinin, sattıkları eşyalarının düzenlemelerine dikkat etmiyordu, yaşlı bir yoksul bir su birikintisi içinde yatıyordu ve tek

Merdivenin Sahibi

teli kalmış kemanını çalan kemancıya da dikkat etmiyordu.

Yehuda kendi düşüncelerine dalmıştı.

Yehuda yolda karşıdan karşıya geçerken aniden birisinin bağırarak kendisini çağırdığını işitti:

- "Pırr, pırr, pırr!!!"

Başının üzerinde bir atın yüzünü görmüş ve atın üzerinde kızıl sakallı, sert bir faytoncunun yüzü görünüyordu.

Faytoncu: "Ne? Daha fazla yaşamak istemiyor musun artık?"

Yehuda korkmuş, aniden dönüp, koşarak oradan uzaklaşmıştı. Dükkânların önünden hızlıca koşarken, insanlar dönüp Yehuda'ya bakıyordu...

Köşeyi geçtikten sonra kendisini kovalayan birileri var mı diye arkasına dönüp baktığı esnada tüm hızıyla Yanke'le ile çarpıştı.

İkisi birden yere düştüler.

Yehuda daha ayağa kalkmadan Yanke'le Yehuda'nın kulağına şöyle fısıldadı:

-"Eve gitme. Öğretmen sizin evde oturuyor..."

Yehuda ayağa fırladı ve Yanke'le'de ardından.

İkisi birden koşarlarken, Yehuda onun önüne geçmek istiyordu.

Yanke'le, Yehuda'nın elbiselerinden çekiştirerek onun öne geçmesini engelliyordu:

-"Burada bir yer biliyorum, orada bekleyebiliriz."

Yehuda, Yanke'le'nin elini tutup çekiştirerek eve doğru koşuyordu.

Yanke'le arkasından koşuyordu. Yanke'le etrafına bakarken dudaklarını Yehuda'nın kulağına yaklaştırıp fısıldadı:

-"Yaradan yok. Ben seninleyim."

***

Aşlag ailesinin evi.

Yehuda kapıyı açtı. Salonun sonunda, masanın ardında Yehuda'nın anne ve babası ve öğretmen Şimuel oturuyordu. Öğretmen elini havada dolandırarak konuşurken Yehuda'yı görür görmez o anda donakaldı.

Yehuda, salonda onların önünden geçerek odaya girdi. Salon ile odayı birbirinden ayıran ince ahşap bir duvar vardı. Yehuda yatağının üzerinde otururken, öğretmenin anne ve babasına fısıltıyla ne anlattığını işitiyordu.

Öğretmen: "Evet. Ben sizi suçluyorum. Daha kimi suçlayabilirim ki?"

Yehuda, yatağına uzandı ve horoz tüyünden yapılmış yastığı yüzüne kapadı. Her yer birden sessizleşmişti. Yehuda her nefes alış verişinde yastığın dışına çıkmış tüyün sağa sola sallanmasını gözleriyle izliyordu...

Ayak sesleri işitiliyordu... Birisi yatağın üzerine oturmuştu.

Bir çift nazik el, yastığı Yehuda'nın yüzünden yumuşak bir şekilde çekti.

Yehuda karşısında babasını gördü.

Annesi de arkasında duruyordu.

Babası Yehuda'nın üzerindeki battaniyeyi düzeltiyordu.

Annesi eğilip Yehuda'yı öptü.

Yehuda'nın gözleri yaşla dolmuş, yüzü yalvarır gibi bir hal almıştı.

Yehuda (fısıldayarak): "Niçin yaşadığımı bilmiyorum..."

Simha dehşetle oğluna bakıyordu.

-"Sen bizim oğlumuzsun. Ve sen daha sadece beş yaşındasın... Bizim için her zaman küçük sevgili oğlumuz olacaksın. Senin yaşındakiler bunları düşünmüyorlar, Yehuda."

Yehuda yatağının üzerinde titreyerek doğrulup babasına dönerek ona doğru yakınlaşıp, babasının gözlerine bakarak şöyle dedi:

-" Yaşamak istemiyorum."

Simha eşine döndü.

Anne sessizliğini koruyordu.

Yehuda'nın annesi ellerini yüzüne kapatmıştı.

Simha tekrar oğluna döndü.

Simha: "Bundan daha büyük bir günah yoktur, zavallı ve sevimli oğlum... Bu dünya basit değil. Özellikle Yahudiler için. Fakat bu Yaradan'ın bize verdiği dünya. Çocukluğumuzda bu hayat için mutlu olmalıyız... (üzüntüyle) Neden çocukluğunu senden aldılar? Neden bu kadar olgunsun? Neden?"

Anne sessizce odadan çıktı. Annenin ağlaması işitiliyordu. Elleriyle ağzını kapatmasına rağmen ağlamasını gizleyemiyordu.

Bir Sinematik Roman

Simha: "Yarın bizim Rav'a gideriz ve her şeyi ona anlatırsın. Tamam mı? Şimdilik uyu. Uyu ve Yaradan'dan başka hiçbir şeyi düşünme, O her zaman senin yanındadır."

Simha ayağa kalktı.

Kapı ardı sıra kapandı.

Sadece pencereden giren ayın soluk ışığı masayı ve beyaz yatağı aydınlatıyordu.

Yehuda'nın elleri battaniyenin üzerindeydi.

Yehuda yatağında uzanırken sinirli bir şekilde pencerenin dış tarafına bırakılmış soğuk tırpana bakıyordu.

Yehuda gözlerini tavandaki rutubet ve yağmurlardan oluşan daire şeklindeki kara lekelere çevirmiş, dikkatlice bu lekelere bakıyordu.

Dairelerin ortasında bulunan bir kara nokta çok belirgindi...

Yehuda (Daireleri sayarken): "Bir, iki, üç, dört."

Gözlerini kapatmıştı...

Birdenbire acı ve sert bir şekilde bağırarak duvara yumruk attı.

Yumruğun şiddetiyle ince duvar ve yatağın üzerinde bulunan kitap rafı titremişti.

Raftan, bir kitap yavaş yavaş üzerine düştü.

Kitap, beyaz kanatlı çok büyük bir kuş gibi süzülüp Yehuda'nın üzerine düştü; kitap süzülüp düşerken sayfaları açılıyordu.

Yehuda derin bir nefes aldı. Uzun bir süreden sonra Yehuda'nın yüzü ilk defa sevinçten aydınlanmıştı...

Kitap yavaş yavaş üzerine düşüyordu.

Merdivenin Sahibi

... Kitap Yehuda'nın üzerini kapatmıştı.

Oda kararmıştı.

Sadece Yehuda'nın nefesinin sesi işitiliyordu.

Yehuda'nın yüzü kitabın altındaydı.

Harfleri görüyordu.

Harfler çok yakındı.

Harfler çok büyük ve bulanık görünüyorlardı.

Yehuda dikkatlice kitabı başının üzerinden kaldırdı.

Ellerini uzatarak kitabı tutmuştu.

Dudakları fısıltıyla okumaya başlamıştı:

Yehuda: "Ve derler ki: Benim yanıma gelmek isteyen için bu kapılar ilk kapılar olacaktır... Kim bu kapılardan girmek isterse, girebilir."

Çocuk okuyor.

Gecenin karanlığı şafağa yer açıyordu.

Sabahın erken saatleri.

Çöpçüler sokakları temizlemeye çıkmıştı. İkinci kattaki odada yanan mumun sallanan ışığı uzaktan görünüyordu...

Bu mum Yehuda'nın odasında yanan mumdu.

Sabahın tüm sesleri odaya giriyordu:

At arabasının gıcırtılı sesi, arabacının bağırtısı ve demir tekerleklerin kaldırıma sürtünmesi işitiliyordu.

Yehuda tüm bu sesleri işitmiyordu.

O yatağında otururken tüm benliğiyle kitabı okumaya dalmıştı. Bir an bile kitaptan ayrılmıyordu.

Bir Sinematik Roman

Odasının açılan kapısından içeriye giren babasını fark etmemişti.

Yehuda gözlerini yavaşça yukarı kaldırıp sustu.

Simha çocuğunun yanında oturup onu kucakladı.

Oğlunun dizlerinde bulunan kitabın adını görüyordu.

Simha: "Buldun mu O'nu?"

Yehuda: "Evet."

Simha: "Ve okudun mu kitaptan?"

Yehuda: "Evet."

Simha: "Hepsini mi?"

Yehuda: "Hepsini."

Simha: "Ve anladın mı bir şeyler?"

Yehuda: "Anladım ki her şey bu kitapta."

Baba bakışlarını kitaba çevirdi.

Baba tekrar Yehuda'ya bakıp derin bir nefes aldı.

-"Duydum ki bu kitaptan dolayı deli olunabilinirmiş;" dedi Simha. "Ve duydum ki bu kitabı okumadan önce karnını Kutsal Tora ile doldurman gerekiyor. Ve kırk yaşını doldurmadan bu kitaba yaklaşamazsın. Bu kitap için farklı şeyler söylüyorlar. Fakat hiçbir zaman bu kitabı okumayı tecrübe etmedim. Ve sen okudun ve bazı şeyleri anladın... Üç yaşında bu kitabı ilk defa açarak. Bana bunu gizlememi söylemişlerdi. Ve sen onu tekrar buldun. Görünüyorki yapacak bir şey yok bu konuda..."

***

Varşova'daki Sinagog. Sabah.

Yehuda ve Simha, Rav Feldman'ın karşısında duruyorlardı.

Rav Feldman: "Ve sen diyorsun ki O kitabı buldu mu? Hatta o bu kitaptan bir şeyler bile anladı?"

Yehuda: "O yukarıdaki raftan üzerime düştü. O'nu okudum ve anladım ki o kitap sadece benim kitabım. Ve o kitap benim için yazılmış."

Rav Feldman derin bir şekilde Yehuda'ya bakıyordu.

Bundan sonra Rav Feldman yanında duran iki sandalyeyi göstererek oturmasını işaret etti.

Yehuda, Rav Feldman'ın yanına oturdu.

Rav Feldman: "Simha sana şunu demek istiyorum, bazı insanlar var ki onları engellemeye gücün yoktur. İnsanlar var ki onlardan bir şeyi gizleyemezsin. Derler ki onların kalbinde bir nokta vardır. Ve derler ki Yaradan'ın bu kimselerle özel bir ilişkisi vardır. Ve onların da Yaradan'la özel bir ilişkisi vardır."

Rav Feldman bakışlarını Yehuda'ya çevirerek: "Onların bu dünyaya nasıl geldiğini ve bu büyük kitabın onları nasıl bulduğunu anlamak mümkün değildir."

Rav Feldman düşünceye daldı.

Bakışlarını Simha ve Yehuda'dan uzak ayrı bir yere çevirdi.

Rav Feldman: "Yaşamım boyunca ancak bir insan gördüm böyle. Onun adı Kotsekli Menahel Mendel 'di." (Rav

Feldman buğulu gözlerle başını yavaşça sağa sola çevirip, sesinde bir özlem işitildi)

-"Onun ruhunda büyük bir ateş vardı. Yaradan'ı tanımak için yüce bir arzusu vardı. Hiç bir insan O'nun yolunun üzerinde duramazdı. Öğrencileri bile. Öğrencileri ona tutunmak istiyorlardı ama bir çoğu yoldan düştüler, O'nun içsel ateşinin yanında duramadılar. O ne hiç kimseye ne de kendine bu yolda taviz vermedi. Gözlerinin önünde tek bir amaç vardı; Yaradan!"

Yehuda, Rav Feldman'ın sözlerini adeta içiyordu.

Rav Feldman başını sağa sola sallamaya devam ediyordu.

-"Hayır Yehuda. O artık bizimle değil. Anlattıklarına göre hayatının son yirmi yılında odasından çıkmadı. Hiçbir insan o odada neler olduğunu bilemedi. Sessizce öldü, öğrencilerine hiçbir şey demeden."

Rav Feldman sustu.

Rav Feldman, Yehuda'ya bakıyordu.

Ardından Simha'ya baktı.

Rav Feldman: "Ama öğrencilerinden birisini tanıyorum."

Yehuda'nın gözleri heyecanla parıldadı.

Yehuda, Rav Feldman'a karşı içindeki heyecanı gizleyememişti.

Rav Feldman: "Sakin ol Yehuda. Seni öğrencisi olarak kabul edeceğinden emin değilim. Kendisi garip bir adamdır ve benim söyleyeceklerim onun ilgisini çekmez. Hemen karar vermeyelim, zavallı baban seni zor bir çalışmaya gönderdiğimizi bilmelidir. Bu yol senin için rahat bir yol olmayacak. Önce baban bir düşünsün ve bundan sonra kararını versin."

Yehuda babasına yalvarırcasına bakıyordu.

Simha, Rav Feldman'a bakıyordu.

Rav Feldman ayağa kalkıp yan tarafta bulunan kitaplara doğru yürüdü ve bir yandan kitaplara göz gezdirirken diğer yandan ilgiyle baba ve oğlunu izliyordu.

Simha derin bir sessizlik içindeydi.

Yehuda da aynı şekilde sessizdi.

Bir dakika böyle geçmişti. Bir dakika daha. Bir dakika daha.

Simha gözlerini Rav Feldman'a doğru çevirdi.

Simha: "Adı ne onun?"

Rav Feldman: "Baruh."

Simha: "Ve bu Baruh'u nasıl bulabiliriz?"

Dışarısı. Gündüz. Dar köy yolu.

Simha ve Yehuda ormanların ve tarlaların arasında dar ve dolambaçlı köy yolunda ilerliyorlardı.

Kuşlar üzerlerinde ötüşüyorlardı.

Bahar gri ormanı açık maviye renklendirmiş ve onu uykusundan uyandırmıştı.

Yol küçük bir şehre gidiyordu.

Yağışlardan ve rutubetten kararan evler önlerine çıkıyorlardı.

Şehrin kenarında virane şekilde tek başına kalan bir ev duruyordu. Pencereleri sıkıca dışarıdan kapatılmıştı.

Simha evin kapısına geldi ve çekinerek kapıyı çaldı ama kimse cevap vermedi.

Simha evin etrafında dolanıp tekrar Yehuda'ya döndü.

Yehuda orada durup kapanmış pencereye dikkatlice bakıyordu. Simha da aynı yere bakıyordu... Birden, pencere kanatlarının arasından bir çift göz göründü. Onlara doğru bakan bir çift deniz mavisi göz belirmişti.

Gözler Simha'yı süzüyordu.

Simha birden bire ağzını açıp bir şeyler söylemek istedi, fakat diyemedi.

O esnada büyük bir hırıltılı bir ses işitildi:

Ses: "Senden on tane yumurta alacağım, iki domates ve yarım ekmek. Kapı açıktır. Küçük Yehuda'ya izin ver içeri girsin. Ve sen... Orada kal!"

Simha (Sertçe): "Hayır! Onunla gireceğim!"

Yehuda babasının elini sıkıyor, yalvaran gözlerle ona bakıyordu.

Simha (Şüpheyle): "Fakat nasıl olabilir... Seni yalnız yollamak?"

Simha, Yehuda ile göz göze gelince sustu.

Yehuda ileriye geçip, kapıyı açtı ve evin içinde kayboldu.

Simha pencereye yanaştı.

Dar bir aralıktan odanın ortasına konulmuş, derme çatma eski tahtalardan yapılmış büyük bir masayı görebiliyordu. Simha masanın yanında saçları darmadağın olan yaşlı bir adamın önünde oturan Yehuda'yı görüyordu. Yaşlı adamın gür sesi işitiliyordu:

-"Kimseye inanma. Her şeyi özünle yokla. Onların 'inanç' adına söyledikleri her şey saçmalık!"

Simha başını ağır ağır sallıyordu.

Baruh'un sesi: "Sana Yaradan'ın olduğunu söylediler. Onlara inanma!"

Simha pencerenin aralığından korku ve çaresizlikle bakıyordu, gözleri yaşlarla dolmuştu...

Simha, Baruh'un Yehuda'nın başının üzerine eğildiğini görmüştü:

-"O'nu kendinde bul! İnanç kalben bilmektir. O'nu kendinde hisset. Anladın mı beni?"

Yehuda: "Evet."

Simha kulağını kapatıp evin etrafında biraz dolandıktan sonra evden uzaklaştı.

Baruh odanın içinde ayağa kalkıp Yehuda'nın etrafında dolanmaya başlamış ve aniden Yehuda'nın önünde durmuştu.

Baruh: "Daha önce bir insanın kuşa dönüştüğünü gördün mü?"

Yehuda: "Hayır."

Baruh: "Buna inanıyor musun?"

Yehuda: "Hayır."

Baruh: "Mucizelere inanmıyor musun? Bu çok iyi. Bu doğru. İnanma..."

Baruh'un yüzü Yehuda'nın yüzüne çok yaklaşmıştı.

Baruh birden bire keskince dönüp duvara yaklaştı.

Baruh durdu. Yehuda dikkatlice onun ardından bakıyordu...

Yehuda, Baruh'un sağ omzunun ritimli bir şekilde nasıl kıpırdandığını gördü.

Kumaş'ın yırtılma sesi sessizliği bozmuştu.

Yaşlı Baruh'un yıpranmış elbisesi Yehuda'nın gözlerinin önünde yırtılmaya başladı.

Büyük beyaz bir kanat dışarı çıkıp havayı çırpmaya başlamıştı, sanki Baruh'u yerden havaya kaldırmak ister gibi.

Yehuda'nın korkudan nefesi kesilmişti.

Bir kanat daha Baruh'un elbisesini yırtıp dışarı çıkıp havayı çırpmaya başlamıştı.

İki kanat şimdi hızlıca havayı çırpıyordu.

Köhne evin içinde rüzgârlar esmeye başlamıştı.

Rüzgâr duvar köşelerindeki örümcek ağlarını yırtmaya başlamış, yıllanmış tüm tozları havaya kaldırıyordu.

Bir kova gürültüyle yere düştü.

Baruh, Yehuda'ya döndü.

Şaşkın haldeki çocuk, burnunun yerinde uzun gagalı, bir çift düğme gibi keskin bakışlı sarı gözleri ve alnının üzerinde ibibik olan büyük bir kuş görüyordu...

Yehuda'nın sırtı bir ördeğin derisi gibi korkudan gerildi.

Yehuda korkuyla Baruh'un ayaklarına bakıyor, Baruh'un ayakları kaslı büyük bir kuşun ayaklarına dönüşüyordu.

Kuş olan Baruh çığlık atıp koşmaya başladı... Kuş, Yehuda'nın önünden geçip hızlıca pencereye doğru uçmaya başladı.

Dışarıdan tahtalarla kilitlenmiş pencereler parçalanıp binlerce parçaya bölündü.

Yehuda büyük beyaz bir kuşun dışarıya fırladığını görmüş ve güçlüce kanat çırpan kuş gün batımına doğru uçmuştu.

Kuş ağaçların en uç dallarına sürtünerek tarlada ilerleyen Simha'nın üzerinden uçup şehrin üzerinden geçip ufka doğru uçtu.

Yehuda bulunduğu yerden kımıldayamadı.

Tüm ev ters dönmüştü.

Örümcek sağlam kalan duvarın kenarında bir o yana bir bu yana sallanıyordu.

Sessizliğin sesi çok yüksekti...

Ve aniden tüm her şey Yehuda'nın gözünde bulanıklaştı.

Yehuda kendine gelmişti. Baruh, Yehuda'nın üzerinde durmuş, yüzü Yehuda'nın yüzünün karşısında duruyordu.

-"Gördün mü bunu?" diye sordu Baruh.

-"Gördüm," diye fısıldadı Yehuda.

-"Şimdi inanıyor musun?"

Yehuda'nın boğazı düğümlenmiş ve yutkunmak istiyordu.

-"İna-nı-yorum..."

Baruh: "Neye inanıyorsun? (Baruh biraz daha Yehuda'nın üzerine eğilmişti.) Bu saçmalığa?"

Merdivenin Sahibi

Yehuda (Kekeleyerek): "Fakat ben… Gördüm onu…"
Baruh: "Ne gördün?"
Yehuda: "Kuş…"
Baruh: "Nasıl bir kuş?"
Yehuda: "Çok büyük bir kuş."
Baruh: "Aptal ve küçük Yahudi, ben sana bunların boş olduğunu söylesem?
Yehuda: "Fakat ben… Ben gördüm bunu… Bunu gözlerimle gördüm… Her yeri ters döndürdün…"
Baruh: "Ben sana gördüklerinin büyü olduğunu söylesem?"
Yehuda: "Büyü?"
Baruh: "Evet. Ucuz ve basit bir büyü!"
Yehuda: "Büyü?"
Baruh: "Evet. Basit bir büyü. Tüm düşüncelerini Yaradan'dan uzaklaştırmana yetti."

Yehuda'nın elleri titremeye başladı.

Baruh (Sanki Yehuda'nın titremesini görmeyerek.): "Zayıf bir insan olduğunu keşfettin. Bu büyüye teslim olup 'inanç' denen kelimeyi bu büyüyle özdeşleştirdin!"

Yehuda'nın ellerindeki titreme dudaklarına geçmişti.

-"Bu şeyi dünyada bir daha tekrarlama!" diye aniden bağırdı Baruh. "Unutma! Bilmelisin ve güçlü olmalısın ki bu dünyada mucizeler yok. Bu dünyadaki mucizelerin hepsi ucuz maskaralıklardır!"

Baruh, Yehuda'nın üzerinde eğilmişti.

-"Ucuz maskaralıklar! Beni duyuyor musun?"

Yehuda'nın yüzüne korku ve çaresizlik çökmüş, merhamet dilercesine Baruh'a bakıyordu.

Baruh sakin bir şekilde ve yorgunca masanın kenarına oturdu ve Yehuda'nın gözlerine bakıyordu.

Baruh: "Daha önce bunun gibi birçok maskaralılar yapmayı biliyordum. O küçük insanları istediğim gibi kandırabiliyordum. Ve onlar aptalca ben nereye gitsem peşimden gelirlerdi. Birçok insan beni tanırdı ve böylelikle çok para kazanırdım."

Baruh bir süre sustu.

Ve daha net konuşmaya başlamıştı ki Yehuda söylediği her bir kelimeyi anlayabilsin.

-"Fakat bu batağın içine ne kadar battıysam Yaradan ile aramda olan uçurum da o kadar büyüdü, genişledi. O benden uzaklaştı. Beni duyuyor musun Yehuda? Duyuyor musun?"

-"Evet," diye fısıldadı Yehuda.

Baruh: "İnanç – Yaradan'ın senin karşında ifşa olmasıdır ve sen onu net bir şekilde hem görüyor hem de hissediyorsundur, beni hissettiğin gibi… O, bunun gibi tüm saçmalıklara inanmayı kestiğin an ifşa olacaktır… Bu saçmalıklar vasıtasıyla bu dünyada hiçbir mucize olamaz. Bu dünyada asla olmaz!"

Baruh susmuş sandalyede ileri geri sallanırken Yehuda'ya bakıyordu.

-"Benim yanıma neden geldin? Kötü müydü senin için?"

Yehuda: "Evet."

Baruh: "Niçin?"

Yehuda: "Bilemedim… Niçin yaşıdığımı…"

Merdivenin Sahibi

Baruh: "Ve şimdi biliyor musun?"
Yehuda: "Biliyorum."
Baruh: "Eee? Söyle. Niçin?"
Yehuda (Kekeleyerek): "Ben... istiyorum..."
Baruh: "Eee!"
Yehuda: "Ben istiyorum..."
Baruh (Sabırsızca): "Eee, sen ne istiyorsun?"
Yehuda: "Ben, O'nunla buluşmak istiyorum."
Baruh sandalyede sallanmayı kesip sordu:
-"Ne?"
Yehuda: "Ben, O'nunla buluşmak istiyorum."
Baruh (Yüksek sesle): "Sen, O'nunla buluşmak mı istiyorsun!!!"
Yehuda: "Evet."
Baruh (Küçümser bir bakış atarak): "Sen, dünyanın sahibiyle buluşmak mı istiyorsun?"
Yehuda: "Evet."
Baruh (Zalimce): "Sen? Zavallı bit, bu dünyadaki tüm çöplüğe inanan bir pislik parçası!"

Baruh'un yüzü solmuştu

Susamışçasına derin bir nefes aldı.

-"Sen, O'nunla buluşmak istiyor musun? Sen hiç O'nunla buluşmanın ne olduğunu biliyor musun? Biliyor musun?"

Yehuda sustu. Korkmuştu ya da ne cevap vereceğini bilmiyordu.

-"O'nunla buluşmak, O'nunla buluşmaya layık olmak demektir! Layık!"

Baruh yeniden Yehuda'nın üzerinde durup doğrudan soru soruyordu:

"Sen biliyor musun O'nunla buluşmaya layık olmak ne demektir? Buluşmak; büyük, erdemli ve özel insanlar bile bunu kazanamadı! Bunun ne demek olduğunu biliyor musun?"

Sorunun cevabını beklemeden derin bir nefes alarak cevap verdi:

-"O büyükler, layık olanlar... Tüm hayatlarını buna adayanlar... Ve O, onları kabul etmedi!"

Baruh aniden sustu, küçük elleri ile yüzünü korumak istercesine kapamaya çalışan çocuğun korku dolu yüzüne bakıyordu.

Baruh susmaya devam ediyordu.

O sanki Yehuda'nın üstüne çöreklenmişti.

Sıçan odanın bir köşesinde hışırtı çıkarıyordu.

Pencerenin dışında normal olmayan bir sessizlik vardı.

-**"Korktun mu?"** diye sordu Baruh.

-**"Evet." diye sessizce cevap verdi Yehuda.**

Baruh: "Bu iyi. Tora'daki ilk sevap korkudur. Fakat benden korkma. Ben neyim? Hiçbir şeyim! Sen Yaradan'dan korkmalısın..."

Baruh oturmuş ve bakışlarını Yehuda'dan çevirip masanın üzerinde üst üste dizilmiş kirli tahtalara bakıyordu.

-"Yaradan'ı hayal kırıklığına uğratmamak için korkmalısın."

Baruh'un kabarmış damarlarla dolu elleri dizlerinin üzerinde hareketsizce duruyordu. Derin bir nefes aldı:

-"Senin ne kadar haklı olduğuna dair bir fikrin yok Yehuda. O'nun düşüncesini keşfettin. O'nun bu dünyada en çok istediği şey, hepimizin bir arada o sözü söylememiz, senin söylediğin gibi: 'Seninle buluşmak istiyoruz… Bizler sensiz yaşayamıyoruz… Bunun olması için her şeyi deriz ve yaparız!'"

Pencereyi dışarıdan çapraz şekilde kapatan tahtaların arasından Simha'nın eve geldiğini gördüler.

Simha yaklaşıp içeri baktı.

Simha, Baruh ve Yehuda'nın rahat bir şekilde yüz yüze oturduklarını gördü ve sakin bir şekilde pencerenin yanındaki ağaçtan yere düşen bir yığın dalın üzerine oturdu. Simha'nın gövdesi sessiz bir şekilde sallanmaya başladı, tıpkı dua zamanındaki gibi.

Güneş ormanın sonunda batmaya başlamıştı.

Evin içi. Baruh susmuş ve çok daha yaşlı görünüyordu. Masanın altından çok eski, yıpranmış bir kitap çıkarıp nazikçe masanın üzerine koymuş ve elleri ile kapamıştı.

Baruh: "Sen bu kitabı biliyor musun?"

Yehuda: "Bu Zohar Kitabı."

Baruh: "Okudun mu onu?"

Yehuda: "Okudum."

Baruh: "Anladın mı onu?"
Yehuda: "Hayır."
Baruh: "Hissettin mi?"
Yehuda: "Evet."
Baruh: "Ne hissettin?"
Yehuda: "Sıcak."
Baruh: "Bu iyi. Sıcak, bu çok iyi. Zohar Kitabı tüm insanlığın en büyük kitabıdır. Ve Onlar, aptallar, halen bunu anlamıyorlar." (Baruh, Yehuda'ya karşı hislerini kısıtlayarak açıyor ve düşünüyordu ki Yehuda kendisini duyuyor ve anlıyordu.) "Tüm kutsal kitaplar Kabalistlerin eliyle yazılmıştır Yehuda. Kabalistler yükseldikçe yükseldiler ve orada yaşıyorlar, manevi dünyalarda. Ve sen burada yaşıyorsun Yehuda. Onlar küçük Yehuda'ya oradan yazıyorlar. Orası, Işıktır. Ve burası, karanlıktır. Onlar senin için bu yolu tanımlayıp, anlatıyorlar."

Baruh yüzünü Yehuda'nın yüzüne yakınlaştırıp büyük bir sesle fısıldıyordu.

-"Sen her zaman onların yanında olmayı istemelisin. Beni duyuyor musun Yehuda? Ve şayet bu olmazsa yaşamın bir tadı olmaz…"

Baruh ellerini iki yanına açıp gizlice şöyle dedi:

-"Dünya'nın ikinci asrıydı. Yehuda (günümüz İsrail topraklarındaki yönetim) Roma egemenliğinin altında. Onlar, köpekler gibi her yerde birilerini arıyorlardı, tüm yolları taradılar, tüm arazi yollarını kokladılar. Yoldan geçen herkesi sorguladılar."

Birden o asra dair görüntüler belirir.

Merdivenin Sahibi

Romalılar koşarlarken üzerlerindeki ağır zırhlı elbiseler sallanıyordu. Askerler tüm çalılıkları kaldırarak ormana doğru gidiyorlardı...

İki yaşlı Yahudiyi mızraklarla iterek duvara yasladılar. Romalıların mızrakları iki yaşlı Yahudi'nin acılı bedenlerine derince saplanmıştı. Mızraklar işkence gören vücutlarına daha ve daha fazla giriyordu.

Baruh'un sesi:

- "Bu köpekler ne arıyorlar? Kabalist Şimon Bar Yohai, yüce Kabalist Akiva'nın büyük öğrencisiydi..."

Yehuda şaşkınca ve kımıldamadan Baruh'un yüzüne bakıyordu:

Bu büyük oyuncu yüzünde tüm bahsettiği kişilerin ayrı ayrı siluetlerini geçirmeyi başarıyordu.

Baruh (Sesini değiştirerek): "Yüce Kabalist Akiva'yı büyük işkencelerle, büyük acılarla yavaş yavaş öldürdüler. Şehrin meydanında! Derisini demir taraklarla soydular. Böylece bu büyük Kabalistin köpek gibi ağlayıp ruhuna merhamet dileyeceğini sandılar. Ve şimdi O'nun büyük öğrencisi yüce Şimon'a sıra gelmişti."

Yol ormandan geçip kayalık bir meydana açılıyor ve bizi yukarıya doğru götürüyor, taşların ve çalıların arasından, yukarı, daha da yukarı.

Baruh'un Sesi: "Tabii ki Şimon ve büyük oğlu Elezar'ın Roma İmparatorluğunu yıkmaya çalıştığını rapor ettiler. Teneke kafalı Romalı köpekler. Bu iki Yahudi'nin güçlü Roma İmparatorluğunu yıkamayacağını bilemiyorlardı. Onlar anlayamıyorlardı ama buna bütün kalpleri ile inanıyorlardı."

Yol çimenlerin içinde kayboldu ve şimdi bir mağaranın ağzında... Onlar haklı olarak korkuyorlardı. Haklıydılar. İsrail topraklarının kuzeyinde bu küçük ve dar mağarada, dünyada olan ve ileride olacak olan bütün kötülüklere karşı bir şey oldu.

Mağara'nın derinliklerinde, sakallı birinin yüzünü aydınlatan titrek mum ışığı.

Yehuda, Baruh'un sesini işitiyor:

- "Mağarayı görüyor musun?"

Yehuda: "Görüyorum."

Baruh'un sesi: "Orada kim var?"

Yehuda: "Onlar on kişi, onları görüyorum."

Baruh'un Sesi: "Sence orada ne yapıyorlar?"

Yehuda: "Romalılardan saklanıyorlar."

Baruh'un sesi: "Doğru ama neden?"

Yehuda: "Ben biliyorum."

Baruh'un sesi: (sakin ve emin): "Onlar yüce Zohar Kitabı'nı yazıyorlar. Onlar, bütün dünyada ve dünyada yaşayan herkes için bu dünyanın bayağılığı ve kirinden nasıl temizleneceği, karşılıklı nefretin yok edilip sevmeyi, hakiki sevgiyi, kendi çıkarını düşünmeden, aşkı anlatmak için bu kitabı yazıyorlar Yehuda."

Baruh başını sallarken anlattıklarını betimlemek için kollarıyla birçok hareket yapıyordu.

- "Diğerlerini sevmek, bütün dünyayı. Herkesi sevmek. Sevmek! Yehuda! Bayağı bir sevgi değil. Sevmek kendini düşünmek değildir. Yalnızca başkalarını. Kendin için yaşamak değil, sadece başkaları için. Sevgi budur..."

Baruh'un gözleri parlıyordu... Derin bir nefes aldı.

- "Bunun ne kadar yüce olduğunu anlıyor musun Yehuda? Bu öyle bir yücelik ki oğlum... Bu yücelik insanın başını döndürür... Bütün bunlar milattan sonra ikinci asırda oldu, bir hayal et! Kanın gövdeyi götürdüğü bir zamanda, salgın hastalıkların orakla keser gibi insanları biçtiği bir zaman. Bilhassa böyle bir zamanda tahakküm etmek, saygı talep etmek, mülk sahibi olmak ne yüksek değerlerdi. Ve bu zamanda on yaşlı, zayıf ve aç Yahudi dünyayı kucaklayan aşkı anlatan bir kitap yazıyorlar. Birlikte eriştikleri edinimler... Yaradan'la senin ilişkini yazıyorlar Yehuda!"

Baruh kendi anlattıklarından etkilenirken başını sallamaya devam ediyordu.

- "Ne diyorsun buna Yehuda?"

Yehuda susuyordu. Buna ne denebilirki?

Baruh'a heyecanla bakıyordu.

Ve Baruh devam eder:

- "Bu Romalıların o kadar korktuğu şey neydi? Sadece sevgiden bahseden bir kitaptan mı? Onlar hissetti Yehuda, hissetti! Bu kitapta muazzam bir güç var! Bu kirli, adaletsiz dünyayı değiştirmek. Tüm değerlerini yok edip boşaltmak!"

Baruh Yehuda'ya yaklaşır.

- "Şimdi bana cevap ver Yehuda. Neden bu kitapta bu kadar güç var?"

Bir Sinematik Roman

Yehuda: (yavaşça) "Çünkü onlar bu kitabı yalnız yazmadılar."

Baruh: (O'na işaret ederek) "Aferin!"

Yehuda: "O, Yaradan'la beraber... yazıldı..."

Baruh Yehuda'ya bakar

Pencerenin ötesinden Simha da Yehuda'ya bakıyor...
Baruh mırıldanır:
- "Ders bitti. Al onu."

Toprak yol.

Yehuda ve Simha yolda. Mavi ve derin ormana yaklaşıyorlar.

Simha sık sık eğilip Yehuda'ya bir şeyler soruyor. Yehuda içine kapanmış, kısa cevaplar veriyor.

Hava çok soğuk. Simha paltosunu çıkarıp oğlunun zayıf omuzlarına koyuyor.

Yehuda reddetmiyor.

Paltonun etekleri yağmurdan ıslanmış yerlerde sürünüyor.

Bir çift mavi göz, Yehuda ve Simha'yı pencereyi kapatan tahtaların aralığından takip ediyordu. Yehuda arkasını dönüp Baruh'un rüzgârda sallanıp gıcırdayan, harap evine bir kez daha baktı.

***

Aşlag ailesinin evi.

Yehuda yatağa uzanmış ve Simha onu battaniyelerle iyice örtmüştü. Simha kapıyı kapatır kapatmaz, Yehuda hemen yalınayak yatağından fırlayıp, masaya koşup kitabı eline aldı...

O anda kapı açılır ve Simha kapının eşiğinde beliriverir. Arkasında ise Sara, beraber odaya bakıyorlar.

Simha: "Uyuyacağına dair anlaşmıştık. Anlaşmıştık Yehuda."

Yehuda kitabı masaya koyar ve tek kelime etmeden yatağına döner.

Simha: "Eğer aklını kaybedersen, annen ve ben buna dayanamayız."

Yehuda gözlerini kapatır ve gördüğü sahne şu olur: Milattan sonra ikinci asır. İsrail toprakları. Kuzeydeki mağara. Zayıf bir mum ışığında yüzü pek seçilemeyen yaşlı bir adam. Orada oturmuş başka bir genç adama bir şey yazdırıyor.

Baruh'un sesi: "Şimon söyledi, ardından Aba yazdı, çünkü sadece Kabalist Aba Şimon'un söylediklerini kodlayabilirdi. Peki niye böyle yaptı? Çünkü her türlü sinsi, kurnaz ve bilgili adamların, bu büyük gücü kötü niyetle kullanmamaları için. Büyük bir güç! Bu kitapta olan büyük güç. Kitabı yazdıktan hemen sonra uzun yıllar boyunca ortadan kayboldu."

***

Sabah.

Simha Baruh'un evinin yanındaki ağaç kütüklerinde oturmuş, evde bütün olanları işitiyordu.

Zohar Kitabı Baruhla Yehuda'nın ortasında masanın üzerinde duruyordu.

Yehuda hipnotize olmuş gibi yerinde donakalmış bir halde oturmuş, Baruh'un sözlerini dinlemekteydi.

Baruh: "Senin için ilginç mi?"

Bir Sinematik Roman

Yehuda: "Çok!"

Baruh: "Yok bu kelime doğru değil, ilginç? Nedir bu kelime? (Kendi kendini taklit ederek İ l g i n ç !) Senin hayatın bu Yehuda. Burada senin nasıl yaşayacağın, Yaradan'a nasıl erişeceğin yazıyor. O'nun önünde durup: 'Ben Yehuda, huzuruna geldim. Büyük Zohar Kitabı beni sana getirdi,' diyeceksin."

Onuncu asır. Kalabalık bir çarşı. Satıcılar her bir yandan bağırıyorlar. İnsanlar çarşının sokaklarında aylak aylak dolaşıyorlar. Pazarlık edenler, münakaşa edenler, bağıranlar, çağıranlar...

Baruh'un sesi: "Bu kitap nesiller boyunca kayboldu. İnsanlar onun varlığını unuttular. Sanki hiç yazılmamış gibi... O yalnızca ihtiyaç olunduğu zaman ortaya çıktı."

Birden kalabalık ikiye ayrıldı.

Bir arap çocuğu, çıplak ayaklarıyla çarşı boyunca koşuyor. Arkasından nefes nefese kalmış şişman bir satıcı kovalıyor.

- "Tutun, tutun onu!"

Birisi çocuğa çelme atıyor ve çocuk toprak zemine düşüyor.

Satıcı hemen üzerine atlar, çocuğu tutup havaya kaldırıp silkeler.

Çocuğun elbiselerinin altından sararmış sayfalar birbiri ardına yerlere düşer.

Baruh'un sesi: "Onuncu asırda bir arap genci, Sfat şehrinin çarşısında pazarcılara kâğıt satıyordu. Pazarcılar bu satın aldıkları kâğıtlara sattıkları eşyaları sarmalayıp, paketliyorlardı. Bu şekilde bir çok sayfa kayboldu... Ta ki bir

Merdivenin Sahibi

Kabalist'in eline geçinceye kadar, dünyanın bu en kıymetli şeyini keşfedene kadar."

***

Baruh'un evi.

Baruh: "Yehuda, böyle (parmağını yukarı kaldırır) hurmalar ve şekerlemeler (hayranlıkla) ha? Bu hayatımızın nasıl yönlendirildiğinin bir misali: Dışarıdan görünen her şey yalan. Güzelin arkasında boşluk, pisliğin arkasında bilgi, fakirliğin arkasında kıymetli bir ruh... Güzelliğe bakma. Güzel cümleleri dinleme. Her şeyin arkasında bulunan içselliği ara. Öyle yaşa..."

Yehuda'nın düşünmesini bir an bile beklemeden.

Kitabı açıyor.

Kitap yıpranmış, bazı yerleri yırtık.

Baruh kitabı hafifçe okşuyor.

Baruh: (Hoş bir edayla) "Kodu çözmeye çalışanlar çoktu, bir çok. En erdemli adam kodu çözmeye çalıştı. Taa dört yüz sene evvel, çok erdemli bir çocuk doğdu. İsmi, Kutsal Ari."

Baruh susar ve dikkatlice Yehuda'ya bakar.

Aradan bir dakika geçer.

Yehuda: "Neden bana böyle bakıyorsun?"

Baruh: "Bu çocuk... her şeyi değiştirdi."

On altıncı asır. Kahire'de antik bir sinagog. Beyaz bir cübbe giymiş onbeş yaşlarında bir genç.

Sinangog'da on kişi dua ediyorlardı. Bu on kişiden birisi olan tuhaf görünümlü yaşlıca adam pencerenin kenarında oturmuş, dağınık saçları sallanıyor ve büyük bir kitaba dalmıştı.

Bir Sinematik Roman

Baruh'un Sesi: "Ari üç yaşındayken ailesi ile Mısır'a göç ettiler. On beş yaşındayken sinangogda yaşlı bir adam görmüştü. Gençti ve doğası gereği çok meraklıydı.

Ari, bu yaşlı dilenciye yaklaşıp arkasına geçti ve bu adamın elinde tuttuğu kitaba baktı. Ari, bu kitabın ne bir dua kitabı ne de bilinen Tora kitabı olmadığını hemen anladı. Aramice dilinde yazılmış başka bir kitaptı.

İhtiyar adam birden bire arkasına dönüp Ari'nin gözlerinin içine baktı. Ari, onun yüzünü görünce korkuyla geri çekildi. İhtiyarın göz çukurlarında göz yerine bir çift yara izi vardı."

***

Baruh'un evi.

Baruh: "Böylece, engizisyon tarafından iki gözü oyulan Moran, bu kitabı Ari'ye getirmiş oldu. Avrupa ve Afrika'dan dolaşarak, kör, bitkin, aç ve susuz bir halde bu kitabı getirmişti. Oralardan Ari'ye bu kitabı teslim edeceği an için gelmişti. Aslında onu Ari'ye vermemezlik edemezdi. Bu dünyada, Yehuda, her şey önceden belirlendi.

Ari, kitabı açıp okumaya başladı. Kitabı elinden bırakması mümkün değildi. Kör dilenci sokakta uyuyor ve Ari'ye gelene kadar geçirdirdiği geceleri telafi ediyordu."

Baruh'un sesi: "Zohar Kitabı'nı ne zaman açtın?"

Yehuda: "Kitap üç yaşındayken elime geçti."

Baruh'un sesi: "Ari'nin eline on beş yaşındayken geçmişti."

Merdivenin Sahibi

Baruh'un evi.
Baruh tekrar dikkatle Yehuda'ya bakıyor.
Yehuda: "Niye bana böyle bakıyorsun?"
Baruh: "Aklımdan bir düşünce geçti."
Yehuda: "Hangi düşünce?"
Baruh: "Daha sonra anlatırım... Belki kendin anlarsın..."

***

Onaltıncı asır. Kahire'de ana cadde.
Ari, elinde açık kitapla sokakta kimseye aldırmadan yürüdü, arkasına bakmadan devam edip ormanın derinliklerinde kayboldu.
Baruh'un sesi: "O en büyük Kabalist, en büyük! O, benim ve senin hakkında her şeyi bilirdi. Yehuda, bütün zavallı dünyamızı da. Önümüzde yeni çağların açılacağını, bu dünyaya daha bayağı ruhların ineceğini, insanın içinde bulunan bütün pisliklerin ortaya çıkacağını. O, bize ilacını hazırladı. Bütün bu pisliklerden kurtulmanın metodunu. Ari, tüm Kabala öğretisini Zohar Kitabı'na göre inşa etti."

***

Baruh'un evi
Baruh elini hafifçe kitabın üstünden geçiriyor.
Baruh: "O bir daha yok olmayacak. Hayır! Çünkü zamanı gelmiştir, umutsuzluk zamanı. Şimdi insan hakkında yanılamayız. İnsan; kendini seven bir hayvandır."
Baruh başını sallar ve Yehuda'ya bakar.
- "Evet, evet. Hepimiz sadece kendimiz için yaşarız. Durumunu sadece buna göre ayarlarsın. Eğer diğerlerinden daha fazla şeye sahipsen zevk alırsın.

Daha az ise acı çekersin. Savaşların tek sebebi budur. Daha da kötüye gidecek. Salgınlar da artacak. Doktorlar ise tersine. Sıkıntılar dünyanın 'imdat' demesine neden olacak."

Baruh kollarını açıyor

- "Ve o hemen gelmeyecek."

Kalkar ve duvarın yanına gider. Tavana doğru bakar. Ağını örmekte olan örümceğe uzunca bakar. Onu işaret eder.

Baruh: "O benim yaşımda, onu Baruh diye çağırırım."

Yehuda'ya döner.

Bakışları karşılaşır.

Sözlerini tekrar etmesi gerektiğini anlar.

- "Onlara nasıl yardım edeceğimizi mi soruyorsun?"

Yehuda başıyla "Evet" işareti yapar.

- "Sadece umutlarını kaybettikleri zaman yardım isteyeceklerdir."

Masaya vurup kitabı işaret eder.

- "Onlar çareyi bu kitapta bulur. Bilgili erdemlilerimiz zamanında bunu bizim için yazdılar. Onlar her şeyi gördü, her şeyi bildi Yehuda, bu kitabın seni bulacağını..."

Tekrar uzun bir ara. Ortamda sessizlik hakim. Örümcek bile ağını örmeye ara verdi.

Simha evdeki ani sessizliği anlamıyor. Ayağa kalkıp pencerenin aralıklarından içeriyi gözetlemeye çalışıyor. Çabalıyor ama kimseyi göremiyor.

Merdivenin Sahibi

Birden paniğe kapılır. Kapıya doğru koşar ve tüm gücüyle kapıyı iter.

Kapı açılır. Kendini bu eski barakada bulur. BOŞ!

- "Yehuda!"

Simha bir yandan diğer yana koşar, her tarafa bakar.

- "Yehuda! Sevgili oğlum!"

Arkasındna bir ses. Baruh'un sesi:

- "Niye bu kadar telaşlısın?"

Merdivenin Sahibi

Simha aniden döner.

Masada Baruh ve Yehuda karşılıklı oturuyorlar.

- "Ne oldu baba?" Yehuda sanki her şey yolundaymış gibi sakince sordu.

- "Ben... Ben baktım... Kapıyı vurdum." (mırıldanır) Burada yoktunuz, sessizdi, korktum."

Baruh: "Korkma Simha, hiçbir şey yapamazsın. Çık, orada biraz otur. Ben oğluna çok mühim bir soru soracağım."

Simha: "Ama burada kimse yoktu..."

Baruh: "Gerçekten mi? Bu dünyaya ne diyorsun Simha? O gerçekten var mı?"

Simha: "Ben senin saçmalıklarını duymak istemiyorum," diye öfkeyle çıkıştı.

Yehuda'nın yanına gidip kolundan tutar.

- "Yehuda. Geç oldu gidelim artık!"

Baruh: (Keskin bir sesle) "Çık buradan!"

Simha Yehuda'nın elini bırakır ve kapıya doğru gider. Yavaşça kapıyı açar ve barakadan çıkar. Pencerenin yanındaki yerine oturur ve Baruh'un sesini işitmeye devam eder.

Baruh'un sesi: "Şu halde, Yehuda, kendi üzerine aldığın yükün farkında mısın?"

Simha oturduğu ağaç kütüklerinin üzerinde donakalmıştı. Her şeyi duyuyor ama yerinden kımıldayamıyordu.

Baruh: "Üzerine büyük bir sorumluluk alıyorsun. Sadece kendi sorumluluğun değil, 'sen' ne demek? Bütün dünyanın sorumluluğu sana düşüyor... Ve çekeceğin acı sadece senin acın değil bütün dünyanın acısını çekeceksin... Bunu düşündün mü Yehuda? Şimdi sen böyle bir adım atmaya kararlı mısın? Öyle bir adım!!! Önceden yüz kere düşünmene değer." Simha kalkmaya çalışır ama başaramaz. Eğilip kapının eşiğinden tutmaya çalışıyor. Oğluna bağırmak istiyor: "Bekle! Her şeyi düşün, acele etme!"

Ama yetişemiyor...

- "Bunu düşündüm." Yehuda'nın sesini işitiyor.

Simha gözlerini kapar, kuvvetini yitirip nemli çimenlerin üzerine düşer.

Barakanın içinde ise Baruh ciddiyetle Yehuda'ya bakıyor.

Baruh: (Sertçe) "Öyleyse eve ödev al. Önce Ari'nin "Hayat Ağacı"nı al. Kolay bir yazı değil. Her şeyin nasıl başladığını anlatır."

Baruh kitabı gelişi güzel açar pek bakmadan.

Baruh: "Bu Ari'nin Hayat Ağacı kitabı. Elinden geldiğince anlamaya çalış, öğretmenini dinle, Yüce Ari'nin yolundan git."

Baruh elini kaldırır.

Yehuda onu takip ediyor...

Baruh yavaşça elini havada daireler çizermiş gibi sallıyor.

Baruh: (melodik bir havada) "Bil ki, en yüce ruhlardan evvel ve yaratılanlar yaratılmadan önce, yüce, sade bir ışık, bütün kainatı dolduruyordu. Hava ve boşluk yoktu. Her şey sonsuz ışıkla doluydu..."

Simha ve Yehuda güneş batarken nehrin kenarından sessizce yürüyorlardı.

Önlerinde Varşova kenti görünüyordu.

Şimdiden Yehuda'nın genç sesi okurken duyuluyordu:

-"Dünyaları kurmak ve en yüksek ruhları yaratmak arzusundan önce işlevlerini ortaya çıkarınca bu dünyaların yaratılışıydı. Sonsuz olan kendisini, küçülttü ve o ışığı küçülttü ve kendisini yana çekip boş bir yer bıraktı. Kendinden hava ve boşluk kaldı."

***

Aşlag ailesinin evi. Gece.

Yehuda yatakta uyuyorken babası kapının eşiğinden bakıyordu. Yaklaşıp nefes alışının ritmini dinliyor ve üstündeki yorganı düzeltip sessizce odadan çıkıyor.

Kapının kapandığı an, Yehuda gözlerini çabucak açıp kalkıyor ve raftan indirdiği kitapla beraber pencerenin kenarında duran gece lambasını da alıp yere kadar sarkan örtüsüyle örtülü masanın altına dalıyor.

Lamba masanın altında ışıldarken Yehuda'nın sesi duyulur:

- "İşte bu küçülme, o içi boş olan ortadaki dairenin etrafına nazaran karşılaştırırız. Öyleki bu boşluk tamamen yuvarlak. Ve işte küçülmeden sonra, sonsuz ışığın ortasında boş ve serbest bir yer kaldı. İşte şimdi orada, en yüksek ruhlara, yaratıklara, her çeşit maddeye, her çeşit varlığa yer vardı."

Ay'ın ışıldıması pencereden çoktan geçmişti. Yeni bir gün. Sokak çöpçüleri işlerine başlamıştı. Sütçü şişelerinin şıkırtısı arasında bir yük aracı pencerenin

önünden hızla geçiyordu. Horozun ötüşü havayı yarıyordu.
Yehuda'nın gözleri kitabın satırlarında sabit.

- "Ve o zaman, sonsuz ışıktan; yukarıdan aşağıya doğru inip uzanan bir yol o boşluğun içine girer. Ve bu asıl yol vasıtasıyla, bütün dünyaları yarattı."

***

Sınıf

Çocuklar kitapların üzerine eğilmiş kitaplarını okuyorlarken sabah ışığı pencerelerden girmiş, sanki kıymetli kum gibi toz parçalarıyla oynuyordu.

Öteki çocuklar gibi Yehuda da Tora kitabıyla ile meşgul görünüyordu... Fakat aslında öyle değildi...

Öğretmen Şimuel sessizce arkasından yaklaştı. Yehuda'nın kitabına bakınca orada başka bir kitabın sayfalarını görüyordu. Bir çocuk eliyle özenle kopye edilmiş Ari'nin şiiri.

Yehuda okumaya dalmış, çevresinde olanların farkında bile değil. Fısıldıyor:

- "Ve bu yolun üzerinde; ışık, bolluk ve ihsan bütün dünyalara geliyor. Boşluğun içindeki dünyaların her bir dairesine. Çünkü sonsuz ışığa arkadaşından daha yakın olan, arkadaşından daha yüksek ve daha güzeldir. Bu boş uzayın içinde bütün dairelerin ortasında bir nokta olan fiziksel dünya vardır."

Aniden yabancı bir el gözlerinin önünden geçti ve sayfalar bir anda yok oldu.

Yehuda gözlerini kaldırdığında öğretmeni sayfaları havada sallarken gördü.

Merdivenin Sahibi

Miyop gözlerine yakınlaştırıp şüpheyle okuyor:

- "O da sonsuz ışıktan uzak, tamamen uzak, bütün dünyalardan daha fazla ve o tamamen maddi ve fiziksel. Bütün dairelerin içinde bir nokta..."

Öğretmen: "Hayat Ağacı..."

Yehuda yerinden kalktı.

Öğretmen: "Sen onu açıklayabilir misin?"

Yehuda susuyor.

Öğretmen: "Bunu sana kim verdi?"

Yehuda susuyor. Sınıf da susuyor. Öğretmenin arkadaşlarına vereceği cevabı merak ediyorlardı.

Öğretmen: (Yüksek bir sesle) "Bu yazıları benim sınıfımda görmek istemiyorum. Senden kimseye hayır yok. Ailen de senden ümidini kesmiş. Gayem ötekileri kurtarmak. Git! (Elini havaya kaldırarak) Defol buradan!"

Öğretmen sırtını Yehuda'ya çevirir çevirmez Yehuda'nın sesini işitir:

- "Sayfaları bana geri ver."

Öğretmen yerinde durur. Sınıfı gözleriyle tarar ve geriye dönmeden.

Öğretmen: "Bana mı söylüyorsun?"

Yehuda: "Evet."

Öğretmen: "Ne?"

Öğretmen hızla dönüp sopayı Yehuda'nın burnuna dayar.

Öğretmen: "Ne dedin?"

Yehuda: (İnatla) "Sayfaları!"

Öğretmen: (Kuşkuyla) "Bu rica mı? Yoksa bir emir mi?"

Sınıfta çocuklar nefes almaya korkuyorlar...

Yehuda: "Sayfalarımı geri ver, bunlar benim sayfalarım."

Sınıfta sessizlik hakim. Bu durum bir kaç saniye daha sürdü.

Öğretmen: "Aileni uyardım. İnsanlar bu yazılardan dolayı şuurlarını kaybediyorlar. İşte bu da oldu. Onlar çok gözyaşı dökecek. Ağzından köpükler çıkacak. Sonsuza kadar korkuyla yaşayacaksın. Bu dünya senin için cehenneme dönecek."

Yehuda öğretmene elini uzatır. Öğretmen susar. Yehuda hızlıca sayfaları elinden kapıp olanca hızıyla sınıfı terk eder.

***

Baruh'un evi.

Baruh odanın içinde dolaşıyor. Yehuda gözleriyle onu takip ediyor. Akşam ışığı pencereyi kapatan tahtaların arasından giriyor.

Baruh'un sesi: "Beş tane dünya. Ondan sonra yüz yirmi beş basamak. O seni oradan çağırıyor. Atsilut dünyasından... O çağırıyor: Dön oğlum, saldır! Şüpheleri aşıp bana gel... acıya, düşüşlere, yükselişlere... Seni bekliyorum! Ben seni seviyorum! Sadece beni dinle..."

Sesi gittikçe yavaşlıyor ve zayıflıyordu.

-"İnsani gurur ve ego yolun üzerinde duruyor. Sadece kalbi kırık olan adam onu duyabilir."

Baruh sırtını Yehuda'ya dönmüş, pencere aralıklarından güneşin batışını seyrediyordu.

Baruh'un sesi: "Neden kırık? Çünkü bizim dünyamızda Yaradan yok. O bizi bayağı arzuların dünyasında kilitledi.

Merdivenin Sahibi

Bizler acı çekiyoruz, ıstıraplar çekiyoruz. Kanımız nesiller boyunca bu kirli topraklara dökülüyor. Neden O böyle yapıyor? Bize karşı olan aşkı neredeydi? Hiçbir şey anlamayan bu küçük yaratılanlar hiç bir şekilde önemsenmiyordu!"

Baruh Yehuda'ya dönüp ona baktı.

Yehuda: "O bizi seviyor."

Baruh: "Sana bunu kim söyledi?"

Yehuda: "Ben hissediyorum bunu."

Baruh: "Orada ne hissediyorsun? Pislik damlası..."

Yehuda: "Ben kirli damla olduğumu hissediyorum ve O... O ışık, O aşk, O her şey."

Baruh: "Ama Işık nasıl karanlığı yaratabilirdi? Hangi aşk nefreti yaratabilirdi? Nasıl O... O!!! Pis damla yaratabilirdi? O kadar çok pis damla. Bu alçak insanlığı! Gözü neredeydi? Bana cevap ver Yehuda. O'nu koru!"

Yehuda düşünüyor. Bu soruların kolay olmadığı belli.

Yehuda: "Bilmiyorum... Şimdilik bilmiyorum. Çünkü henüz onu görmedim... Ben sadece hissediyorum..."

Baruh Yehuda'nın karşısına oturdu.

Baruh: "Bilmiyor musun?"

Yehuda: "Bilmiyorum!"

Baruh (Baskı yaparak): "Bilmiyor musun?"

Yehuda: "Bilmiyorum."

Baruh: "Doğru. O pislik yaratmazdı. Aslan fare doğurmazdı. Bütünlük, eksikliği yaratmazdı."

Baruh susuyor.

Yehuda'yı tetkik ediyor. Ondan soru bekliyor. Ama soru gelmiyor.

Bir Sinematik Roman

Baruh: "Haydi, sor! Sor bana. Öyleyse neden? O bütün bunları neden yarattı?"

Yehuda: "Neden?"

Baruh: "Çünkü... E, bu soruya kendin cevap verdin... Zaten ona cevap verdin... Haydi Yehuda..."

Yehuda: "Bilmiyorum."

Baruh: "Sen, Yehuda, senin kendi kararın için, özgür iradenle, bu lağım çukurunda daha fazla duramayacağını anlaman için, Yaradan'dan bu kadar uzak olmamak için, küçük kalbinin derinliklerinden ona yalvarman için. Bu onun işittiği tek duadır... O senin, kendi iradenle ona varmanı istiyor. Ve ona de ki: Benim. Sana geldim. Kendim... Çünkü ben senin arkadaşın olmak istiyorum. Bunu kendin yapmalısın, kendi gücünle Yehuda!"

Yehuda: "Bunu söylemek için ne yapmam lazım?"

Baruh, çok net, ısrarcı ve kesin bir dille konuşuyor.

Baruh: "Bu hayatta Yaradan'la bağın olmaz ise, bir hiçsin."

Yehuda: "Ama O'na nasıl erişebilirim? O'na erişebilmek için sana geldim."

Yehuda ayağa kalktı. Baruh'a yukarıdan bakıyor, rolleri değişmiş gibi.

Şimdi küçük Yehuda kesin ve öfkeli biçimde konuşuyor.

Yehuda: "Bu boş konuşmalar yeter. Bunlara ayıracak vaktim yok!"

Baruh Yehuda'ya dönerek hayretle bakıyor.

Baruh: "Sen bana birini hatırlatıyorsun… Ancak o sekiz yaşında değildi, o kırk sekiz yaşındaydı."

Yehuda: "Hikâyelere ihtiyacım yok. Sen beni Yaradan'a getirmelisin."

Merdivenin Sahibi

Baruh (Gülerek Yehuda'yı işaret ederek): "İşte, işte! O aynı böyleydi, Kots'lu Mendel. Onu yatıştıramaz ve teskin edemezlerdi."

Birden gülmeyi keser.

Yehuda'nın umrunda olmadığını görür.

Baruh: "Sessizdik, Allah'ın olduğunu söylediler, biz inandık. Emirlerini yerine getirdik, Tora'yı öğrendik... Ama o zaman Mendel gelip, sakin hayatımızı bozdu. O, bizi ailelerimizden aldı. Bu dünyayı bırakıp başka bir dünya istemeye zorladı. Bizi azarladı. Yumruklarını sıkıp, istedi ve lanetledi... Bizden hiçbir şey çıkmadı... Hayvandık, hayvan kaldık. (Derin bir nefes alıp emir verdi) Yehuda, otur!"

Yehuda oturur...

Baruh: "Kitabı aç!"

Yehuda kitabı açıyor. Baruh birinci sayfanın ilk satırına parmağını koyar.

Baruh: "İlacı burada, Yehuda! Sadece burada! Hayat burada... Anladın mı?"

Yehuda: "Evet."

Baruh: "Eğer anladıysan, o zaman başla oğlum."

Yehuda yavaşça okuyor. Küçük parmağı kitabın satırlarında kayıyor.

Yehuda: "Ve cennetten bir nehir çıkıyor... Nedir nehir?"

Baruh: "Nehir her şeyi başkalarına vermeye hazır olman demektir. Her şeyini."

Yehuda: "Cennet," gülümsüyor. "Çok, çok iyi bir şey, değil mi?"

Baruh: "Doğru. 'Cennet' senin en iyi isteklerindir. Birleşme, sevgi ve ihsan etme istekleri. Bu istekler, toprakta ekili ağaçlar gibi sende ekilidir. Onların adı; cennetin ağaçlarıdır. Onlar en lezzetli meyveleri ihsan eder."

Pencerenin ardından gece yaklaşıyor. Eski baraka rüzgârda gıcırdıyor. Masanın üstündeki mum Yehuda ve Baruh'un yüzlerini aydınlatıyor.

Yehuda'nın sesi : "Devam edip cennetten çıkar ve bahçeye girer, onu yukarının iksiriyle sulayıp O'nu memnun eder. Meyve yapıp, tohumları yetiştirir."

Odanın köşelerinde gölgeler. Baruh yumruklarını sıkmış. Yehuda'nın parmağı kitabın sıralarını takip ediyor.

Yedi yıl geçiyor. Aramak ve cevap bulma beklentisiyle geçen yedi yıl...

Oldukça yaşlanan Baruh ve on beş yaşındaki Yehuda aynı masada oturuyorlar. Aynı pozisyonda. Yehuda parmağıyla kitabın sıralarını takip ederken okuyor. Baruh dinliyor ve başını sallıyor. Pencerenin ardında kar yağıyor. Kar yavaş yavaş Baruh'un evini kaplıyor.

Birden siyah beyaz görüntüler oluşuyor. Yeni sene olan 1900 senesi kutlanıyor. New York, Paris, Moskova, Varşova sokaklarını büyük noel ağaçları süslüyor. Geceleyin vitrinler parıldıyor.

Sokakta alışveriş yapmakla meşgul, mutlu insanlar var. Elele tutuşmuş bir kız ve bir erkek çocuğu gülüşerek karda kayıyorlar. 1900 sayısı yazan ampullerin ışığı karların üzerine yansımış.

Yeni bir yüzyıl başlıyor.

Dünyaya ne kadar sıkıntı getireceğini hiç kimse bilmiyor.

Merdivenin Sahibi

Yirminci asrın başında Polonya'dan belgesel görüntüler... Komünistlerin ilk kongrelerinden görüntüler... Kırmızı bayraklarla yapılan gösteriler... Süvari kuvvetleri... Yahudi mahallesinin sokakları... Toprak yolda ağır ağır ilerleyen eski bir arabanın tekerlekleri gürültü çıkarıyor. Aralıksız yağmur yağıyor. İhtiyar at güçlükle dayanıyor. İnce ayakları sonbaharın çamurlarına batıyor. Arabacı uyuyor.

Çıplak ayaklarıyla arabanın kenarında oturan on beş yaşındaki Yehuda'nın başı bezle örtülü. Elinde bir kitap var. Yanındaki ıslak saman yığınının üzerinde kirli ayakkabıları duruyor.

Yehuda gözlerini kaldırıyor, ıslak ağaçlardan süzülen yağmur damlalarını görüyor. Bitkilerin arasında bir kaç mantar, damlaların ağırlığında eğilen ahududu... Yehuda gülümsüyor. Araba yola devam ediyor.

Baruh'un evine yaklaşıyor.

Yehuda ayakkabılarını alıp arabadan atlar ve Baruh'un evine doğru koşar.

Baruh, sırtı yola dönük oturuyordu. Yehuda etrafında dönüp karşısına geçer ama Baruh ona bakmıyordu bile.

Yehuda karşısına oturdu. Baruh Yehuda'nın gözlerinin içine baktı.

Yehuda (fısıldayarak): "Benim Baruh, ben."

Baruh eline dokunuyor.

-"Benim, Yehuda, beni tanımadın mı?"

Hoşça onun sözünü tekrarlar.

Baruh'un gözleri netleşir.

- "Sen... Geldin..."

Yehuda: "Sağlığın iyi mi, Baruh?"

Baruh: "İyi, daha ne olabilir ki?"

Yehuda birden kalktı.

- "Sen elbette yalnız kalmak istiyorsun."

Baruh: "Otur!"

Yehuda oturur...

Baruh: "Bugün ben özlüyorum Yehuda... Öğretmenimi özlüyorum, Kots'lu Mendeli."

Baruh sessizce başını sallar ve ellerini yana açar.

- "Bizim bu hayatta bütün basamakları, O'na erişinceye kadar bir kerede çıkmamızı istedi. Bir kere daha bu pis bataklığa dönmemek için."

Baruh ellerini iki yana geriyor.

- "Arkasından gittik. Ona inandık, her şeyi bıraktık. Evde, geride bıraktığımız eşlerimiz ve çocuklarımız ağlarlarken. Burada o vardı, Mendel! Bizim grubumuz! Bizim Kotzk!"

Kotzk'ta akşam yağmurdan siyaha dönmüş bir ev. Eski bir gaz lambası odayı aydınlatıyor. Lambanın bulunduğu masanın etrafında zayıf, yarı çıplak Yahudiler sıkışık olarak oturuyorlar. Gözleri parlıyor. Kırk yaşındaki öğretmenlerine bakıyorlar. Mendel'in gömleğinin yakası yırtık.

Seyrek saçları.

Elbisesinde yemek lekeleri, kıvırcık, uzun sakalında ekmek kırıntıları vardı. İhtirasla konuşuyordu, tıpkı Baruh gibi. Birbirlerine çok benziyorlar...

Merdivenin Sahibi

Baruh'un: "Yaradan'ı fethetmeye kararlıydı. Uzun gecelerde aç ve soğuktan donmuş, bizim Mendel'imizin karşısına oturduk ve o Yaradan'ı önünde istiyordu."

İşte Baruh gençken, ötekiler gibi gözlerini Mendel'den ayırmıyordu.

Baruh: "Votka şişesi, üç tane soğan, biraz ekmek ve Yaradan! Büyük ve hakiki... Yanımızda! Yakınımızda! Yalnızca O'nu göremiyorduk. O'nu hissetmek!"

Hasidler, bulanık içkiyle dolu kirli bardaklarını yukarı kaldırarak beraberce içiyorlar.

Baruh: "Soğuktan ve mutluluktan titredik. Çok yakında O'nun önümüzde görünmesini bekledik. O bizi kontrol eder, biz O'nu hakikaten görmek istiyor muyuz? Daha ne kadar bekleyebiliriz? Dayanabilmek için son gücümüzü kullandık."

Aç ve acılı hasidiklerden görüntüler. Mendel konuşuyor, aniden tempoyla masaya vurmaya başlıyor.

Baruh: "O geceyi hatırlıyorum. Öyle soğuktu ki kuşlar uçarken donuyorlardı."

Mendel: "Aşma imkânınız var. Hücuma hazırlanın."

Ve işte herkes, Mendel'i takiben, yumruklarıyla masaya tempo ile vurmaya başladı. Vuruşlar sanki tekmiş gibi duyuluyordu.

Bir yumruk daha.

Tempo ile! Tempo ile!

Sokaktan, karanlık pencerelerden, Hasidlerin yukarı çıkıp inen, gök gürültüsü gibi ses çıkaran yumrukları gözüküyordu.

Bir Sinematik Roman

Bum! Bum!

Harap ev şiddetli darbelerden titriyordu.

Baruh uzun bir yudum alarak şişeyi boşalttı. Yehuda onun nefes borusunun hızla hareketini görüyordu.

Baruh: "Bizim Mendel, bize bunları söylememeliydi... İmtihanı geçemedik. Birden eve dönmeyi istedik. Maceralardan ve hücumlardan mahrum... Vazgeçtik... Kendi içimizden son saldırıyı gerçekleştirmeye, gücümüz yetmedi... O sonuncu hücumda!"

Baruh yaşlarla dolu gözlerini Yehuda'ya kaldırdı. Yüzü gerilerek ve kendini zorlayarak:

-"Bir düşünceye erişemedik. Tek düşünce. Hepimizin bir olduğunu... Kirli ve yorgun vücutlarımızın olmadığı... Sadece hepimizin tek bir ruh olduğu. (Baruh'un vücudu titremeye başladı ve Baruh ağlayarak) Yaradan'a yönelen... Tek ruh!"

Baruh gözlerini duvara, tavana ve sonra tekrar masaya baktı.

Baruh (ağlayarak): "Biz önünde duruyoruz ve sana yalvarıyoruz; Bize kuvvet ver... Bize yardım et! Bizi kabul et!"

***

Kotzk'daki ev.

Bütün oturanlar ritmik bir şekilde masaya kuvvetle vuruyorlar. Masa şiddetli vuruşlardan titriyor. Birden, masanın ayakları kırıldı. Hasidler masayla birlikte yere düştü. Odaya sessizlik çöktü.

Baruh'un evi.

Sessizlik.

Merdivenin Sahibi

Yehuda (Baruh'a heyecanla bakarak):
Baruh başını "Yok" manasında sallıyor.
-"Başaramadık. Hayır (Gözlerini kapar). Ooo... Mendel'in bize nasıl güldüğünü duysaydın! Bize nasıl davrandı!"

***

Kotzk

Mendel kendisini hepimizden yüksek görüyordu. Bizi işaret edip, hepimize gülüyordu.

Baruh: "Siz O'nu görmeyi hak etmiyorsunuz. Siz hiçsiniz! Karılarınızın eteklerinin arkasına saklanın. Çocuklarınızın sümüklerini temizleyin ve sonsuzluğun var olduğunu unutun."

***

Baruh'un evi.

Baruh ağlıyor... Yüksek sesle Yehuda'yı umursamadan ağlıyor...

Bir dakika sonra... Ve bir daha...

Gözyaşlarını siliyor. Kir yüzüne bulaşıyor.

Baruh: "Bizim büyük hocamız Menahem Mendel, kendini odaya kapattı ve yirmi sene boyunca dışarı çıkmadı."

***

Kotzk.

Mendel sertçe dönüp odasına ilerledi. Hepsi gözlerini Mendelin sırtına dikmişti. Odanın kapısını açıp hızla kapattı ve kayboldu.

Baruh'un sesi: "O kendi hücumunu yaptı. Biz bunu başaramadık."

Kotzk

Gaz lambasının ışığı titreşiyor.

Ve söndü.

Sahne tamamen kararır.

***

Baruh'un evi.

Pencere'nin arkasında akşam...

Baruh elini Yehuda'nın eline koyar ve yavaşça:

-"O'nun yolunda muhafızlar vardır. O'nun sarayına yaklaşanları iterler. Seni sopalarla döverler ta ki kan akıtıncaya kadar! Ama sen ilerle! Seni öyle denetler; senin onunla buluşmanı gerçekten her şeyden çok mu istediğini. Yoksa yanlışlıkla mı ona yakın düştün? Arkandaki köprüleri yaktın mı, yoksa henüz yapamadın mı? Eğer hakikaten istiyorsan, eğer yaktıysan, geçmene izin verirler. Ama yoksa oraya gitmene değmez."

Yehuda: "Niye bunu bana anlatıyorsun?"

Baruh: "Yakında anlattıklarıma ihtiyacın olacağını hissediyorum."

Yehuda: "Bütün köprüleri yaktım. Hiçbir şey beni ilgilendirmiyor. Sadece O..."

Yehuda birden yerinde dona kaldı. Dik otururken kapalı pencereden dışarı baktı.

Kalkıp, duvara doğru gitti.

Cilalanmış tahta duvar önünde duruyordu. Tahtaların arasında paslı bir çivi gözüküyordu. Orada Baruh'a dönmeden duruyordu.

Merdivenin Sahibi

Arkasında Baruh'un sakin, akıllıca ve net sesi duyuldu:
-"Yakında olacağına inandım."
Yehuda susuyor ve duvara bakıyordu. Tahtalara takılmış örümcek ağı onun nefesleriyle sallanıyordu.
Baruh: "Sen çok büyük olacaksın, Yehuda, Yehuda Leib Aşlag..."
Yehuda susuyor.
Baruh: "Hakikaten O'dur. Korkma"
Yehuda suskunluğunu bozmadı.
Baruh: "Bu alanda beş daire var... Bütün düşüncesi burada saklı."
Yehuda gözlerini kapatıyor.
Baruh ona yaklaşır.
-"Beni duyuyor musun?"
Yehuda durduğu yerden çıkıp ağır ağır duvar boyunca yürümeye başladı.
Baruh: "Kendin için hiçbir düşünce, duyuyor musun? Tek bir düşünce bile..."
Yehuda duvar boyunca yürüyordu. Baruh da Yehuda'nın arkasından onu takip ediyordu.
Baruh (fısıldayarak): "Hazırlan... Sen doğru yolda gidiyorsun. O seni elinden tutuyor. O sana yol gösteriyor..."
Birden duvar kaybolur.
Yavaş, yavaş kaybolan Baruh'un sesi duyulur:
-"Bütün bunlar senin içinde oğlum, içinde."
Işık parlaması.

Yehuda kendini beyaz bir alanda bulur. Önünde ağaçlar görünüyor. Ağaçlar sonu olmayan çiçekli bahçeye kadar uzanıyorlar.

Baruh: "Ne hissediyorsun?"

Yehuda: "Huzur."

Baruh: "O'dur Yehuda."

Yehuda: "Sıcaklık."

Baruh: "O'dur Yehuda. O."

Yehuda: "Aşk... Hissediyorum."

Baruh'un evi.

Baruh Yehuda'yı takip ediyor.

Yehuda duvar boyunca yürüyor.

Baruh bir melodi mırıldanıyor ve birden susuyor. Yehuda'yı kontrol etmek istermiş gibi bekliyor... Baruh'un melodiyi kestiği yerden Yehuda devam ediyordu. Derin bir sesle, hissederek şarkı söylüyordu.

Baruh (Heyecanla): "Yehuda..."

Yehuda halen orada, aynı hisle.

Baruh'u duymadan şarkı söylemeye devam ediyor.

Ormanın ortasında çiçek tarlası, hava şeffaf.

Hasidik melodi "Mordehay Yosef" duyuluyor.

-"Ne kadar da iyiyim," dedi Yehuda.

Birden korkudan kalbi sıkışıyor. Ağaçların üstünden esen rüzgâr, ağaçları yerlere eğiyor.

Çimenin içinden dev bir yılanın başı yükseliyor...

Yılan Yehuda'ya doğru uçmaya başlıyor, aralarındaki mesafe gitttikçe azalıyor.

Baruh'un sesi duyulur "Ne düşünüyorsun?"

Yılan hızla Yehuda'ya doğru ilerliyor.

-"Ne düşünüyorsun Yehuda?" (ses yükseliyor) Yehuda, kendine yönelmiş bir çift kırmızı göz görüyor. Yılanın dili ağzından çıkıp Yehuda'ya doğru hızla ilerliyor. Mesafe giderek azalıyor;

-"Ne düşünüyorsun?" Baruh haykırıyor: "Sakın kendini düşünme!!!"

Yılan Yehuda'ya doğru uçuyor; aralarında bir metre kaldı...

Birkaç santimetre...

Çarpışmayı önlemek mümkün değil.

Yılanın zehirli dili Yehuda'nın yüzüne değiyor...

Bir anlığına Baruh'un evine dönüyoruz.

Baruh Yehuda'nın yüzünün nasıl titrediğini görür.

Yılan önünden geçerek durmayıp devam eder.

Başı büyük bir ağaca çarpar ve sayısız küçük yılanlara bölünüp ve çimenlerin içinde kaybolur.

Baruh'un evi, Yehuda susuyor.

-"Bu sınırdı." Baruh'un net sesi duyulur. "Korktun ama geriye çekilmedin."

Yehuda düşmemek için duvara dayandı.

Baruh: "Bu duruma gelmem çok seneler aldı. O seni hemen işaretledi."

Yehuda (O halen orada): "Kelimelerle bunu anlatmak mümkün değil."

Baruh: "Lüzumu da yok."

Yehuda bakışını Baruh'a çevirir.

Bir Sinematik Roman

Baruh: "Kimseye anlatmaya lüzum yok"
Yehuda birden Baruh'a yaklaşır.
- "Seni hissettiğim gibi, O'nu da hissettim."
Baruh bir an susuyor. Yehuda'nın özlem ve heyecan dolu gözlerini gördü.
Baruh (sessizce): "Sana söylemiştim, oğlum... görüyor musun?"
Yehuda: "O benim etrafımda ve içimdeydi."
Yehuda'nın gözleri birden yaşlarla doldu.
Baruh: "O idi, oğlum."
Yehuda: "O bana annenin yavrusuna sarıldığı gibi sarıldı."
Baruh ağlıyor, göz yaşlarından utanmıyor, göz yaşlarını silmeye çalışmıyor.
-"Evet, evet, Yehuda. Öyledir O, öyledir."
-"O beni sevgiyle örttü," dedi Yehuda.
- "Sarıldı..." Yehuda mırıldanır.
-"Bunu ne kadar doğru tarif ettin, oğlum... Aşkla sarılı çünkü O aşkın kendisidir oğlum. O varolan bütün iyiliktir. Ve bütün bunları bize verir. Karşılığında hiç bir şey istemeden."
Yehuda da birden ağlamaya başlar. Gözyaşlarını yüzüne sürüyor. Bir şey söylemeye çalışıyor, aciz bir şey mırıldanıyor. Birden içinden bir haykırış geliyor.
-"Ama neden... Niye oradan çıktım? Neden?"
Işık parlaması. Siyah.
Yehuda hatırladı. Yılanın başı çimenden yükseliyor; yılan hızla Yehuda'ya doğru ilerliyor.
Baruh'un sesi: "Kendini düşündün."

Merdivenin Sahibi

Yehuda (inleyerek): "Aman neden? Neden kendimi düşündüm?"

Baruh'un sesi: "Kendini düşünmemen mümkün değildi; sakin ol."

Yehuda: "Ama neden? Neden? Bunu yapmamın yasak olduğunu biliyordum!"

Baruh elini Yehuda'nın omzuna koyar.

-"Kendi içine bakmanın kolay bir şey olduğunu sana kim söyledi?" diye sorar.

-"Ama o içeriye girmeme izin verdi," diye mırıldanır Yehuda.

-"O, seni denedi."

Yehuda gözlerini kaldırıp Baruh'a bakar.

-"İmtihanı geçemedim mi?"

-"Geçtin."

-"Ama kayboldu..."

-"Hayır, O nereye kaybolabilir? O her zaman burada. O'nu hissetmeyen sensin, O daima buradadır..."

Yehuda etrafına bakar.

-"Nerede O?"

Baruh: "Burada."

Yehuda: "Öyleyse neden onu hissetmiyorum? Neden?"

Baruh: "Kendi içselliğini anlamaya devam et; bir gün gelecek, O bir daha kaybolmayacak. Çünkü sen O'nun gibi olacaksın."

Baruh Yehuda'nın gözlerinin içine bakıyor.

-"Veren ve Seven. Sen bunu ister misin?"

-Yehuda (içini çeker): "Çok."

-**Baruh:** "Geriye çekilmeyecek misin?"

-**Yehuda:** "Tek bir adım bile."

Baruh susuyor. Başını sallıyor; sonunda şöyle der:

-"Sen büyük biri olacaksın, ben bunu görüyorum; ancak vardığın sonucu unutma. Annesinin karnındaki dölüt gibi daima seni sevgiyle saracak. Duydun mu Yehuda?"

-"Duydum."

-"Dölüt kendisini düşünmez, sen de kendini düşünme. Kendini düşünme. Esas nokta bu."

Baruh Yehuda'ya bakıyor. Aniden sesli, derin bir nefes alıyor.

- "Şimdi içerdim, senin için şarkı söyleyip dans ederdim."

Yehuda: "Söylediğin melodi neydi? Bir melodi duydum, onu tanıyordum."

Baruh: "Bu çok şahane bir melodi, ismi 'Mordehay Yosef" Kotzk'ta soğuktan donmuşken ve açken onu söylerdik."

Yehuda onu hatırlamaya çalışıyor ama nafile.

Yehuda: "Onu biliyordum ama şimdi unuttum."

Baruh söylemeye başlar; Yehuda ihtiyatla katılır.

Onların sesleri kasabanın üstünden, ormanın üstünden, bozuk yolun üstünden, Varşova'nın Musevi mahallesinde yalnız yürüyen Yehuda'nın üstünden yükseliyordu.

***

Varşova Musevi mahallesi.

Gelen geçenlerin yüzleri...

Merdivenin Sahibi

Islak kaldırımlarda yürüyen insanlar; tek telli kemanı çalan aynı deli kemancı, ihtiyarlamış, yüzü buruşmuş. Tembel tembel sinekleri kovalayan aynı salam satıcısı. Musevi mahallesinde hiç bir şey değişmedi, yaklaşmakta olan beladan hiç bir işaret yok. Yehuda ana caddede ilerliyor. Yürürken, yola baktığı halde çamurlu su birikintilerinin farkında değil... Kulağında aynı melodi çalınıyor; fakat işte şimdi sustu, Yehuda köşeyi dönüyor. Birden onu bir el durduruyor... Yehuda gözlerini kaldırır; önünde genç bir adam var.

-"Beni tanıdın mı?" diye sorar.

Yehuda (Dikkatle bakar): "Yanke'le?"

Yanke'le: "Ta kendisi, ama Yanke'le değil. İsmim Yan; Yan Tarletzki. Büyük Polonya'nın hür ve özgür vatandaşı."

Yehuda (gülümser): "Merhaba Polonya'nın hür vatandaşı."

Yan: "Ben seni tanırım; eskisi gibi hâlâ bilgili ve sofistike. (bakışlarıyla Yehuda'yı süzer) Seni böyle görmek istiyorum. (elini Yehuda'nın omzuna koyar) Yehuda bana bir saat zamanını vermeni istiyorum."

Yehuda: "Bir dakikam bile yok (aceleyle); benim çok acele bir şey yazmam gerekiyor. Çok acele!"

Yan: "Öyle ise yarım saat ..."

Yehuda: "Özür dilerim, gitmem lazım."

Gitmeye çalışıyor ama Yan yolunda duruyor.

Yan: "Eski arkadaşlığımıza rağmen mi?"

Yehuda: "Eski arkadaşlığımıza rağmen."

Bir Sinematik Roman

Yan (Nazaikçe onu omuzlarından tutar) "Öyleyse basitçe ve kısaca sana şunu söyleyeyim: Biz Polonya'nın sosyal demokrat partisi; seni bekliyoruz. Herkese eşit şartlar. Bunlar bizim ilkelerimizdir!" Yehuda birden ilgiyle izler.

Yan: "Biz gençlerden kurulu bir partiyiz, içimizde yanan bir fikir var. Aramızda ne göçmenler ne Polonya asıllılar, ne Hristiyan ne Yahudi. Dar ve milliyetçi çıkarlar yüzünden birleşmedik. Bizi daha büyük bir hedef birleştiriyor. Dünyanın birleşmesi; buna ne diyorsun?"

Yehuda: "Harika bir fikir."

Yan: "Bunu söyleyeceğini biliyordum... Seni hep hissettim."

Yehuda (Birden hareketle): "Bu büyük bir fikir, çünkü büyük bir esasa dayanıyor, Yanke'le."

Yan: "Elbette! Sevgi ve eşitlik herkesi birleştirecek!" (sevinçle) "Bizimle olacağını biliyordum! O kadar mutluyum ki!" (Yehuda'yı kucaklar)

Yehuda: "Çünkü Yaradan, Yanke'le, eşitlik ve aşktır."

Yan: "Gel bunu bir kenara bırakalım Yehuda."

Yehuda (daha da büyük bir coşku ile) "Ama bu böyle Yanke'le! İnan bana! Ve bu en mühim şey!"

Yan: "Bu en (!) mühim olmayan! (sesini yükseltir) Bırak bu fantezileri. Senin Allah'ın kendi icadındır. Atalarımızın bize yaptığı psikolojik kurnazca bir hile! Her şey adama bağlıdır, Yehuda Yaradan diye bir şey yok!"

Yehuda: "Yan dinle beni... "

Yan: "Sen beni dinle. Niye sana geldim biliyor musun? Çünkü o anı hatırlıyorum, bu fikri ilk defa bende uyandıran sen oldun Yehuda. Hatırlar mısın, sınıfta öğretmene sormuştun: 'Nerede O?' Hatırlıyor musun nasıl söylemiştin:

Merdivenin Sahibi

O'nu hissedemiyorsam, demek ki mevcut değildir... Hatırlıyor musun?"

Yehuda: "Hatırlıyorum, hakikaten O'nu hissetmek lazım. Bu yapılabilinir, bu mümkün ve bu şart!!!"

Yan: "Dur! Bırak sözümü bitireyim! Sen benim küçük Yahudi dünyamı yıktın. Bu konuda sana teşekkür ediyorum... Bu yüzden bize katılmanı teklif etmeye geldim."

Yehuda: "Ama anla..."

Yan: "Budur! Seni daha fazla dinlemek istemiyorum. Sen bizimle misin, değil misin?"

Yehuda sustu.

Yan: "Niye susuyorsun? Cevap bekliyorum."

Yehuda: "Siz başaramayacaksınız..."

Yan: "Neden?"

Yehuda: "Yaradan olmadan Yanke'le... Hiçbir şey olamaz."

Yan (durakladı içine çekti. Yehuda'ya bakıyor): "Yazık, çok yazık. Beni anlayacağını zannetmiştim... (kararlı) kusura bakma, şimdi acelem var."

Yan yoluna devam edip hızla uzaklaşırken, Yehuda arkasından bakıp gidişini izliyor.

Aniden arkasından koşmaya başladı; ona yetişir ve yanında yürümeye devam eder. Ona bir şey anlatmaya çalışır, ama dinleyen yok...

Yehuda el hareketleriyle, durmadan konuşmakta. Yan durmuyor, anacaddeye doğru ilerliyor. Yehuda geride kalıyor. Yan bir sürü insanın olduğu kalabalığın içine dalar.

Bir Sinematik Roman

***

Yehuda'nın odası; gece.

Masanın üstündeki mum yanıyor. Yehuda'nın önündeki kitap açık; Yehuda kalkıp pencereye yaklaşır. Bazı pencerelerde ışık yanıyor, babası sessizce odaya giriyor; köşede oturuyor.

Simha: "Rahatsız ediyor muyum?"

Yehuda ona döner

Simha: "Çok olgunlaştın Yehuda; özellikle son haftalarda..."

Yehuda babasına bakar, cevap vermeden masaya yaklaşır, oturur ve bir şeyler yazmaya başlar...

Simha: "İşte, işte, büyüdün ve bizden uzaklaştın. Beni duymuyor musun Yehuda?"

Yehuda (Hızla yazmaya devam ediyor): "Affet baba çok az vaktim var..."

Simha: "Yehuda ne de olsa biz sana yakınız ama demek isterdim ki..."

Yehuda (Hızla başını kaldırır): "Baba bana söylemek istediğin şeyin şu anda ne kadar luzumsuz olduğunu bilemezsin. Bu gece geçen her dakika, bütün bir hayata değer."

Simha: "Böyle olacağına dair Rav Feldman bizi uyarmıştı; sen bizden uzaklaşıyorsun. Yahudi olmaktan uzaklaşıyorsun..."

Yehuda yazıyı bırakıp babasına döner; yüzünde derin bir üzüntü ifadesi var.

Yehuda: "Yaradan için hepimiz biriz."

Simha: "Yarın senin o Baruh'una gitmene izin vermeyeceğim."

Yehuda: "Baba, hiçbir şeyi durduramazsın."

Simha sertçe kalkıp odadan çıkar, kapıyı hızla çarpar; öyle çarpar ki kapıyı, bu çarpmanın etkisiyle duvar sarsılır. Yehuda bir kaç dakika kapıya bakar. Aniden kendisini tekrar çiçekli bahçede bulur; sadece bir an için. O anda Baruh'un sakin sesini duyar.

-"Bu bahçe senin içindedir... Sen artık bunu anlıyorsun, oğlum. Bu senin arzularının bahçesidir."

Dallar bir o yana bir bu yana sallanıyor, yapraklar titriyor.

-"Ve hepsi Yaradan'a yönelik."

Yehuda'yı sükunet kaplıyor; hayatında hiç böyle bir şey hissetmemişti. Odada oturuyor, lambanın ışığı titreşiyor; önünde kitabı açık, açık pencereden akşamın ışığı içeri giriyor.

***

Sabah.

Yehuda, Baruh'un evine giden toprak yolda yürüyor. Taa uzaktan Yehuda öğretmenini görüyor; Baruh tek başına evinin önünde oturuyor. Güneşin ışınları gözlerini kamaştırıyor; çok yaşlı ve çok sakin görünüyor. Yehuda usulca yanına oturur.

Yehuda'nın sesi: "Neden hiçbir zaman ışığa çıkmıyorsun?"

Baruh: "Sen buna ışık mı diyorsun? Bu hangi ışık bu? Bizim için ışık gecedir, gecedir, kitaplardır. Dünyadaki bütün aptallar uyuyorlar. Hiç kimse ışığı düşünmen için seni rahatsız etmez. O zaman ışık geliyor..."

Baruh kalkmaya çalışıyor ama başaramıyor. Zayıf bacakları artık bedenini kaldırmakta zorluk çekiyor.

Baruh: "Yine de yaşadığım bu köhne yer çok daha iyi, elini ver."

Yehuda; Baruh'un kalkmasına yardım edip, ona hafifçe destek olur.

Yüksek çam ağaçları olan bir koruluğa girerler, onları saran derin sessizlik. Çimenler hafifçe dalgalanıyor, kuşlar onlara hoş geldiniz der gibi ötüyorlar... Böcek, minicik ayaklarıyla hızlı hızlı üstteki dala tırmanıyor. Küçük pire bir çiğ damlasında sallanıyor. Islak yerde bir mantar ortaya çıkmış... Baruh tüm bunlara bakıp derin bir nefes alır:

-"Böyle, nefret etmeden yaşayabilseydik eğer."

Yehuda: "Burası iyi..."

Baruh (Aniden keskin bir şekilde): "Ne dedin? Kötü hissetmek, iyi! Sadece kötü hissedince Yaradan'ı ararız! İyi hissedince O'na ihtiyacın yok!"

Yehuda (Düşünceli): "Bunu insanlara nasıl açıklayabilirim, kötü hissedenlere? Kötü hissetmenin aslında iyi olduğunu?"

Baruh: "Yapamazsın. Onlar seni deli zannederler."

Yehuda: "Sadece. Yaradan'la ilişkini kestiğin için kötü hissettiğini, nasıl açıklaya bilirsin?"

Baruh (küçümseyerek): "Ne? Ne dedin? Bunu onlara mı açıklamak istiyorsun? Sonuçta onlar seni duymaz. (parmağını kulağına vurur) Seni nasıl duyacaklar! Onlar başka kurallara göre yaşıyorlar! Onların kanunu insanı kapmak!"

Sen onlara Yaradan'ı ve onun kurallarını mı anlatacaksın? Vermeyi? Yok, yook. Yehuda, sadece başlarına gelecek

Merdivenin Sahibi

felaketler sonucunda başka türlü yaşamak zorunda olduklarını anlarlar. Istırap, kaçınılmaz."

Yehuda: "Mümkün."

Baruh: "Ben mümkün değil diyorum!"

Yehuda: "Ben de mümkün diyorum!"

Baruh (Daha yüksek sesle): "Ben olamaz diyorum!"

Yehuda (Daha da yüksek sesle): "Ben mümkün diyorum! Acı ve ıstırap çekmeden olur! Onun bizi orada beklediğini... Büyük mutluluğun... Hepimizi büyük bir mutluluğa götüreceği... Mümkün!"

Baruh cevap vermiyor. Yorgun, Yehuda'ya bakıyor.

Yehuda: "Dinle..." Baruh'un önünde ileri geri yürüyor.

-"Onlara basitçe, dünyada sadece bir tek gücün var olduğunu, bir tek kanunun –O'nun kanunu diğerlerini sevme kanunu. Bunun iyi, mükemmel olduğunu. Ancak bu iyi yolda bir kötülük var. Kendimize olan sevgi, bütün dertlere sebep olan. Bunu düzeltirsek, sıkıntılar biter."

Baruh: "Onlar dinlemez." (Yorgun) "Bütün çabalarım..."

Yehuda (önünde durur): "Bir daha, bir daha denemek lazım..."

Baruh: "Onlar duymazlar!" Baruh ince ayaklarının üstünde sallanırken büyük başını sallıyor.

-"Vücutlar onun için mühim değil. Biliyor musun? Yaradan ruhla konuşur, vücutla değil! Tuhaf arzularla dolu olan vücuduna niye ihtiyacı olsun. Büyük bir Haham, bilgin olmak istiyorsun, Tevratı ezbere bilmek! Meşhur olmak... Para kazanmak... İyi yemek! Tatlı tatlı uyumak! Yehuda biz kendimiz için yaşıyoruz. O ise herkes için yaşıyor. Biz sadece kendimizi seviyoruz. O herkesi sever! (yorgun ve

Bir Sinematik Roman

acı ile) Aramızda ilişkimizin olmadığını anlıyor musun? (Kollarını açarak) O yok!"

Yehuda: "Aramızdaki ilişki ne zaman olacak? O görünecek değil mi?"

Baruh (sakin ve yorgunca): "O olmayınca olamaz da. O zaman görünecek! (Acı ile içini çeker, kolarını açar) Çaresiz kalınca... Kalbimiz kan ağlayınca, o zaman isteriz; bu ilişkinin olmasını isteriz... Hiç olmazsa bir müddet için, en azından bir saniye... Geriye kalan son kuvvetimizle yalvarırız. Çünkü aksi takdirde yaşamanın bir anlamı yok!"

Susar ve Yehuda'ya bitkin halde bakar.

-"O zaman dua ederiz..."

Derin bir nefes alır.

-"Bütün kalbiyle; bu duanın karşılığında... Gözyaşı kapıları açılır ve sen onu hissedersin. En sonunda ne olduğunu anlarsın, ağlarsın ama bu sefer mutlusun. O zaman her şey düzelir."

Yehuda (Hayranlıkla): "Ben, tam da bunu onlara açıklarım. Onlar anlayacaklardır. Biliyorum beni anlayacaklar; eminim. Ne de olsa hiç kimse acı çekmek istemez."

Baruh Yehuda'ya bakıyor.

Birden bacakları çözülüyor, ama Yehuda onu düşmeden yakalıyor. Baruh yorgun bir ağaç kütüğüne oturuyor.

Yehuda (Endişeli): "İyi hissetmiyor musun? Seni eve götüreyim mi?"

Baruh: "Hayır, iyiyim."

Yehuda Baruh'un yanına oturuyor.

Baruh'un sırtını hafifçe okşuyor, çocukmuş gibi.

Merdivenin Sahibi

Baruh: "Yehuda..."
Yehuda: "Ne Baruh?"
Baruh: "Söylediklerini bir şartla kabul ediyorum...(Ona dikkatli bakıyor) Şayet O'nunla konuştuysan. Konuştun mu?"
Yehuda (Başını sallayarak): "Evet, konuştum."
Baruh birden sevinçle gülümsüyor:
- "O seni kutsadı mı?"
- "Evet, geceleyin."
Yehuda konuşurken tekrar çiçekli bahçeyi hissediyor. Ta ufuktaki dağlara kadar uzanıyor.
Yehuda (Fısıldayarak): "İşte O!"
Kımıldamaya korkuyor, yerinde duruyor.
Yehuda Baruh'un sesini duyuyor:
- "Kuralları hatırlıyor musun?"
Yehuda: "Evet."
Baruh: "Aferin."
Baruh'un yaşlı ve sakin sesi duyulur:
- "Burada hiç kimse kendisini düşünmez. Ben de."
Yehuda'nın sağında, büyük bir ağacın dalında oynayan ışık huzmesi birden dikkatini çekti.
Baruh: "Gerekmez."
Baruh ağaca doğru yürüyor. Yehuda'nın sesi duyulur:
- "Yehuda!"
Baruh parlak bir nesne görür, eliyle ağaca dokunur:
- "Beni duyuyor musun, oğlum?"
Yehuda ağacın alt dalına ayağını koyuyor:

Bir Sinematik Roman

-"Haydi, galiba yapacak bir şey yok."

Baruh'un uzaklaşan sesi:

-"Görünüşe göre, her şeyin kendi deneyiminden geçmesi gerekiyor."

Rüzgâr çimeni okşayıp onu eğiyor. Yehuda yukarı doğru gerinerek, merdivenmiş gibi daldan dala çıkıyor. Rüzgâr kuvvetleniyor. Yehuda ağacın tepesinde parıldayan nesneye erişmeye çalışıyor.

Rüzgâr fırtınaya döndü.

Kuşlar yukarıda süzülüyor.

Bulutlar hızla göğü kapladı.

Yehuda dala tutunamayıp yere, çimenlerin üzerine düştü.

Işık parlaması.

Yehuda alanda koşuyor.

Arkadan fırtınanın ve suların gürültüsü...

Yehuda koşarken arkasına dönüp bakar, uzaktan suların cennet bahçesini harap ettiğini görür.

Önünde kayaların arasında bir yarık görür.

Şiddetli yağmur yere çarpıyor.

***

Baruh'un evinin yanındaki orman.

Yehuda acele ile çam ağaçları boyunca yürüyor.

Dolaşıp geri geliyor.

Ve işte şimdi koşuyor.

Baruh arkasından onu dikkatle gözlüyor.

Baruh: "Dayan, oğlum... Dayan!"

Işık parlaması.

Bahçenin ortasındaki çok eski dev gibi ağacı sular yerinden söker, devirir ve Yehuda'nın arkasından sürüklenir.

Yehuda son anda mağaranın oyuğuna dalar.

Baruh'un sesini duyar:

-"Sen doğdun!"

Sular korkunç bir sesle kayaya çarpıyor ve oyuktan içeri giriyor.

Sular Yehuda'yı sürüklüyor. Onu çevirip ileri sürüklüyor...

Orman tekrar görünüyor. Yehuda ormanda koşuyor, ağaçlara dokunuyor.

Baruh (Fısıldar): "Sen doğdun oğlum, doğdun!"

Işık parlaması.

Yehuda kendini suyun altında bulur.

Büyük ağaç kütüğü ona doğru geliyor. Sivri ucu Yehuda'ya doğru yöneldi. Yehuda korkudan gözlerini kapadı. Dev ağaç dönüyor. Adam büyüklüğünde olan siyah boşluk Yehuda'nın karşısında. Yehuda içinde kaybolur.

Ormanda

Birden, Yehuda olduğu yerde donakaldı.

Baruh elini kaldırdı ama bir kelime bile söyleyemiyor.

Işık parlaması.

Başka bir ağaç, suyun akışında, Yehuda'yı yutan ağaca çarpıyor ve açığın önünü tıkıyor.

Sessizlik.

Ve karanlık.

Ormanda

Yehuda, eski meşe ağacının gövdesinin içinde duruyor. Aynı ağacın içinden bir sincap bakıyor. Baruh onun yanında, çocukmuş gibi, sırtını okşuyor. Uzun bir sessizlik.

Yehuda kendine gelemiyor.

- "Biliyorum, oğlum, sen başaracaksın," der sakinleştirici bir sesle.
- "Buna çalışacağım." Yehuda cevap verir.
- "Çalışmayacaksın, dayanacaksın."

Baruh Yehuda'nın yüzüne bakıyor, hâlâ geçirdiği olayın tesiri altında.

- "Düşeceksin ve kalkacaksın. Bu kaçınılmaz," dedi Baruh. "Karanlık olmadan ışık olmaz. Gece olmazsa gündüz olmaz."
- "Anlıyorum, ama çok zor." Yehuda cevap verir.

Baruh: "İlk adımı attın. Bu en mühim kısım. Şimdi arınma süreci başlıyor. Oğlum, bunun şart olduğunu biliyorsun..."

- "Anlıyorum."
- "O herkes için yaşarken, senin sadece kendin için yaşayamayacağını biliyorsun."

Baruh'un yüzünde hafif bir gülümseme. Yehuda'nın yüzüne bakıyor:

- "Sadece kendin için yaşamak ne kadar çirkin."

Yehuda: "Anlıyorum, anlıyorum."

- "Bu çirkinlikten kendimizi kurtarmalıyız," diye cevap verir Baruh.

Merdivenin Sahibi

Yehuda derin bir nefes alır.

Yehuda: "Keşke bunu bir çıpırda yapabilseydik. Bir anda içimdeki her şeyi atmak."

Baruh: "Bunu bir anda yapamayız. Sabah bir anda gelmez. Şafak yavaş yavaş söküyor, oğlum. Ama sen her şeyde başaracaksın."

Yehuda: "Ne kadar zaman?"

Baruh: "Sürer? O'nun gibi olana kadar. O kendini düşünmez. Bunu anlamış durumdasın. Sende öyle olacaksın. Dayanacaksın, oğlum. Biliyorum, başaracaksın."

Yehuda (kararlı bir şekilde): "Dayanacağım, Baruh."

Baruh gülümsüyor:

-"Aferin! Aksini söyleseydin vay sana. Yehuda binlerce insan sana ümitle bakıyor. Onlar senin hissettiğine erişmek için, ıstırap çekmeye, altüst olmaya hazırdılar. O seni seçti, onları değil. Git O'na oğlum, git... Hücum et, dua et, kır, iste, bağır, ancak sakın durma."

Yehuda: "Gidiyorum, yarış edercesine, Baruh."

Işık parlaması.

Yehuda'nın, içinde bulunduğu suyun kuvvetli akışı ile tıkalı dev ağaç dönüp havaya uçuyor.

Suyun çıkardığı gürültünün ardından Baruh'un sesi:

-"Sandığa girdim oğlum, içindeki sandığa."

Öbür ağaçla tıkalı olan dev ağaç, oyuğun içinde, yelkenliymiş gibi, bir yandan öbür yana uçuyor.

-"Şimdi sıkı tutun, kendini koru oğlum, yükseliyoruz."

Tekrar orman

Otlar bir o yana bir bu yana sallanıyor.

Bir Sinematik Roman

Baruh susuyor.

Gözlerini kısarak Yehuda'yı ormana doğru yöneltiyor. Çiçekten çiçeğe uçan arıya bakıyor.

Baruh: "Burası iyi... Temiz. Yehuda, kendine başka bir öğretmen ara."

Yehuda gözlerini ona kaldırır.

Cevap vermiyor.

Baruh: "Bundan sonra sana öğretecek bir şeyim yok. Ruhun sana öğretecek."

Yehuda: "Başka öğretmeni nerede bulurum?"

Baruh: "Ara, iste, istersen o sana görünecek. Yaradan, şimdi seni bırakmaz, seni ciddiye aldığı görünüyor. Önümüzde yeni zamanlar var. Benim gibi insanlara uygun olmayan zamanlar."

Yehuda: "Seninle evine eşlik edeyim mi?"

Baruh: "Yok, ben bu ağaç kütüğüne oturup sessizliği dinleyeceğim, Belki bazı şeyleri anlarım."

Yehuda kalktı

Yehuda: "Gitmem lazım."

Baruh: "Git."

Yehuda dönüp aceleyle yola doğru gidiyor. Baruh ona bakıp son gücüyle bağırıyor.

-"Yehuda!"

Yehuda onu işitmedi.

-"Buraya bir daha dönme! Bir daha buraya dönmen yasak!"

Adımlarını sıklaştırıyor. Koşar gibi.

-"Ama ben seni bekleyeceğim," dedi Baruh fısıldayarak.

-"Büyük öğrencim... ve hocam..."

***

Varşova. Şehrin ana caddesi.

Yehuda, başı yere eğik hızla sokakta yürüyor. Kafası düşüncelerle dolu. Etrafına bakmıyor.

O esnada belgesel görüntüler.

Petersburg'daki kışlık sarayda maskeli balo.

'Tuv de France' ilk bisiklet yarışması.

Amerika Birleşik Devletleri, Panama'nın bağımsızlığını tanıyor.

Polonya'da komünistlerin ilk gösterileri.

***

Varşova'da ana sokak.

Gittikçe yükselen kalabalığın sesi duyuluyor.

Yehuda başını kaldırıyor. Birden yolun ortasında durduğunu ve kalabalığın ona doğru geldiğini fark ediyor. Yukarıda kızıl bayraklar dalgalanıyor. "Enternasyonal" marşı çalınmakta.

Yehuda kendisini kalabalığın ortasında buluyor. Kendisi baş sıralarda yürürken bayraklar üstünde dalgalanıyor. Yanında genç erkek ve kadınlar.

Omzunu sıkan bir el. Yan'ın yüzü, kalabalığın ortasından görünüyor.

Yan (Kalabalıktan daha yüksek sesle bağırmaya çalışırken): "Bütün bunlara ilgisiz kalamayacağını biliyordum."

Biri Yehuda'nın eline kızıl bayrak tutuşturur.

Kalabalık coşkulu: "Kardeşlik! Eşitlik! Özgürlük!" Yehuda kalabalıkla birlikte söylüyor.

ENNIK POLSKI
THE POLISH DAILY NEWS

Merdivenin Sahibi

İnsanlar elinde kızıl bayraklarla herkesle beraber aynı sloganları bağıran koyu dindar Haredi adama şaşkınlıkla bakıyorlar.

Bir yanında güzel bir kadın, öbür yanında Yan yürüyorlar.

Yehuda gülümsüyor...

Herkesin yüzü zevkli bir gülümseme ile aydınlandı birden.

Aniden. Yandaki sokaktan çok sayıda polis ortaya çıkar.

Haykırışlar: "Çenenizi kapayın hainler!!!"

Polisler kalabalığa sopalarıyla koşuyorlar. İnsanların başına sopalar iniyor.

Kalabalık ürperir ve paniğe kapılır.

Kalabalıktan haykırışlar duyulmakta: "Hainler ne yapıyorsunuz?"

İnsanlar kaldırımlara düşüyor, elleriyle başlarını tutuyorlar.

Parmaklarının arasından kanlar damlıyor. Yehuda'nın başı üstünde bir sopa. Polis yüzünü buruşturup bağırıyor.

-"Aaa, Yahudi! Eşitlik mi istiyorsun?"

Hemen kuvvetli bir el polisi kenara itiyor, Yehuda'yı yakasından tutup onu kenara atıyor. Yehuda kendisini bir evin duvarlarında buluyor. Yehuda'yı kapının girişine iter ve üstüne eğilerek..

Yan: "Yaşıyor musun? Öyleyse Allah'ını çağır!"

Binanın aralık kapısından koşan insanlar görünüyor...

Bir Sinematik Roman

Arkalarından polisler, atlarıyla dört nala sopalarıyla merhamet göstermeden vuruyorlar.

Yan: "Çağıracak kimse yok, ha? Yok. Çünkü O mevcut değil! Senin Allah'ın bak ne yapıyor."

Yehuda cevap vermeye çalışıyor. Ama Yan onun üzerine atlayıp ağzından bir laf çıkmasına fırsat bırakmadan.

Yan: "O yok! Yok! O mevcut olsa bile. Böyle Allah'ı kimse istemez. Çünkü elleri bizim kanımızla dolu!"

İki polis, bir gencin kanını akıtıncaya kadar dövüyorlar.

Genç adam durmadan aynı sözleri tekrarlıyor:

-"Bunu bir daha yapmam, efendim. Bir daha yapmam..."

Polise memuru, Yehuda'nın yanında yürüyen o güzel kadını, saçından tutup sürüklüyor. Ortalık savaş meydanı gibi.

Yan (Fısıldar): "Bunu bana açıklayamazsın, yapamazsın..."

Yehuda'nın şapkasını üzerinden çekerek yere fırlatır.

Sonra sokağa fırlar, atlara doğru koşmaya başlar.

Polis memuruna arkadan atlayıp, onu aşağıya çeker.

Yan, kadını kaçırır, bir ara sokağa doğru girerler.

***

Akşamüzeri, Varşova'da Yahudi Mahallesi

Bir kaç ihtiyar sokakta geziniyorlar. Bir apartmanın merdivenleri üzerinde oturan Yehuda'nın önünden geçiyorlar. Yehuda'nın ceketi yırtılmış, yıpranmış ellerinde kurumuş kanlar var.

Kadın: "İyi hissetmiyor musun?"

Yehuda (Başını kaldırır): "Evet, çok kötü hissediyorum."

Merdivenin Sahibi

Kadın: "Yardım edebilir miyim?"
Yehuda: "Bilmem."
    Kalkar ve yolda ayaklarını sürükler. Yehuda oturduğu sokağa yürümeye başlar. Binanın merdivenlerini yavaşça çıkar, kapıyı açıp doğruca odasına gider. Annesi ona doğru yaklaşır ve korkuyla bakar.
Yehuda: "Düştüm, bir şey değil."
Rivka: "Orada, senin odanda…"
    Daha sözlerini bitirmeden, Yehuda odanın kapısını açtı ve kapının eşiğinde durakaldı.
    Masanın arkasında Rav Feldman ve öğretmen Şimuel oturuyorlar.
    Babası, kenarda duvarın yanında duruyor.
    Yehuda babasına bakar, hâlâ ayakta.
Yehuda (hemen): "Baba, merak etme sadece kaydım. (Misafirlere dönüp) Merhaba Rav hazretleri Feldman, merhaba Rav Şimuel. Bir şey mi oldu?"
Rav Feldman (Bakışıyla onu inceler): "Şaşırma Yehuda. Babanın isteğiyle geldik. Orada durma, otur."
    Yehuda babasına bakar, babası halen ayakta.
Rav Feldman: "Sen Kabala öğreniyorsun. Bu hususta bir şey yapamayız."
Öğretmen Şimuel (Sertçe): "Kabala'yı öğrenmesini yasak etmek! Bunu defalarca söyledim. Bir daha tekrar ediyorum! Eh, bu o kadar basit bir şey değil."
Öğretmen (Yehuda'ya): "Fazla oldun, babanın anlattığına göre, Simha?"
    Simha, Yehuda'ya bakmamaya çalışıyor.

Öğretmen: "Babanın anlattığına göre, Yahudi olmayanların, Yahudilerle eş olduğunu söylüyorsun."

Yehuda: "En mühim olan şey, insanda Yaradan'ı keşfetme özleminin olması."

Öğretmen: "Yahudi olup olmaması mühim değil mi?"

Yehuda: "Doğru, mühim değil."

Öğretmen çabucak herkese göz atar.

-"Buna şimdi bir son vermeli, derhal! (Yehuda'yı gösterir.) Bu adam, nesiller boyunca bizi bir arada tutan şeyi yok etmeye kararlı. Bizim için çok tehlikeli biri. Yehuda biz senin Kabala öğrenmeni yasak ediyoruz...(öfke dolu) Bu deli Baruh, edepsiz, cahil!"

Rav Feldman: "Şimuel, rica ediyorum."

Öğretmen: "Ama, bakın talebelerini neye çeviriyor. (Yehuda'ya) Tekrar ediyorum, Kabala öğrenmeni yasak ediyoruz."

Yehuda: "Sizi dinleyemem Rav Şimuel, siz şimdi bana nefes alma diyorsunuz... Hayatımı feda etmemi...Ve ben bunu yapamam."

Öğretmen (Rav Feldman'a): "Onu aforoz edelim. Ve bütün Polonya'daki Yahudilere haber verelim!"

Rav Feldman: "Eğer yanılmıyorsam, Rav olmak talebinde bulunmuşsun... Rav olmak mı?"

Yehuda: "Evet, Rav ünvanını almak için sınavlara girmek ve öğretmeye başlamak."

Öğretmen: "Nee? Bütün bu duyduklarından sonra bunun mümkün olduğunu mu sanıyorsun?"

Yehuda: "Sizden biraz sabırlı olmanızı rica ediyorum. Size her şeyi açıklayacağım..."

Merdivenin Sahibi

Öğretmen: "Niye seni dinlememiz lazım?"

Rav Feldman: "Şimuel dur. Seni dinliyoruz Yehuda."

Yehuda: "Biz bütün okullarımıza, en kısa sürede, Zohar Kitabı'nı getirmeliyiz. Mümkün olan en ufak yaşta, onlara Kabala Bilgeliğini öğretmeye başlamalıyız. Zorunlu ders olarak. Böylece, dünyaya ışığı çekip ıstıraplarına son veririz. Ben programı geliştirip, öğretmeye başlayabilirim."

Öğretmen: "Yahudi olmayan yahudilere öğretemez! Ve sen yahudi değilsin!"

Odada sessizlik

Öğretmen, Yehuda'ya, Rav Feldman'a ve Simha'ya bakar. Ve tekrar Yehuda'ya bakar.

Öğretmen (Sertçe): "Ben, komite üyesi olarak bu sınavı geçmemen için elimden gelen her şeyi yapacağım. Sen Rav olamayacaksın! Yakalandığın bu virüsün dağılıp bizim milletimizi imha etmesine izin veremem."

Kalkar ve sertçe odadan çıkar. Kapıyı arkasından kuvvetle çarpar.

Rav Feldman öğretmenin çıktığı kapıya bakarken, başını hayır manasında sallar.

Rav Feldman: "Niye herkesle çatışma halindesin, Yehuda? Neden?"

Yehuda oturur. Rav Feldman'a, sonra babasına bakıyor. Simha yerin dibine girmek istercesine duruyor.

Rav Feldman (Yehuda'ya): "Anlat bana, niye senin gibi akıllı bir genç lazım olduğunda çenesini tutamıyor? Ne de olsa mükemmel bir gençsin! Sen Rav mı olmak istiyorsun?"

Yehuda: "Evet."

Bir Sinematik Roman

Rav Feldman: "İnsanlara öğretmek mi istiyorsun?"
Yehuda: "Rav olmak istememin tek nedeni bu."
Rav Feldman: "O zaman akıllı davran. Gerektiğinde kurnaz... Bak öğretmene ne yaptın? O sırf seni gördüğünde bile korkuyor. Burada neredeyse aklını kaybetti. Ne kabahati var? Ona bunu öğrettiler. Her şeyi, ona başka türlü anlatmak lazım."

Yehuda sessiz yere bakıyor.

Yehuda: "Deniyorum ama başaramıyorum."
Rav Feldman: "İşte... Zaten hataları anlamak şimdiden ilerlemektir. Aferin, şimdi ona anlatamadığını bana anlat."

Yehuda şüphe ile Rav Feldman'a bakar.

Yehuda: "Her şeyi mi anlatayım?"
Rav Feldman: "Ne bekliyorsun? Biz, Yahudiler kötüyüz. Evet mi?"

Yehuda yerinde huzursuz sallanıyor.

Rav Feldman: "Korkacak bir şey olmadığını sana söyledim. O zaman korkma! Konuş!"
Yehuda (Karar verir): "Bütün dünyanın gözleri bize çevrili."
Rav Feldman: "Her zaman öyleydi."
Yehuda: "Şimdi daha özel ve kesin olacak. Kolay olmayacak."
Rav Feldman: "Neden? Bilhassa şimdi?"
Yehuda: "Berbat bir yüzyıl başlıyor. Muazzam acılarla dolu bir yüzyıl. Büyük bir nefret. Büyük bir egoizm. Hiçbir zaman böyle bir durum olmamıştı... Dünyanın bütün bu acıları bizim suçumuzdur."

Merdivenin Sahibi

Rav Feldman: "Milletler öyle mi düşünüyor?"

Yehuda: "Kabala öyle düşünüyor. Zohar Kitabı. Öyle zannediyorum Yaradan da öyle düşünüyor."

Rav Feldman susuyor. Kafasından birçok düşüncelerin geçtiği farkediliyor.

Yehuda (Heyecanla): "Yaradan'ın bu dünyada ifşa olmasını engelleyenler biziz."

Rav Feldman: "Biz Yaradan'layız. Biz Tora'yı ve sevapları yerine getiriyoruz."

Yehuda: "Övünmeyelim, kendimizi bilgiyle doldurmayalım. Dini emirleri yerine getirdiğimiz için gurur duymamalı. Yok!"

Simha: "Yehuda sus!"

Rav Feldman: "Devam etsin!"

Yehuda: "Sadece, Yaradan'ı, ışığı, bütün dünyayı sevmek için. Bizler ışığı etrafa yaymalıyız... Karanlığı değil."

Simha oğluna korku ve dehşetle bakıyor.

Rav Feldman: "Böyle konuşursan, kimse seni anlayamaz. Sen fazlasıyla kesin ve doğrudan gidiyorsun."

Yehuda: "Ama siz açıkça hakikati istediniz."

Rav Feldman: "Ama o kadar da değil."

Yehuda: "Beni anlamaları için gayret edeceğim. Kendimi basit bir şekilde anlatmalıyım. Bunun yolunu arayacağım... Anlamaları için... Bunun için çabalayacağım. Bu hayatı aksi halde... Bu hayat bana ne amaçla verilmiş ki? Aksi halde büyük acılar, bizi ve bütün dünyayı bekliyor."

Rav Feldman: "Sen bunu nasıl biliyorsun?"

Yehuda: "Biliyorum."

Bir Sinematik Roman

Rav Feldman: "Nereden?"

Yehuda: "Görüyorum."

Rav Feldman ona bakıp susuyor. Odada sessizlik hakim. Pencerede yağmur damlaları.

Rav Feldman: "Sanırım, biliyorsun... Rav olma imtihanlarına girebilmen için, üç tavsiye mektubuna ihtiyacın var."

Yehuda: "Biliyorum."

Rav Feldman: "Kimler seni önerecek?"

Yehuda susuyor. Bu esnada Rav Feldman kapıya doğru ilerler ve kapının yanında durur.

Rav Fieldman: "Seni tavsiye edeceğim, Rav Zilber'den ve Rav Apşteyn'den seni tavsiye etmelerini isteyeceğim. Onlar seni sabrından ve bilginden dolayı seviyorlar. Tabii ki bugün aramızda geçen konuşmadan bahsetmeyeceğim."

Yehuda: "Çok teşekkür ediyorum sayın Rav."

Hahambaşılık

Uzun koridor.

Kenarda dindar elbiseli Yahudiler oturuyor. Bir sürü adam kapıların yanında sıkış tıkış oturmakta.

Onlardan ikisi kulaklarını kapıya dayayıp, içeride olanları dinleyip ötekilerine fısıldıyorlar.

Birincisi: "Hemen cevap verdi!"

İkincisi (Hayretle): "Hiç düşünmeden!"

Birincisi: "Ne cevap!"

Halktan birisi: "4 saat geçti."

Birincisi: "Sustular."

Halktan bir başkası: "Ee..."

Birincisi: "Susuyorlar! Hiç ses çıkmıyor."

İkincisi: "Şşş! Rav Zilber konuşuyor... Tebrik ediyor... İmtihanı geçti... Süper bilgi... Ümit ediyorlar ki."

Kapı açılıyor iki dinleyici nerdeyse düşüyorlardı. Öğretmen Şimuel odadan öfkeyle çıkıyor. Koridorda hızlı adımlarla uzaklaşıyor... Arkasından Rav Feldman ve diğer komite üyeleri. Aralarında konuşuyorlar. Başlarını sallıyorlar. Öğretmen aniden durdu. Rav Feldman bekledi, yüksek sesle kulağına, evet herkes işitsin diye.

Öğretmen: "Siz büyük bir hata yapıyorsunuz."

Rav Feldman yanından geçip gider.

Öğretmen (Rav Feldman'ın arkasında giden yaşlı Rav'a yaklaşır): "Rav Zilber, onu durdurmak lazımdı" (Başka bir yaşlı Rav'a döner) "Rav Apşteyn!"

Rav Apşteyn: "Onu durdurmak için elinden gelen her şeyi yaptım. Ama bu imkânsız."

Rav Zilber: "Bu kadar mükemmel bilgiye sahip olan insanı hatırlamıyorum..." (Biraz susar) "Ve bu kadar derin duygulara..."

Hahamlar koridorda ilerlemeye devam ederlerken aralarında konuşuyorlardı.

Yehuda odadan çıkıyor.

Simha ona doğru sıçrıyor.

Sevinçle zıplayan ufak bir çocuğu andırıyor.

Diğer bekleşenler onların etrafını sardılar. Yehuda'nın elini sıkıyorlar.

Uzakta, koridorun sonundan, öğretmen Şimuel olanlara bakıyor.

***

Varşova Musevi mahallesi

Simha ve Yehuda sokakta yürüyorlar. Güneşli bir gün.

Simha durmadan konuşuyor. Sevincini saklayamıyor.

On altı yaşları civarında iki genç kız onlara doğru yürüyorlar. Kızlardan biri Simha'ya doğru başını mütevazı bir şekilde sallıyor.

Simha başıyla cevap verir.

Genç kızlar geçip gider.

Yehuda arkasına bakar.

Yehuda: "Kim bu, baba?"

Simha: "Rivka, uzak akrabamız."

Yehuda: "Kaç yaşında?"

Simha: "On altı."

Yehuda: "Onunla evlenmek isterdim."

Simha Yehuda'ya bakıyor.

Yehuda başını sallıyor.

Yehuda: "Kabalist evli olmalı."

***

Düğün yeri...

Siyah çizmeli bir ayak, yaldızlı kâğıtla sarılı bardağı kırıyor.

Anında müzik başlar.

Bir Hasidik düğününün ortasındayız.

Erkekler damat Yehuda'yı, sandalyede otururken sandalyeyle beraber havaya kaldırır.

Hasidilerin şapkaları havada uçuyor.

Dindarlar sevinçten zıplıyorlar, klarnetçiler virtüözce çalıyorlar, Hasidler yerlerde kayarak dans ediyorlar.

Baruh bütün bunları salonun köşesinden seyrediyor.

Etrafını onlarca çocuk sarmış.

Önünde neredeyse bitmek üzere olan votka şişesi duruyor. Baruh bakışlarıyla Yehuda'yı takip ediyor. Dans etmekte olan Yehuda'nın gözleri onunla karşılaşıyor.

Baruh, başıyla selam veriyor, bardağı yukarı kaldırıyor. Birden elindeki bardak kayboluyor. Baruh ceketinin yağlı kolundan yavaşça votka dolu bir bardak çıkarır ve gülümser.

Çocuklar gülüyorlar.

Yehuda gülüyor.

Kahramanımızı gelecekte ne bekliyor?

Düğünden hemen sonra, genç çift Warşa'dan küçük bir kasabaya, Porsov'a giderler. Rivka'nın ailesinin karşısında bir daire kiralamışlardı.

Gece yarısı, sessizlik.

Polonya'nın küçük kasabası derin uykuda.

İki katlı ahşap evin bütün pencereleri kapalı. Yıldızlı gök, ay...

Evin pencerelerinden birinde ışık yandı. Lambanın titreşen ışığı...

Aniden, gecenin karanlığında ezilen buz sesi duyuldu.

Kâğıt gibi sulara dalan, çıplak ayaklar.

Merdivenin Sahibi

Kısmen aydınlatılmış oda.

Yehuda başını sallar ve kitaba daha da yaklaşır. Ayakları buzlu suyun içinde. Genç eşi Rivka, perdenin arkasından ona korkuyla bakıyor.

Sokaktan, kısmen aydınlanmış pencereden, Yehuda'nın profilini görmek mümkün. Bu silüet'i karşıki evden bir kadın izliyor.

Dvora. Rivka'nın annesi.

Başını odanın içine doğru çevirerek bir şeyler söylüyor. Pencereden kocasının uykulu yüzü görünüyor. İkisi cama yapışıp tüm dikkatleriyle Yehuda'nın net siluetine bakıyorlar.

***

Sabah Yehuda ve Rivka'nın dairesi

Yehuda kitabın üzerine eğilmiş oturuyor. Lamba ışığı titreşiyor. Saat sabahın beşini gösteriyor.

Rivka, şimdiden uyanmış, sabah kahvaltısını hazırlıyor. Hamile olduğu görünüyor.

Kapıya hafifçe vuruyorlar. Rivka kapıyı açıyor.

Annesi ve babası kapının eşiğinde.

İçeri giriyorlar.

Yehuda, Rivka'nın babasını karşılıyor.

Baba, beyaz talitiyle, sabah duası beklentisinde. Anne, Rivka'yı öpüyor.

***

Küçük kasabanın sinagogu
Rivka'nın babası ve Yehuda yan yana dua ediyorlar. Dua edenlerin talitlerle örtülü başları ile etraf bembeyaz.

***

Yehuda ve Rivka'nın dairesi
Baba ve Yehuda masada oturuyorlar. Rivka ve Dvora etrafta dolanırlarken, sabah kahvaltısını hazırlıyorlar.

Baba (Yehuda'ya): "Yorgun görünüyorsun… İyi uyuyabiliyor musun?"

Yehuda: "Çok iyi."

Baba: "Kaç saat?"

Yehuda: "Üç saat bana yetiyor."

Baba: "Çok saçma!"

Yehuda: "Bu bile bana göre çok."

Baba: "Anlıyorum… Yehuda, genç bir eşin var."

Rivka: "Baba, rica ediyorum…"

Baba: "Evde para yok."

Rivka: "Bir ay sonra size borcumuzu öderiz."

Baba (Sertçe): "Neyle uğraştığın belli değil… Ne diye sabahın birinde kalkıyorsun?"

Yehuda: "Gece benim öğrenmem içindir."

Baba: "Hayır, gece senin eşinle olman içindir." (Rivka'ya) "Sen sus Rivka! Gündüzün tazelenmiş kuvvetle ve dua ile kalkman için, iyi uyuman lazım. Ayrıca geçim kaynağı aramalı… Ne de olsa bir ailen var."

Dvora eşinin arkasında, ayakta.

Merdivenin Sahibi

Baba: "Sana Rivka'yı eş olarak verdik çünkü hakikaten senin bir aile kurmak istediğini sandık."

Rivka: "Baba, yeter! Siz hayatımıza karışıyorsunuz!"

Anne: "Hayır, yanılıyorsunuz! Seni her gece nasıl yalnız bıraktığını görmek istemiyoruz... Neyle uğraştığı belli değil."

Rivka: "Yehuda ne yaptığını bilir."

Anne: "Bence bir şey yaptığı yok! Şimdilik evinize bir kuruş bile getirmedi!"

Rivka: "Anne!"

Baba: "Bu saçmalıkları tekrarlamayı kes ve senden büyükleri ve yaşlıları dinle sen de, o da. Biz normal bir aile olmanızı istiyoruz. Onun Kabalası normal bir hayat yaşamanızı önlüyor."

Rivka (Yerinden kalktı): "Eşim, öğrenci haham. Hayatımıza karışmamanızı sizden çok rica ediyorum. Ayrıca uyuması için az zaman kaldı, saçma konuşmalarınızla onu rahatsız ediyorsunuz."

Baba: "Saçma?"

Anne: "Bir başka deyişle gitmemizi mi istiyorsun?"

Rivka: "Sizden sevdiğim bir eşim olduğunu, beraber bir hayatımızın olduğunu anlamanızı istiyorum ve karışmamanızı rica ediyorum."

Baba: "Karışmamak mı?"

Rivka: "Evet, karışmayın."

Baba masadan kalkıp kapıya doğru gidiyor.

Ardından aceleyle Dvora da geliyor.

Baba (kapının eşiğinden): "Çocuklarımızı besleyecek durumda olmadığınız zaman ağlama. Senin o hahamın çalışmaya mecbur kalınca, bütün bunlara vakti olmayacak. O zaman ağlama ve bizden yardım istemeye koşma... Gidelim, Dvora!"

Çıktılar. Yehuda Rivka'ya bakıyor.

Yehuda: "Onlar bir daha dönmezler."

Rivka: "Ben seçimimi yaptım. Benim için sen varsın."

Yehuda ona yaklaşır ve sarılır.

Rivka elini karnına koyar ve gülümser.

-"Öyle kuvvetli ki, şimdiden çıkmak istiyor. Ayaklarıyla öyle tekmeler atıyor ki..."

Yehuda'ya tebessümle bakarak, başını omzuna dayadı.

Rivka: "Bence buradan taşınmamız lazım. Onlar bizi rahat bırakmayacaklar... Sen ne düşünüyorsun?"

Yehuda: "Sen ne dersen yapacağım."

***

Sabah

Zayıf bir at, Yehuda ve Rivka'nın oturduğu arabayı çekiyor.

Arabada bir iki torbalık eşya. Birisi giysilerle, öbürü kitaplarla dolu.

Arabacı, tembelce atını dürtüyor. Tehilim'den ayetler mırıldanıyor.

Arabacı: "Kötülerin tavsiyesine uymayan, günah yolunda durmayan (Eğri parmağını kaldırıp) soytarılarla oturmayan, (Başını hayranlıkla sallayıp, şarkı söylercesine) meyvesini zamanında veren, akarsuların yanındaki yaprakları solmayan ağaç gibi ve her yaptığı işte başarılı olan adam; ne mutludur."

Arabacı, Yehuda ve Rivka'ya dönerek onlara göz kırpıyor.

Arabacı: "Sayın Rav, görüyorum ki, siz çok bilgilisiniz, eşiniz güzel. Ben ise yedi yaşından beri çalışıyorum, okumam yazmam yok. Buna ne ihtiyacım var? Ama oğlum yüksek sesle okurken, onu dinliyorum, kelimeler zihnimde kalıyor... Ağlıyorum... Ne kadar güzel kelimeler..."

Yehuda ona bakıp gülümsüyor.

Arabacı atını hızlandırıp tekrar parmağını havaya kaldırıyor.

Arabacı Tehilim'den bir parça daha söylüyor.

Arabacı başını bir o yana bir bu yana sallayıp elini çıtlatıyor.

Arabacı: "Ay, ay, ay, ne kadar güzel... Oğlum, bu kelimeleri ne kadar güzel okur. Oturup her şeyi bana anlatır, benim gibi ihtiyar aptala... O bana der ki: 'Baba, sen sadece kendini seviyorsun, Yaradan herkesi sever.'"

Yehuda: "O öyle mi diyor?"

Arabacı: "Evet, evet. Tam öyle. O kadar akıllı ki!"

Yehuda: "Oğlunun adı ne?"

Arabacı: "Moşe, sadece on yaşında, o bana der ki 'Baba, bak Yaradan ne kadar iyi' Benim de ona cevabım: 'O iyi ve iyi eder, oğlum.'"

Arabacı başını sallar, öne dönüp, ihtiyar atını bir kere daha hızlandırır.

Arabacı: "Haydi, söylediklerine bakma, ihtiyar..."

Birden sesi değişti... Gözlerinden inen yaşları kollarıyla siliyor.

Arabacı: "Aaah.. O iyi. İyilik yapar... Niye oğlumun ayaklarını aldı...?"

Dönüp Yehuda'ya bakar.

Gözleri yaşla dolu.

Arabacı: "Öyle bir çocuk ki, ne çocuk, Sayın Rav öyle akıllı ki, her şeyi biliyor. Lakin ayakları doğuştan yürümüyor... Ama ben şikâyet etmiyorum. Bizim için neyin iyi olduğunu Yaradan bilir. Sayın Rav, neden ayaklarından mahrum kaldığını belki siz anlatabilir misiniz?"

Yehuda susuyor.

Rivka hafifçe karnını tutuyor ve eşine bakıyor.

Yehuda: "Uzakta mı oturursun?"

Arabacı: "Yok. Yakında. Atım dayanırsa, bir-iki saat tutar."

Yehuda: "Oğlunla konuşmak isterdim. Müsaade eder misin?"

Arabacı: "Oooo, Sayın Rav! Bu onun için o kadar büyük bir sevinç olacak, zaten hayatında iki kere Rav gördü. İlk keresinde sünnet olduğunda... (Rivka'ya doğru gözü kaydı) Ama evimizin yolu engelli... eşiniz belki... yakında..."

Rivka: "Bir şey değil. Ben çok iyi hissediyorum (Yehuda'ya bakıyor.) Oraya gidelim..."

Yehuda: "Devam edin."

Arabacı dizginleri bütün kuvvetiyle çekiyor.

Arabacı: "İleri, yaşlım, ileri, fazla düşünmeden. Deh!!! Moşe ne kadar sevinecek!"

Yaşlı at arabacıya bakıp biraz hızlanır...

Araba engelli yolda ilerliyor... Bir yandan öbür yana doğru sallanıyor. Arabacının tiz sesi duyuluyor:

-"Kudüs Kralı, Davut'un oğlu. Kohelet der ki anlamsız, her şey anlamsız."

Arabacı, ezbere Kohelet'ten söylemeye devam ediyor ve devamında "Ne kadar doğru, değil mi? 'Bir nesil gider, öbür nesil gelir ve dünya daima kalır. Ruhun birbirine zıt ikiliğinden meydana gelen bütünlükte bu bilgiye erişti."

Araba uzaklaşıyor.

Yehuda paltosuyla Rivka'yı sararken Rivka ona yaklaştı.

Etrafta sonbahar... Alanda tarlalar yayılmış... Uzaktan orman görünüyor, tepede tek bir ağaç.

Sadece arabacının sesi duyuluyor...

-"Geçmişte olan gelecekte de olacak, geçmişte yapılanlar gelecekte de olacak, güneşin altında yeni bir şey yok..."

Hava kararıyor.

Taşlı yolda araba bir yandan öbür yana sarsılıyor.

Rivka, Yehuda'ya tutunuyor, korkuyla karnını tutuyor.

Bu esnada arabadan iniyor ve arabanın arkasından gidiyor. Ayakları çamura batmış. Yehuda'nın elinden tutuyor.

Araba çok yoksul bir köye giriyor.

Ana sokaktan sapıyor, birkaç köşe döndükten sonra, arabacı ileriyi gösteriyor. Siyah ve çökmek üzere olan bir eve yaklaşıyorlar. Pencerede bir çocuğun yüzü görünüyor.

Arabacının sesi: "Bu oğlum..."

Bir Sinematik Roman

Eve giriyorlar. Çok az eşya var.

Çocuk, Moşe özel olarak onun için hazırlanmış kılıfı yırtık bir iskemlede oturuyor.

Pencerenin eşiğinde açık bir kitap.

Moşe'nin ayakları ip gibi sandalyeden sarkıyor.

Misafirlere gülümsüyor.

Arabacı, sevinçle, ellerini uzatıp Moşe'yi sandalyeden indiriyor.

Moşe, babasının boynuna sarılıp, babasının sakallı yüzünü öpüyor.

Arabacı: "İşte, Sayın Rav, işte oğlum, benim Moşe'm, hayatımın ışığı."

Yehuda Moşe'ye dikkatle bakıyor, Moşe de ona bakıyor.

Yehuda ellerini uzatıp Moşe'yi babasından alıyor.

Çocuk Yehuda'nın boynuna sarılıp ona yaklaşıyor.

Rivka kapının yanında oturmuş, sessizce onlara bakıyor.

Moşe: "Otur."

Yehuda oturur.

Moşe: "Nasıl yaşıyorsunuz?"

Yehuda: "Her zaman O'nu düşünerek."

Moşe: "O'ndan başkası yoktur. O bizi merak edip, bizi düşünüyor."

Arabacı (Mırıldanıyor): "Öyleyse seni nasıl merak ediyor böyle...?"

Moşe gülümser ve Yehuda'nın eline dokunur.

Merdivenin Sahibi

Moşe: "Onu dinleme, beni çok sevdiğinden, Yaradan'dan sadece iyilik geldiğini anlamıyor."

Arabacı (Derin bir nefes alır): "Oooo!"

Moşe: "O her şeyi kasten yapar. Bizi, bilerek şaşırtıyor. Bütün düşüncelerimizden ve acıların üstesinden gelmemiz için. Ve denir ki: 'Sadece sen iyi ve mutlaksın, hepimize iyi ve iyiliğimizi isteyensin.'"

Yehuda çocuğa şaşkınlık ve hayranlıkla bakar. Moşe hareketsiz bacaklarına eliyle vurur.

Moşe: "Vücut... Her zaman acı çekecek. Vücut sadece kendisini sever." Moşe gizemli ve gülümseyerek devam eder: "Ama içimizde küçük bir nokta var, böyle ufacık," Yehuda'ya göğsünü göstererek "Hayır daha da küçük." Küçük parmağının ucunu göstererek: "Onun adı ruh, Yaradan onu bize verdi. O yalnız onunla konuşur. Yaradan'la konuşan vücut değildir, Ruh'tur. Sayın Rav, sözlerim doğru mu?"

Yehuda (Hayranlıkla): "Söylediğin her kelime doğru."

Moşe: "Ben vücudumla değil ruhumla tanımlanmak istiyorum. Vücudum acı çeksin, vücut neyime lazım? Ben vücudumla değil ruhumla, benim ruhum şarkı söylüyor."

Arabacı (Hararetli): "İşte o böyle Sayın Rav, tuhaf sevgili oğlum. Ben cahilim, bir şey anlamıyorum. Cumartesi günü bana biraz içki verin, şarkı söyleyeyim, bana yeter. Belki biraz da para kazanmak, sadece ikimize yetecek kadar... Ona bazı kitaplar satın alabilmek için. Ne de olsa kitaptaki her kelimeyi tanıyor. Bütün kitabı ezbere biliyor, bütün kelimeleri. Haydi sorun ona Sayın Rav, sorun... Haydi, Moşe bana okuduğun gibi, Sayın Rav'a oku."

Birden, herkes Moşe'nin onlarla olmadığını fark ediyor.

Bir Sinematik Roman

Yani, o onlarla, fakat bakışları, pencerenin ardında, bir yerlerde dolaşıyor.

Sessiz ve sakin bir bakış...

Yehuda ona bakar, rahatsız etmemeye çalışır. Şu an birbirlerine ne kadar benziyorlar.

Arabacı (Fısıldayarak): "Bazen öyle oluyor. Saatlerce kitapla oturup, okur, okur, sonra gözleri pencerenin ardına bakar... Orada ne var? Engelli bir yol ve ihtiyar atım.."

Yehuda (Fısıldayarak): "Kimle konuştuğunu görmüyor musun?"

Arabacı tekrar pencereye bakmayı deniyor, Moşe'nin baktığı yere.

Arabacı: "Bizim atla mı?"

Yehuda: "Oğlun haklı, sen cahilsin... Pencerenin ardında ışık var... Senin oğlun, büyük ve mutlu biri. O bu ışığı görüyor."

Moşe bakışını Yehuda'ya çevirip, şaşırtıcı bir olgunlukla, birden:

-"Siz onlara anlatın, anlayacakları şekilde. Bunu bilin ki Allah sizi öylesine seçmedi, insanlara her şeyi anlatmanız için. Onlar kör, onları nasıl suçlayabiliriz? Onların anlayacağı kelimeleri bulun..."

Yehuda: "Deniyorum. Bu hususu çok düşünüyorum. Bunu nasıl yapabileceğimi anlamaya çalışıyorum."

Moşe: "Siz başaracaksınız."

Yehuda: "Bilmiyorum."

Moşe: "Ben biliyorum."

Yehuda (ona bakar): "Bekle bir dakika."

Yehuda aniden kalkıp evden çıkar.

Merdivenin Sahibi

Bir dakika sonra, bohçalardan biriyle döner. Bohça'nın bağını açıp içinden Zohar Kitabı'nı alıp masaya koyar.

Yehuda: "Sana bu kitabı bırakmak isityorum."

Moşe kitabın kabına heyecanla bakar.

Moşe: "Zohar... Bu kitabı okumalıyım. Eğer yetişemezsem yazık olur."

Kitabı açar ve hemen okumaya dalar.

Ona göre, oda ve odada olanlar sanki yoklar...

Gözleri sanki satırları yutarcasına koşuyor, aç...

Hepsi Moşe'ye bakıyor...

Arabacı: "İşte, şimdi sabaha kadar onunla konuşamayız, ne yemek, ne içmek, lambaya gaz eklemek lazım. Gidip biraz satın almam lazım... Kalan gaz yalnız iki gece için yeter, o kadar... Kitap için çok teşekkür, Sayın Rav, ona öyle bir hediye verdiniz ki... Sizi, evinize ücretsiz götüreceğim."

Sessizce avluya çıkıp, arabaya otururlar...

Arabacı dizginleri çekiyor ve at yürüyor.

Yehuda, evin tek penceresinden, kitap okuyan küçük çocuğa bakıyor...

Gaz lambası pencerenin eşiğinde yanıyor.

Akşam yavaş yavaş iniyor.

Yehuda Rivka'ya dönüyor.

Yehuda: "Olaylar nasıl da oluyor... bir melek, bana gelip , her şeyi yerine yerleştirdi (düşünceli). Onlara anlayacakları şekilde anlatmalıyım, mecburum..."

1905 senesinden belgesel görüntüler.

Rusya-Japonya Savaşı- "Tsoşima Çarpışması."

Rus donanmasını Japonya deniz kuvvetleri bombalıyor. İşte, Teodor Ruzvelt ikinci defa seçilince, elini sevinçle sallıyor.

Fotiomkin harp gemisinde isyan çıkaran bahriyeliler.

İngiltere'de, Çelsi futbol takımının kuruluşundan resimler.

Rusya'da ilk devrim.

Sivil göstericilere, hafif makineli tüfekle açılan ateş "ilk kanlı gece".

***

Varşova'da bir sokak

Rav Aşlag aniden sokağın ortasında durdu.

Makineli tüfeklerin ateşi altında düşen, ürkek ve şaşırmış insanları görüyor.

İleriye doğru bakıyor.

Sis ve yağmurun içinden, Ekim 1917 senesinde devrim yapan bahriyeliler silahlarıyla ateş ederek, ona doğru koşuyorlar.

Yehuda ceketinin yakasını kaldırdı. Gri sokakta, soğuktan büzülmüş bir şekilde yürüyor.

Birden, Lenin yanından geçiyor.

Yehuda gözleriyle onu takip ediyor.

Esirlerle dolu vagonlar görüyor.

Yehuda sokakta yürümeye devam ediyor.

Yukarıda uçaklar geçiyor, genç Hitler onları sevinçle selamlıyor.

Yehuda, Yahudi mahallesinde yürüyor.

Merdivenin Sahibi

Evlerin üzerinden, atom bombasının mantarı yükseliyor.

Yehuda binaya giriyor.

Ben Gurion, İsrail Devleti'nin kuruluşunu duyuruyor.

İkiz kulelere uçak çarpıyor.

Rav Yehuda Aşlag sınıfa giriyor.

Yirmili ve altmış yaşları arasındaki talebelerinin arasında Rav Feldman da bulunuyor.

Henüz kapıdan içeriye girmeden, Rav Aşlag konuşmaya başlıyor:

Rav Aşlag: "Tek bir ruh var." Eliyle havada bir daire çiziyor. "Bütün ruhlar bunun içinde -var olan tek yasaya göre- onları birleştiren sevgidir."

Rav Aşlag talebelerine bakıyor.

Odanın köşesinde oturan Rav Feldman, onu dikkatle dinliyor.

Rav Aşlag: "Yaradan, bu tek ruhu kırdı. Şimdi biz yeniden, parçaları birleştirmeliyiz. Kendi egomuzun üstüne çıkmalıyız."

Hayim (genç delikanlı) "Birbirimizi sevmek..."

Rav Aşlag: "Birbirimizi sevmek..."

Hayim: "Bizden nefret eden..."

Rav Aşlag: "Bütün dünya nefretten aşka erişecek."

Aron (gözleri hasta gibi yüzü gergin, başka bir genç talebe): "Yaradan ne diye bu tek bir ruhu kırmak istedi? Ne için? Ne de olsa O bizim iyiliğimizi istiyor. Hepimiz birlikteyken mutluyduk. Öyleyse niye bunu yaptı?"

Merdivenin Sahibi

Rav Aşlag: "Neden?"

Aron: "Evet, evet, evet! Neden bizi bu çılgın dünyaya attı. Bizden çeşitli milletler oluşturdu. Irklar, zenginler, fakirler, Yahudi ve Yahudi olmayanlar... Ne için?"

Rav Aşlag (Aron'un yanında durur): "Bizim onunla eşit olmamızı istedi."

Aron: "Anlamadım."

Rav Aşlag: "Onun kölesi değil, ona eşit olmamızı."

Aron (sinirli): "Ben anlamıyorum!"

Rav Aşlag: "Işıkla dolduğunda, O'nun önünde kendini iptal ettiğinde, hangi arzuların kalır?"

Aron: "Bu ışıkta daima kalmak, bunda ne kötülük var?"

Rav Aşlag: "O, ışığa köle olmanızı istemez. O bizim hür olmamızı istiyor, O'na eşit olmamızı, O'nun istediği gibi oynamak değil de, fikir sahibi, kendi görüşü olmayanları neden istesin? (Aşlag Aron'a bakıyor) O, yanında bağımsız, O'nun yanında yaşamayı kendi isteğiyle kararını vermiş olanı, eşit olanı istiyor. Köle değil, arkadaş. Eşit! Ama bunu nasıl yapabiliriz?"

Rav Aşlag sustu ve sınıfa bakıyor.

Hepsi devamını bekliyor.

Rav Aşlag: "Sadece bir yolu var. Genel ruhu küçük parçalara bölüp, bu dünyadaki vücutlara koymak, bu egoizmin, bu nefretin içine batırmak, mümkün olduğu kadar. Ondan uzaklaştırmak ve sonra kendi kendimize! Kendi kendimize! Bu karanlıkla başa çıkabilmek, ona yaklaşmak için ve onun kurallarına göre yaşamayı istememiz için."

Sessizlik.

Hayim: "Bunu nasıl yapabiliriz?"

Bir Sinematik Roman

Gece, Rav Aşlag'ın evi.

Rav Aşlag yazıyor.

Rav Aşlag'ın fısıltısı duyulurken, kaleminden çıkan düzgün satırlar.

-"Ama bunu nasıl yapabiliriz? O'nun kurallarına göre nasıl yaşarız, biz ahmak doğmuşuz. O'ndan çok uzaklaşmışız? O herkese ışık, biz – en aşağılık, en pis, sadece kendimiz için yaşayan... Nasıl Yaradan'a yaklaşabileceğiz?"

O sırada kapıya hafifçe vurulur.

Herkes uyuyorken Yehuda kapıyı açmaya gider.

İhtiyar arabacı, kapının eşiğinde duruyordu.

Elinde Zohar Kitabı.

Yehuda ona bakıp, hemen sordu:

Yehuda: "Ne zaman?"

Arabacı: "Bu gece bir saat önce. Son isteği, bunu hemen size vermemdi Sayın Rav."

Ona Zohar Kitabı'nı verdi ve bir not bıraktı.

Arabacı (acele ile): "Ben koşup gidiyorum, onu yalnız bırakmak istemiyorum... Birden o kadar küçüldü ki."

Arabacı yüzünü birden büzüp, çocuk gibi ağlamaya başladı.

Kirli eldiveniyle gözlerini silerken, kir yüzüne bulaştı.

Arabacı: "Hayattayken bana öyle büyük görünüyordu! Sayın Rav, siz galiba ona birkaç gün daha eklediniz. (biraz memnun) Sakince öldü, ölürken gülümsedi."

Sustu.

Eldivenlerini sıkıca tutup, onlara bakıyor.

Arabacı: "Ben şimdi ne yapacağım... Yalnız başıma..."

Merdivenin Sahibi

Arabacı döner ve ağır ağır merdivenlerden iner.

Rav Aşlag mektubu açıyor.

Yazıyı çabucak okuyor.

Sanki satırlar uçuyor.

Dudakları mırıldanıyor.

-"Yaradan, beni şimdi yanına alıyor. Ama önce bana büyük bir şey kazandırdı. Böyle bir kitabı okuyabildim! Benim ruhum, bütün dünya, herkesin ona giden yoldan nasıl geçeceği. O bizi kral sofrasına davet ediyor. Bizim için hazırladı. Ama biz gelmiyoruz. Onlara bunları anlat. Onlara karşı sabırlı ol, çocukmuş gibi. Yaradan'ın onlar için hazırladığı mutluluğu anlat. Sana teşekkür ederim. Siz bu işi yapmak için burada kalıyorsunuz. Size güveniyorum, sevgili Rav Yehuda'mız...

Karşılaşmamız lazımmış, bütün bunları size söylemeliymişim. Zavallı babam... O, Yaradan'ın ne kadar harika olduğunu bilmiyor."

Biri Rav Aşlag'ın omuzlarını battaniye ile örtüyor.

Dönüp baktığında Rivka'yı gördü.

Rivka: "Üşütmemelisin."

Rivka yüzünde beliren şükranla ona bakar.

Rivka: "Hislerim yanıltmıyorsa o çocuk değildi."

Yehuda: "Peki kimdi?"

Rivka: "Üst Güçtü. İlahtı!"

O gece Rav Aşlag'ın odası.

Battaniyeye sarılarak alışmış olduğu şekilde masanın ucunda biraz evvel arabacının getirmiş olduğu Zohar Kitabı'nın sayfalarında kurutulmuş filiz görünür.

Rav Aşlag kitapta işaretlenmiş yeri açtığında çocuğun eliyle yazılmış bir kaç satır dikkatini çeker.

Birinci satırı okurken "O'nu içimde aramalıyım," diyen harflerin süratle üstüne yaklaşır.

Kumlu bir yol önüne halı gibi serilir. Arkasında mağaranın dar girişi. Yana yatmış bir sandık. Açık tarafı ona bakıyor.

Kısa bir zaman için oda görünür.

Rav Aşlag pencereden bakıyor.

Elindeki tüyü mürekkebe batırırken.

-"Sandığı bırakmanın zamanı geldi" Tüy çok düzgün yazı sıraları yaratır.

Şimşek gibi ışık. Fırtınadan sonra açık bir gün. Dağlara tırmanan kumlu bir yol. Gölgelikli sık ağaçlar yükseklere uzanır.

-"Sandık seni kendinden korudu. Güçlendin, sandığın dışına çıkmanın zamanı geldi."

Rav Aşlag çiçek dolu tarlada yürürken sonsuz güzelliğe bakar.

Fakat tüy kalem bambaşka satırları yazar.

- "Düşüşleri bekle ve kendini hazırla."

Rav Aşlag'ın odası. Aşlag pencereden bakar.

-"Benliğin derinliklerini kazarken çok karanlık olduğunu hissedersin."

Rav Aşlag'ın önündeki toprak birden yarılır...

Önünde açılan uçuruma düşer, karanlık bir çukura.

Kayalara çarparak düşerken, "Ooooof aşağıya uçuyorum!" Yankı daha da kuvvetlenir. "Aaaaaahhhhh!"

Merdivenin Sahibi

Kendini yarı karanlık koridorun taş zemininde bulur.

Görünmeyen bir güç onu ayağa kaldırır, topuğun üzerine döndürerek onu iter.

Rav Aşlag o hızla bir kaç adım atabilir.

Sayfada yeni bir satır belirir:

"Sen kendinin hâlâ kim olduğunu bilemiyorsun."

Koridor dört köşesinden meşalelerle aydınlatılmıştır.

Rav Aşlag karşısında altından yapılmış kral tahtında oturan birini görür.

Meşalelerden birini alarak başının üstüne kaldırır.

Önündeki tahtın üzerinde oturan Firavun'dur.

Fakat yüz, Rav Aşlag'ın yüzü.

Rav Aşlag'ın odası.

Önündeki kitap "Paraşat Miketz"e açılmış.

Satırların üstünde küçük Moşe'nin el yazısı
"Firavun'a gel."

Ertesi gün sınıfta.

Gözler Rav Aşlag'ı takip eder.

Rav Feldman yine aynı yerinde, sınıfın köşesinde oturur.

Rav Aşlag, Hayim'in önünde durur.

Rav Aşlag: "Tekrar Yaradan ile nasıl birleşeceğimizi sordun?"

Hayim: "Evet gece uyuyamadım, yalnızca bunu düşündüm."

Bir Sinematik Roman

Rav Aşlag: "Bu duruma tahammül edemediğini hissedebiliyor musun?"

Hayim: "Evet hissediyorum."

Rav Aşlag: "Neden?"

Hayim: "Bu ıstırabın sonu yokmuş gibi hissediyorum."

Rav Aşlag: "Çektigin ıstırabın sebebini biliyor musun?"

Hayim: "Kendimi boşlukta hissediyorum, hayatın tadı yok, hiçbir şeyden sevinç duymuyorum."

Rav Aslag: (Sert bir şekilde) "Kabahat sende!"

Hayim: (Hayretle) "Bende mi?"

Rav Aşlag: "Sende değil de kimde? Kendin Yaradan'ın belirmesine imkân vermiyorsun!"

Hayim: "Fakat Yaradan'ı ben seviyorum."

Rav Aşlag: "Yaradan'ı değil kendini seviyorsun..."

Hayim: "Hayır öyle hissetmiyorum."

Rav Aşlag: (Hayim'i sertçe işaret ederek): "İlk tırmanışımız birinci basamak. (Başkalarına dönerek) Yalancı hırsız, kendimizden başka herkesten nefret ettiğimizi anlamaktır."

Işık parlaması...

Meşalelerin verdiği ışıkta altın tahtın üzerinde oturan Rav Aşlag'ın suratıyla Firavun Rav Aşlag'a bakar.

Rav Aşlag'ın sesi duyulur: "Herkese verilmeyen bir şeydir. Yabancı giremez. Yalnız kalbi kırık olanlar girebilir. Niçin yaşıyoruz sorusuna cevap alamayanlar girebilir. Ancak onlara hakikat gösterilir. Sadece onlar dayanabilir. Yalnız onlar böyle derin bir uçuruma inerek kendi içlerine bakmaya cesareti olanlara. Egoizmimizin en karanlık noktasına bakarken ne görebilirler?"

Işık parlaması...

Firavun, Rav Aşlag'ın yüzüyle tahtında oturur.

Rav Aşlag'ın sesi: "Ev sahibinin korkunç yüzü."

Firavun gülümsüyor.

Yanında duran altın taht'a işaret eder.

Gizli bir güç Rav Aşlag'ı öne iter.

Birden kendini Firavun'un yanında otururken görür.

Kalkmayı dener fakat altın kelepçelerle elleri ve ayaklarının tahta bağlı olduğunu görür.

Rav Aşlag'ın sesi: "Firavun doğamızdır. Hayat boyu onun için çalışırız. O bize hakimdir. O bizim kişisel doğamızdır, kendimizdir."

Firavun tahtında oturur ve güler.

Elindeki altın yüzüğü çıkartıp, Rav Aşlag'a takdim eder. Yüzük sanki parmağına yapışır.

Sınıf.

Aron: "Firavun insan degil mi? Tora'da yazılı ki..."

Rav Aşlag: "Tora insanlardan bahsetmez."

Aron: "Anlayamıyorum. Peki İbrahim? Musa? Mısır'daki kölelik devri?"

Rav Aşlag: "Tora'yı bu şekilde anlıyorsan hem kendini ve hem Tora'yı öldürüyorsun..."

Tora bu dünyadan bir kelime bile bahsetmez. Tora'da insan yoktur. Tora Üst Güçten bahseder, insanları Üst Güç ile birleştirmek için yazılmıştır. Tora insanları Üst Güç

Bir Sinematik Roman

ile birleştirecek çok eski bir öğretidir. Zohar öğretinin anahtarıdır."

Aron: "O zaman Firavun bir güç müdür?"

Rav Aşlag: "Hem de nasıl çok yüce bir güçtür!"

Aron: "O güç içimde midir?"

Rav Aşlag: "Firavun hepimizin içindedir."

Aron: "Hepimiz o gücün esiri miyiz?"

Rav Aşlag: "O bizim her şeyimize hakimdir. Düşüncelerimize, hareketlerimize, tüm hayatımıza. Eğer bu durumu anlarsak ve hislerimiz bizi çekilmeyecek duruma getirirse, o güçten kurtulmak ve Üst Güç ile birleşmek amacıyla yaşamalıyız. Egomuzdan nefret ederek Üst Güç ile birleşmek için birinci adımı atmış oluruz."

Tekrar bakışları sınıfı tarar.

Tekrar bir sessizlik başlar.

Hayim: (Gayet açıkça, kelime kelime) "Nasıl Firavun'a gelebiliriz? Nasıl kendi egomuzdan nefret edebiliriz?"

Sınıfın kapısı açılır gayet dindar görünümlü bir ihtiyar hürmetle Rav Aşlag'a hitap eder.

İhtiyar: "Dua başlıyor efendim."

Rav Aşlag: (öğrencilere) "Dua'ya gidin ve bugün öğrendiklerinizi düşünün."

Öğrenciler sınıftan çıkar.

Rav Aşlag oturur ve ellerine dikkatle bakar.

Titriyorlar.

Merdivenin Sahibi

***

Sinagog

Sinagog'a girer. İbadete gelenler fısıldayarak ona bakarlar...

İhtiyar Yahudi ona hürmetle yer açar. Rav Aşlag oralı olmadan ilerlemeye devam eder.

Öğrencileri Hayim ve Aron'un önlerinden geçerken saygıyla ayağa kalkarlar.

Tora'ya yaklaşmasını işaret ederler, tam karşısında yer ayarlarlar, fakat o dönerek pencerenin yanına yaklaşır ama orada da rahat bırakmazlar.

Cemaatin Rav'ı yaklaşır ve elini sıkar.

Rav: "Öğrencileriniz ne yüce hocaları olduğunuzu anlatıyorlar. Biz, yaşlılara da bir kaç ders vermeniz mümkün mü? Konuyu siz seçin..."

Herkes ona bakarak cevabını bekler.

Ses çıkarmaz.

Rav: "Saygılı Rav Aşlag duayı okuyacak."

Rav Aşlag yerinden kımıldamaz.

Rav (Rav Aşlag'a bakarak): "Herkes başlamanızı bekliyor."

Rav Aşlag (Birden yüksek sesle gayet net olarak): "Sizler hürmetle önünde eğilmek için mi birisini arıyorsunuz?"

Fısıldamalar kesilir.

Konuşmalar biter.

Herkes ona döner.

Rav: "Sizi anlayamadım."

Rav Aşlag: "Yaradan sizlere yetmiyor mu? (Bakışlarıyla Sinagogu süzer?) Muhakkak O bir yerlerde olmalıdır... Yücelerde, çok yücelerde!

Sizlerin burada, yakınınızda birisine ihtiyacınız var. Cebinizde olmalı, elerini öpecek birisi. Ağzının içine bakmak, önünde ayağa kalkmak, hürmet edecek birisi, bu dünyada bu sinagogda."

Oturanların arasından bir çığlık duyulur.

Sinagog'da oturanların yüzlerinde korku belirir.

Rav Aşlag: "Fakat bilesiniz ki o aradığınız ben olmayacağım."

Hayim: "Hocam kendinizi iyi hissediyor musunuz?"

Rav Aşlag (Hayim'e): "Kendimi gayet iyi hissediyorum."

Cemaat Rav'ı: "İyi hissettiğinize emin misiniz?"

Rav Aşlag: "Tamamiyle eminim."

Sinagogu sessizlik kaplar.

Cemaat'ın Rav'ı (Etrafına bakarak hafifçe gülümseyerek): "Bu insandan bizlere bir şeyler öğretmesini mi istedik?"

Cemaat'ten bir ses duyulur: "Onu buradan atmalı."

İhtiyar Yahudi (Rav Aşlag'ın dersinde bulunan): "Bakın şu gururluya! Bir kaç dakika önce öyle bir vaaz öttü ve egoyu öyle kötüledi ki. Sanki karşımızda en mukaddes birisi duruyordu, şimdi esas yüzü meydana çıktı!"

Ses: "Defol buradan!"

Ses: "Dışarıya!"

Rav Aşlag aralarından geçer.

Cemaat ona geçmesi için yer açar.

Merdivenin Sahibi

Hayim ve Aron arkasından çıkmaya çalışırlar.

Fakat cemaatin Rav'ı onları durdurur.

Cemaat Rav'ı: (Yüksek sesle) "Şimdi çıkarsanız bir daha geri dönmeyi unutun. Sizi hiç bir zaman geri kabul etmeyiz."

Bir kaç Yahudi etraflarını çevirerek Aron'un ve Hayim'in geçmelerini önlerler.

Aron derhal yerine döner.

Hayim Yahudilerin ortasında kalarak acıyla Rav Aşlag'ın Sinagog'dan uzaklaşmasına bakar.

Kapı Rav Aşlag'ın arkasından kapanır.

Sokak. Sinagog'un önü.

Rav Aşlag sinagog'dan çıkar.

Rav Feldman da hemen arkasından çıkar.

Rav Feldman: "Bekle!"

Rav Aşlag durur.

Rav Feldman: "Keşke öğrencin olmaya devam edebilseydim..."

Cemaat'in Rav'ı onları gözlüyordur.

Arkasında bir kaç Yahudi ve Hayim aralarında saklanır.

Cemaat'in Rav'ı: (Sertçe) "Rav Feldman, dua başladı. Bırakın onu nasıl olsa bir şey anlamıyor. (Emir verme tonunda) Girin sizi bekliyoruz."

Rav Feldman, Rav Aşlag'a elini uzatır ve son dakikada pişman olup eli havada kalır.

Arkasına dönüp başını eğerek Sinagog'a döner.

Hayim, Rav Aşlag'ın uzaklaşmasını takip eder.

Yalnız başına Sinagog'un kapısında kalır.

Bir Sinematik Roman

Sinagog'da çıkan yabancı bir el tutup onu içeri sokar. Mücadele etmez.

Rav Aşlag'ın odası. Gece.

Yalın ayak sivri taşlara basıyordur.

Rav Aşlag kitabın üstüne eğilir.

Karanlık köşede kucağında bebeği ile Rivka oturuyor.

Sekiz günlük Baruh Şalom ona sarılmış uyuyor.

Rivka, bir yandan kocasına bakarak Baruh'u uyutmaya çalışıyor.

Rivka: "Buradan gitmemizi istiyorlar. Ev sahibi bir gün bile beklemeyi kabul etmiyor."

Rav Aşlag (O'na karşı başını kaldırır): "Çalıştığımı görmüyor musun?"

Rivka: "Afedersin, sadece haber vermek istedim. Yarın sabah seni rahatsız etmeliyim. Eşyaları toplamalıyım, yeni bir ev buldum, erkenden arabacı gelecek ve taşınmaya yardım edecek."

Rav Aşlag (Uzun bir zaman ona bakar): "Afedersin, sana böyle endişeler verdiğim için üzülüyorum."

Rav Aşlag, birden ayağa kalkar...

Işık Parlaması

Firavun'un bulunduğu yarı karanlık salon.

Birden ellerini ve ayaklarını tutan zincirler düşer. Ayağa kalkmayı dener fakat başaramaz.

Rav Aşlag'ın odası.

Merdivenin Sahibi

Rivka'ya karşı bir kaç adım atar, fakat ayakları ona ihanet eder, Rivka onu tutmaya çalışır fakat yetişemeden yere düşer.

Işık parlaması.

Firavun'un yüzü görünür.

Firavun'un kahkahaları.

Oda.

Rav Aşlag, kalkmayı dener fakat başarılı olamaz.

Rivka, eğilerek başını tutuyordur.

Korkuyla bağırarak: "Sana ne oldu?"

Işık parlaması.

Firavun, parmağıyla ona dokunur ve Rav Aşlag'ı tahtıyla beraber duvara karşı fırlatır.

Firavun, elini kaldırır. Rav Aşlag korkuyla kendi elinin de kalktığını fark eder ve Firavun'un hareketini taklit eder.

Oda.

Rav Aşlag ayağa kalkamıyor.

Firavun, ayağıyla vurur ve Rav Aşlag'ın ayağı da aynı hareketi yapar.

Firavun, Rav Aşlag'ın kalkmasını işaret eder ve Rav Aşlag kalkar.

Firavun, kendi etrafında döner, Rav Aşlag da döner.

Firavun, Rav Aşlag'a doğru bir adım atar, Rav Aşlag da aynısını yapar.

Rav Aşlag'ın gözlerinde çaresizlikten yaş gelir.

-"Ne oldu? Kalbin mi?" Rivka'nın gözleri endişeyle dolar.

-"İlk satırlar"... diye Rav Aşlag yorgunlukla fısıldar. Kendini zorlayarak hatırlamaya çalışır, fakat başarılı olamaz. "Bil ki her şeyden evvel..."

Rivka (korkarak) "En yüksek ruhlardan evvel, yaratılanlar yaratılmadan..."

Rav Aşlag ona bakıyor.

-"Korkutma beni, canım, hadi benimle beraber söyle 'en yüksek ruhlardan evvel'..."

Yüzü soldu.

Rivka: "Basit Üst Işık vardı."

Rav Aşlag, kelimeleri ıstırapdan inleyerek çıkartıyor...

Rivka (şevkatla): "Acele etme sakin ol."

Rav Aşlag : "Basit Üst Işık vardı."

Rivka: "Bütün kainatı dolduruyordu."

Rav Aşlag: "Bütün kainatı dolduruyordu."

Rivka, ona destek olarak, gözlerinin içine sanki çocuğuymuş gibi bakıyor.

Rivka: "O'ndan başka bir şey yoktu (tekrar söyleyerek) O'ndan başka bir şey yoktu."

Rav Aşlag : "O'ndan başka bir şey yoktu."

Rivka: "Hiç bir boşluk, ne hava ne de yer."

Rav Aşlag: "Hiç bir boşluk, ne hava ne de yer." (ümitsizce ekler) 'hatırlayamıyorum'"

Rivka: "Her şeyi hatırlamaya başladın! Hatırlamaya başladın. Her şey sonu olmayan ışıkla doluydu, o basit bir ışık..."

Merdivenin Sahibi

Rav Aşlag (Yorgunlukla zoraki kelimeleri çıkartarak) "Her şey sonu olmayan ışıkla doluydu, o basit bir ışık." (tekrar hatırlamaya çalışır)

Rivka: "Şimdi yalnız başına hatırlamaya çalış. Canım, hadi canım, dene!"

Rav Aşlag (Hatırlamaya gayret ederek): "Ne başlangıcı ne de sonu vardı..."

Rivka: "Evet."

Rav Aşlag: "Her şey basit bir ışıktı."

Rivka: "Evet evet."

Rav Aşlag: "Bir tek ve onun adı sonsuz ışık."

Rivka: "Aferin."

Rav Aşlag (Zor nefes alarak tekrar eder): "Aferin..."

Rav Aşlag, salıncaklı iskemlesinde otururken, Rivka onu okşayarak, "Gördün mü, hepsini hatırladın, birazdan hepsi geçer."

Rav Aşlag, kitabı kendine çeker.

Satırları bulanık görüyor.

Rav Aşlag (Rivka'ya): "Gidebilirsin canım, ben yalnız başıma idare ederim."

Parmağı kitabın satırlarında gezdirir.

Dudakları kımıldayıp harfleri kelimeye çevirir. Fakat telaffuz edemez.

Eli aşağıya düşüyor.

Rav Aşlag, uykuya dalar.

Lambadan duman çıkarken gün doğmaya başlamıştır bile.

Rav Aşlag, gözlerini açar.

Bir Sinematik Roman

Odada yalnız başına yatakta uzanır. Güçlükle kalkar, pencereye gidip onu sonuna kadar açar.

Buz gibi kış rüzgârı suratına çarpar. Rav Aşlag, derin bir nefes alarak ciğerlerini doldurur.

Sabah. Araba sallanarak eşyalarla eğri sokakta ilerlerken arabacı "Kohelet'i" okur.

Arabacı: "Davud'un oğlu Kudüs'ün Kralı'nın sözleri... Diyor ki; her şey gösteriş. Bu güneşin altında insanın sarf ettiği bütün gayretlerin faydası nedir? Kohelet Kudüs'te kraldı. Her şey boşluktan gelir, boşluğa gider. İnsanların hayat boyu çalışmakla ve çabalamakla kazancı ne olabilir?"

Arabada elbise dolu çuvalların üstünde Rav Aşlag, o gece yaşanan olaylarından dolayı çok zayıflamış bir halde duruyor ve Rivka kucağında bebekle Varşova'nın sokaklarında yavaş yavaş ilerler. Varşova'nın pencereleri yanlarından geçiyor.

Arabacının sesi duyulur: "Bir nesil gelir, bir nesil gider, dünya olduğu yerde kalır."

Birden kaldırımın taşları belirsizleşir.

Mavi gökyüzünün altında ağaçların gölgesi titreşiyor...

Gelen geçen yüzüne bakıyor.

Arabacı'nın sesi uzaktan duyuluyor:

-"Ne olduysa o olacak ne yapıldıysa o yapılacak güneşin altında hiç bir yenilik yoktur."

Rav Aşlag, zorlukla fısıldayarak: "Ben" zorlukla mırıldanıyor "İhtiyar Baruh'u görmek istiyorum."

Rivka: "Tamam O'ndan geçeceğiz."

Arabacıya, "Dön! Ben yolu biliyorum," der.

Merdivenin Sahibi

***

Akşam. Kasaba yolu.
Baruh'un derme çatma köhne evine yaklaşırlar.
Rav Aşlag, güçlükle mırıldanıyor, "Dur, beni burada bekleyin."
Araba durur ve Rav Aşlag inip Baruh'un evine doğru ilerler.
Yağmurdan kararmış panjurlar arasından Baruh mavi gözleriyle Rav Aşlag'a bakar. Onlar işte.

Rav Aşlag (Mırıldanarak): "Bırak da gireyim."

Baruh (Kaba bir şekilde): "Niçin geldin? Sana verilecek bir şeyim yok."

Rav Aşlag: "Yoruldum."

Baruh: "Sana demedim mi? Yol kolay olmayacak."

Rav Aşlag: "Biraz dinlenmek istiyorum."

Baruh: "Saçmalama! Git buradan. Geri dön diyorum sana, duydun mu?"

Rav Aşlag: "Bir şey hissedemiyorum, o hiç bir zaman beni bırakmayacak."

Baruh: "Senin gibi ağlayan birisini nasıl seçti anlayamadım. Kör müydü? Zayıf karakterli! Karşısında kimin olduğunu görmüyor mu? Git buradan!" diye bağırır.

Rav Aşlag, sanki rüyadaymış gibi dönüyor.

Baruh (Yumuşak bir şekilde fısıldayarak): "Yehuda, Yehudacığım, sana söylemedim mi? Artık senin hocan olamam."

Rav Aşlag, bitkin bir halde odunların üstüne oturur sırtını eve dayar ve gözlerini kapar.

Biraz sonra başından aşağıya buz gibi kirli sular dökülür.

Kapının önünde epeyce ihtiyarlamış eski püskü elbiseleriyle saçı sakalı bir birine karışmış elinde pis su kovasıyla Baruh duruyordur.

Baruh: "Sana git demiştim. Git! Sana yolu da gösterdim."

Rivka, yakında durmakta olan arabadan inerek onlara doğru koşar. Sırılsıklam olmuş Rav Aşlag'ın üzerine eğilir.

Rivka (Yehuda'ya doğru): "Ne yaptı sana?"

Rivka (Baruh'a doğru): "Bu benim kocamdır, ne yaptın ona?"

Baruh (Umursamadan): "Götür onu buradan."

Rivka, Rav Aşlag'ın kalkmasına yardım eder.

Rivka: "Her şey geçecek canım, her şey geçecek."

Birden Baruh kapının önünden Rav Aşlag'ın üstüne sıçrayıp O'nu Rivka'nın kollarından kapar. Kulağına fısıldayarak.

- "Her basmaktan evvel uçurum bulunur. Öğretmiştim sana, uçurumsuz yükselmeye imkân yoktur."

Rav Aşlag (Mırıldanarak): "Bırakmak istemiyor! Bırakmıyor beni."

Baruh: "Yeterince istemiyorsun. Yalnız tek bir güç bulunur, onu istemelisin."

Rav Aşlag (Zorlukla): "Ben is...tedim."

Baruh: "Demek ki o zaman tüm gücünle istemiyorsun."

Rav Aşlag: "Ben Üst Güç'ten, Yaradan'dan yardım istiyorum."

Rav Aşlag, Baruh'un koluna asılır, Rivka ona yardım eder.

Merdivenin Sahibi

Rivka: "Rica ederim, ona yardımcı ol."

Baruh: "Olamam. Dahasını yapamam."

Rav Aşlag (Kendine kendine mırıldanarak): "O'na inliyorum... fakat O duymuyor... O bıraktı beni... ve Firavun beni buldu!"

Rivka: "Ne diyor öyle?"

Baruh: "Merak etme, o iyidir, bulunduğu basamağın yüksekliği sonsuz bir yüksekliktedir insanın başını döndürebilir. Kadın, al onu götür buradan, iyi olacaktır."

Rivka, Rav Aşlag'a destek olarak toprak yoldan ilerler.

Baruh (Rivka'ya): "Allah hem seni, hem de beni sevmiş, elimizin altında böyle yüce bir insan yetiştirdik. İhtiyarlığımda O'nun yüceliğini görmekle çok mutluyum."

Bakışlarıyla onların uzaklaşmasını takip ederken başını sallar.

Uzun beş sene geçer.

Devamlı kendisine bir hoca aramakla geçen beş yıl.

Bütün Varşova'yı alt üst eder. Bilgelikleri yüce olarak tanınmışlar ya da yüksek makamlı Hahamlar... Her seferinde birkaç saat ya da bir kaç dakika içinde onların hocası olamayacaklarını ve onlardan daha yüce olduğunu anlar.

Bazen onlar kendisini kabul etmez. "Rav Aşlag sana ne öğretebiliriz? Sana öğretebilecek hoca bulamazsın. Git de Üst Güç'den rica et, ancak o yardım edebilir."

Ve Yaradan'dan rica eder, fakat hoca gözükmez.

1912-1914 senelerinden dokümanter siyah beyaz resimler.

Japon askerleri esir rahipleri götürüyorlar.

Tibet, Çin toprağı olarak ilan edilir.

Titanik'in batması İngilizleri mateme sokar. Ağlaşan İngilizler sokakları doldurmuş.

Woodrow Wilson Amerika'da başkanlık seçimlerini kazanır.

Charlie Chaplin ilk filmi "Bir yaşam sağlamak"ta rol alır.

Sırp teröristler Avusturya Kralını "Franz Ferdinand"ı öldürürler.

Birinci Dünya Savaşı başlar.

Askerler dikenli tellerin üzerinden atlarlar.

Genç bir Alman asker koşarken objektife gülümser.

Bu, Adolf Hitler'in kendisidir. Daha henüz onu kimse tanımamıştır.

Varşova'da bir sokak.

Rav Aşlag yorgun bir şekilde sokakta yürüyordur.

Arkasından takip edildiğine dair bir his uyanır.

Hakikaten takip edilmektedir. Görünüşü hoş olmayan bir ihtiyar Yehuda'yı takip eder.

Olayları anlatan ses: "Bu mektubu Rav Aşlag'ın vefatından sonra bulduk."

Kenarları zamanla sararmış mektup. Yavaş yavaş film perdesinde görünür. El yazısı gayet düzgün, kelimeler tek tek belirir.

Olayları anlatan ses: "Bu O'nun el yazısıdır. Rav Aşlag'ın isteği üzerine yakılması gereken mektuplardan birisi. Ama bu mektup bir mucize gibi günümüze kadar kaldı."

Merdivenin Sahibi

Rav Aşlag dar bir sokağa sapar.

Arkasındaki adam onu takip etmeye devam eder.

Bir köşe daha dönüyor.

Yabancı peşini bırakmaz.

Rav Aşlag'ın sesi (Yidişçe): "Kasım ayının on ikinci günü Cuma'yı Cumartesi'ye bağlayan gece. Sabaha doğru, bana bir adam geldi."

Kapı vurulur.

Rav Aşlag kapıyı açar.

Yüzü üzgün. Baktığı adamın yüzü pek seçilemiyor.

Adam kapının eşiğini geçiyor.

Rav Aşlag'ın sesi: "Kabala'nın sırlarını ve her türlü bilgileri bilen büyük bir Kabalist buldum."

Adam Rav Aşlag'ın odasına girer ve Rav Aşlag arkaya doğru çekilir.

Adamın yüzünü henüz göremiyoruz

Rav Aşlag'ın sesi: "Daha konuşmaya başladığında Yaradan'ın bilgeliğinde yüzüyor gibiydi..."

***

Varşova, gece

Rav Aşlag ve öğretmeni büyük bir masada oturuyorlar. Öğretmenin tuhaf ufak odasında sadece bir masa, iki sandalye, çıplak duvarlar ve yerde bir şilte. Öğretmenin yüzünü halen görmüyoruz.

Rav Aşlag dikkatle onu dinliyor. Her kelimeyi hissediyor.

Öğretmenin sesi (sakin ve monoton): "Kaçış gece olur. Tamamen hissiz bir durumda."

Bir Sinematik Roman

Işık parlaması

Salonun duvarları meşalelerin ışığıyla aydınlanmış.

Rav Aşlag tahta oturuyor.

Yorgun, başı eğik.

Öğretmenin sesi: "O gece yarısı gelir, gelişini kaçırma, o küçük ama kuvvetli ve naziktir ve bu yüzden de o çok kesindir. Duana cevaptır. Bu, Musa'dır."

Rav Aşlag başını kaldırır.

Firavun'u görüyor.

Firavun ona bakıyor.

Öğretmenin sesi: "Musa, seni Firavun'dan kaçıran en güçlü arzundur."

***

Varşova, gece

Rav Aşlag ve esrarengiz hocası, masanın yanında oturuyorlar. Hocanın parmağı karanlığın içinden gözüküp tekrar karanlığa gömülüyor.

Rav Aşlag'ın gözleri parlıyor.

Rav Aşlag'ın sesi: "Üç ay, her gece yarısından sonra onun evinde çalıştım. Her seferinde bana Kabala Bilgeliğinden bir sır açıklamasını istedim."

Hocanın yüzü lambanın gölgesinde. Rav Aşlag yana eğilip, öğretmenine bakmaya çalışıyor...

Ama birden öğretmeninin karşısındaki iskemlede oturmadığı görünüyor ve Rav Aşlag duvarın karşısında...

Sakin ve monoton sesi duyuluyor:

Merdivenin Sahibi

-"Duada iki kısım var."

Kalem tutan el bir kare çiziyor ve sonra ikiye bölüyor. Kalemin ucu alt kısmı gösteriyor.

Öğretmenin sesi: "Birinci düşüncen…"

Alt karede yukarıya doğru bir ok çiziliyor.

Öğretmenin sesi: "İlk düşünce anne ve babayı yüz yüze çevirir."

Kalem çabucak üst karede birbirine yönelik iki yarım daire çizer. Üst yarı daire "Baba" (Aba) yazılıyor. Alt yarım daire ise "Anne" (İma).

Öğretmenin sesi: "İkinci düşünce-çiftleşme olur. Onlar yardım isteyen duanı işitir."

Rav Aşlag iki yarı dairenin ilerleyerek birleştiğini görüyor.

Öğretmenin sesi: "Hemen 'dölüt' durumu olur. Yukarıdaki sular iner ve Musa doğar. Bu senin kazandığın güç."

Kalemin ucu iki yarı dairenin birleştiği yere bir nokta yapıp oradan aşağıya doğru inen bir çizgi çizer.

Öğretmenin sesi: "Musa, kötü gücü uyutur. Ama çok uzun zaman değil."

Işık parlaması

Rav Aşlag karşısında oturan Firavun'a bakıyor.

Birden, Firavun gözlerini kapatır.

Öğretmenin sesi (Çok yavaş): "Musa'yı kaçırma, o bir anlık."

Işık parlaması

Taş zeminde bir anda ışık hüzmesi Rav Aşlag'ın ayaklarının yanından geçip kapıda durur.

Öğretmen sesi (Keskin): "Arkasından!"

Yarı karanlık odada, Rav Aşlag yerinden sıçrayıp ışık hüzmesinin arkasından koşuyor.

O anda Firavun gözlerini açıyor.

Rav Aşlag kapının yanında.

Firavun ağzını açıp bağırıyor:

- "Dur!"

Rav Aşlag'ın eli öne doğru uzanmış yerinde donakalıyor.

Işık hüzmesi Firavun'un gözlerini kamaştırıyor.

Rav Aşlag bütün kuvvetiyle kapıya çarpıyor.

Bu çarpışla kapı düşüyor.

Önünde yarı karanlık uzun bir koridor.

Rav Aşlag koridorda koşuyor.

Önündeki ışık hüzmesinden gözlerini ayırmayan Rav Aşlag'a ışık hüzmesi ana yolu gösteriyor.

***

Varşova, Oda

Öğretmenin yarı yüzü görünüyor.

Lamba gözlerinde yansıyor.

Dudakları hareket ediyor.

- "Bütün bunlar senin içindedir."

Işık parlaması

Rav Aşlag dar koridorda koşuyor, kapıya yaklaşıyor.

Merdivenin Sahibi

Kapıyı itiyor ve kendisini ışıksız, kapkaranlık bir sokakta buluyor.

Evler birbirine yakın.

Etrafına bakıyor.

Meşalelerin alevleri arkasından kovalıyorlar, hızla ya klaşıyorlar.

Öndeki meşale Firavun'un nefret dolu buruşmuş yüzünü aydınlatıyor.

Öğretmen: "Durma, düşünme, korkma."

Rav Aşlag dönüp koşuyor.

Acı bir haykırış karanlığı yarıyor: "Dur!"

Varşova

Gece Rav Aşlag sokakta yürüyor.

Şiddetli yağmur yağıyor.

Rav Aşlag sırılsıklam. Başını yukarı kaldırıyor, yüzünden damlalar akıyor.

Gülümsüyor...

Mektubun düzgün satırları

Rav Aşlag'ın sesi duyuluyor. "Bir keresinde çok istekli bir yalvarmadan sonra bir sırrı tamamlamıştım. Sonsuz bir mutluluk içindeyim."

Varşova, Rav Aşlag sokakta koşuyor.

Ayakları su birikintisinden her yana su sıçratıyor.

Rav Aşlag'ın sesi: "O günden beri, kendi kendime biraz kişilik edindim."

Işık parlaması

Rav Aşlag "ölü şehrin" dar sokaklarında koşuyor.

Kovalayanlar ona yaklaşıyor.

Bir kere daha sapıyor.

Bir sokak daha.

Önünde deniz gözüküyor.

Rav Aşlag deniz kenarına geliyor ve duruyor.

Işık hüzmesi denizin içine dalıyor.

Ancak şimdi, deniz olmadığını, erişilmesi mümkün olmayan yanardağın kaynayan lavları olduğunu görüyor.

Aşırı sıcak yüzünden Rav Aşlag birkaç adım geri atar.

-"Akıl seni bu kadar kolay bırakmaz." Öğretmenin sesi: "O Firavun'a hizmet eder."

Karanlığın içinden, yanan meşalelerle binlerce kişi ortaya çıkar.

Onu kovalayanlar yaklaşıyor.

Öğretmenin sesi duyulur: "Onlardan kaçmak kolay değil."

Işık hüzmesi lavları gösteriyor.

-"Kolay değil..."

Ateşten korunmak için Rav Aşlag yüzünü örtüyor.

İleriye bir adım atıyor, ama hemen geri çekiliyor.

-"Biz Firavun'un hizmetkârlarıyız." Öğretmenin sesi yükseliyor.

Firavun yaklaşıyor. Kıyıya çıkıp yan tarafa geçiyor.

Kurbanının kaçacak yeri olmadığını görüyor.

"Firavun bizim hayatımızdır..."

Firavun gülümsüyor.

-"... Boşa harcadığımız."

Merdivenin Sahibi

Firavun Rav Aşlag'ı kucaklamak için kollarını açar.
Birden Varşova'ya dönüyoruz.
Gece, Öğretmenin evi
Rav Aşlag ikinci kata giden merdivenleri çıkıyor.
Kapıya vuruyor.
Kimse cevap vermiyor.
Kulağını kapıya dayıyor.
Kimse yok.
Mektubun satırları hızla arka arkaya geçiyor.
Rav Aşlag'ın sesi: "Kişiliğim oluştukça, rahmetli hocam benden uzaklaştı. Bunu dahi hissedemedim."
Rüzgâr odadaki perdeyi oynatıyor.
Üstü çizilmiş bir sayfa yere düşüyor.
Rav Aşlag'ın sesi: "Onu istedim ve bulamadım."
Rav Aşlag öğretmeninin evinde yalnız oturuyor.
Işık parlaması
Firavun onu kucaklıyor.

***

Varşova

Rav Aşlag sokakta yürürken, gelen geçenin yüzlerine bakıyor. Evden sabah çıkıp gece geç vakit döndüğü ilk defa değil. Bütün işlerini geride bırakıp, öğretmenini arıyor.

Geceleri yazmıyor, öğretmiyor. Hemen hemen hiçbir şey yemiyor. Yemeye gücü yok. Böylece üç hafta geçiyor.

Kuvvetinin bittiği, halsiz olduğu bir gün, birinin onu takip ettiği hissine kapılıyor. Aniden arkasına dönüp, sokağın sonuna bakıyor, orada bir adam varmış gibi. Ama kimse yok.

***

Gece

Rav Aşlag odanın penceresini sonuna kadar açıyor... Birden tekrar bir adamın gölgesi görünüyor. Gölge sokağın karşı tarafında duruyor. Bu sefer kaybolmuyor, ama dönüp uzaklaşıyor.

Rav Aşlag sokağa koşuyor.

Etrafı dolaşıyor, kimseyi görmüyor.

Topukları asfalta kuvvetle çarpıyor.

Yoldan geçen bir adam korkarak binanın duvarına dayanıp ona yol veriyor.

Rav Aşlag öğretmeninin evine gelene kadar durmuyor. Binanın ikinci katında ışığın yandığını görüyor.

Hızla merdivenleri çıkıyor.

Kapıyı itiyor.

Öğretmen masanın arkasında oturuyor.

Sadece elleri aydınlıkta.

Rav Aşlag'ın sesi: "Onu dokuz nisanda sabahleyin buldum, geçenlerde olanlar için onu epey teskin ettim."

Rav Aşlag öğretmenin önünde durup ağlıyor.

Rav Aşlag'ın sesi: "Tekrar eskisi gibi yetişti. İnanç üzerine bana büyük bir sır açıkladı. Sevincim başımın üzerindeydi."

Rav Aşlag'ın yüzü.

Merdivenin Sahibi

Öğretmenin eli kâğıdın üzerine daireler çiziyor.

Öğretmenin sesi: "İnanç dairesi- Mantığın üstünde..."

Işık parlaması

Deniz kenarı

Rav Aşlag Firavun'unu itiyor ve kaynayan lava doğru yaklaşıyor.

Öğretmenin sesi: "İnanç-mantık üstü..."

Rav Aşlag gözlerini yumar ve kaynayan lavlara atlar.

Öğretmenin sesi: "Beni dinledin, Rav Aşlag."

Rav Aşlag'ın vücudu yavaşça suyun içine batıyor.

Rav Aşlag güneş ışığında parlayan suda yüzüyor.

Firavun onu eliyle işaret ediyor.

Yüzlerce ufak gölge arkasından zıplamaya başlıyor... Ve kızgın lavda yanıyorlar.

Varşova, öğretmenin odası

Soluk bir el yataktan düşüyor

Taburenin üstünde bir ilaç şişesi...

Öğretmenin başı hafifçe yastığın üzerinde, yüzü gölgede.

Rav Aşlag'ın sesi: "Onun kuvvetsizleştiğini gördüm, ben evinden çıkamadım. Ertesi gün 10 Nisan'da 1918 yılında dünyadaki hayatı sona erdi."

Öğretmenin vücudu yatakta.

Karşısında Rav Aşlag sandalyede sallanıyor.

Sararmış sayfa. Mektubun satırları bulanık

Bir Sinematik Roman

Rav Aşlag'ın sesi "Üzüntümün derecesi yazılamaz. Kalbim hikmet, erdemlilik kazanmak ümidiyle doluydu."

Işık parlaması

Rav Aşlag yüzüyor. Sonsuz denizde ufak bir nokta.

-"Ve işte o zaman çıplak ve yoksul kaldım."

Tek başına ve yorgun yüzücü ümidini kaybetmiyor.

Ama gittikçe yavaşlıyor.

-"Büyük üzüntüsünden, ondan öğrendiğimi bile o sırada unuttum."

Vücudu daha ağır. Kollar zayıflıyor. Ayakları uyuşuyor. Rav Aşlag suyun altına batmaya başlıyor ama sesi duyuluyor.

-"O zamandan beri gözlerim sonsuz özlem ve hasretle Üst Güç'ü, Yaradan'ı arıyor."

Rav Aşlag ileriye doğru bir hareket daha yapıyor. Su gözlerini örtüyor.

Birden sahili görüyor.

-"Hiçbir an kendimi düşünmedim, ta ki Yaradan'ın gözünde hoş göründüm."

***

Varşova

Rav Aşlag hızla sokakta yürüyor.

Kuvvetli rüzgâr paltosunun kenarlarını uçuruyor.

Rusya'dan o senelerde belgesel görüntüler.

Burjuvaların devrimi.

Aleksander Piodoroviç Kranski ve geçici hükümet üyeleri kameraya gülümsüyorlar.

Merdivenin Sahibi

Amerika Birleşik Devletleri Viktoria stüdyosu yöneticisi "Orjinal Diksilend Jay Band" Orkestrasının kaydettiği, tarihin ilk caz plağını takdim ediyor.

***

Berlin tren istasyonu.

Yük vagonuna giren birkaç kişi, kapısı kapanmadan önce bir anlık genç Lenin'in yüzü görülüyor.

Varşova'da bir sokak

Rav Aşlag sokağın ortasında duruyor. Şehrin üstünde asılıymış gibi duran siyah bir buluta bakıyor.

Sokağın karşı tarafında koşan bir adam. Yürümeye geçip bir süre sonra duruyor.

Rav Aşlag'a bakıyor, ona yaklaşamıyor.

Rüzgâr Rav Aşlag'ın şapkasını sokağa uçuruyor.

Rav Aşlag şapkayı tutmaya çalışıyor ama başaramıyor.

Şapka sokağın öteki yanında yuvarlanıyor.

Orada duran adam, bunu yakalayıp, ona doğru koşan Rav Aşlag'a uzatıyor.

Bu adam Yan.

Yan: "Sana gelmek mi yoksa seni Allah'ınla bırakmak mı diye tereddüt ettim. Ama senin Allah'ın şapkanı senden kopardı ve her şey hal oldu. Lenin bizim şehire geliyor. Onu biliyor musun?"

Rav Aşlag: "Hatta yazılarından bir kısmını okudum."

Yan: "Fikrin ne?"

Bir Sinematik Roman

Rav Aşlag: "Bilgili, akıllı adam."
Yan (Gülümser): "Bilgili? O dahi! Rusya'da şimdi neler oluyor biliyor musun?"
Rav Aşlag: "İnkılap."
Yan: "Orası yanıyor. Rusya'da başlıyor, sonra bütün dünyayı yakacak. Seni onunla görüşmeye götüreyim mi? Tam şimdi toplanıyorlar. Bu son fırsat olabilir bunu hesaba kat. Evet de..."
Rav Aşlag: "Evet."

Yan ve Rav Aşlag, yakınındaki yan sokağa saparlar. Kaba ve gri bir binaya yaklaşıyorlar. Sert suratlı dört erkek hemen onların etrafını sardı.

Yan: "O benimle."

Yan'ın sözlerini duymamış gibi, gençlerden biri Rav Aşlag'ın üstünü arıyor.

Sonra kenara çekilip, suratındaki sert ifade ile:
- "Gir!"

Gizli daire. Masanın arkasında Lenin oturuyor. Çok duygusal, açık, güçlü bir karizma sahibi olduğu görülüyor.

Orada olan bütün herkes ona heyecanla bakıyor.

Oda genç kişilerle dolu.

Aralarında geleneksel elbiseleriyle, Rav Aşlag göze batıyor.

Lenin: "Bizden beklenen, laflar değil harekete geçmemizdir. Bu sönük burjuvazi hükümeti devirmeli ve eşitlik bayrağını kaldırmalıyız. İşçilere ve çiftçilere

ait olan bir devlet yaratmalıyız! Bugün görevimiz budur arkadaşlar."

Herkes alkışlıyor.

Yan: "Arkadaşlar, yavaş, lütfen yavaş. Şimdilik komünist Polonya'da değil, burjuva Polonya'da olduğumuzu unutmayalım. Şu anda köpekler bütün Varşova'da Lenin'i arıyor."

Lenin: "Nesiller boyunca adalet ve eşitlik olan bir devlet hayal ettiler. Fabrikalar ve kurumlar işçilerin ve çiftçilerin ellerine geçecek. Kendi polisimizi halktan, kızıl ordumuzu milletimizden kuracağız. Partimizin adı işçi ve çiftçi komünist partisi olacaktır. Ve o bütün dünyadaki yoksunların eşitliği ve bağımsızlığı için savaşacaktır."

Dinleyiciler sessizce dinlerken hayranlıkla derince içlerini çekiyorlar.

Rav Aşlag elini kaldırıyor...

Lenin: "Evet dini kıyafetli arkadaş."

Rav Aşlag: "Fikirlerinizi çok sevdim."

Lenin (Herkese): "Genelde bizim rahipler ve sizin hahamlar beni süngülerle karşılarlar."

Rav Aşlag: "Siz eşitlik, kardeşlik ve aşktan bahsediyorsunuz. Bundan daha üstün bir şey yoktur."

Lenin (Herkese): "Görüyor musunuz, anlaşılan ileri görüşlü hahamlar da var. Sorunuzu dinliyorum."

Rav Aşlag: "Sorum şu, bu adil toplumu kim kuracak?"
Lenin: "Yoksullar. Haksızlığın ne olduğunu bilen insanlar."
Rav Aşlag: "Burjuvalar ne olacak?"

Lenin: "Ya bize itaat edecekler ve bu genç devlete hizmet edecekler. Ya da kuvvet kullanmaya mecbur... Hoşunuza gitmeyen nedir? Görüyorum ki hoşunuza gitmeyen bir şey var."

Rav Aşlag: "Bu vaziyette kan dökülecek ve daha büyük bir haksızlığa sebep olacak."

Lenin: "Eh, bunu ben defalarca duydum. Ben buna ağlaşma ve saçmalık derim."

Yan (Rav Aşlag'a fısıldayarak): "Sesini kes!"

Rav Aşlag: "Er ya da geç sizin işçileriniz ve çiftçileriniz çalmaya, öldürmeye, nefret etmeye başlayacaklar. Bu yakında olmayacak ama zorunlu olarak bu durum gelecek."

Lenin: "Saçma! Eşitlik ve adalet modeline dayanan, komünist yeni bir eğitim sistemi kuracağız."

Rav Aşlag: "Yeryüzünde adalet yok ve olamaz da."

Lenin: "Ne diyorsunuz?"

Rav Aşlag: "İnsan doğası egoisttir. Değişmesi için başka bir gücün müdahalesi gerekir."

Lenin: "Allah?"

Rav Aşlag: "Sen bunu Allah diye adlandırabilirsin. Ben ona yüksek adalet yasası veya aşk yasası derim. O mevcuttur. Bizi sarar. O bütün hakikatin yasasıdır. Sadece ona nasıl hitap edeceğimizi bilmek lazım. Bu kadar…"

Lenin: "Bunu nereden getirdiniz?"

Rav Aşlag: "Ben biliyorum."

Lenin: "Bunu bir yerde mi okudun?"

Rav Aşlag: "Sadece bundan bahseden bir kitap var. Zohar Kitabı."

Lenin: "Onu bana verin okuyacağım."

Bir Sinematik Roman

Rav Aşlag: "Bu belirli bir hazırlık gerektirir."

Lenin: "Uzun?"

Rav Aşlag: "Birkaç sene."

Lenin: "Canım, iyi bir eğitim gördüm, anlamaya çalışırım."

Rav Aşlag: "Bu imkânsız. Bu bilgiyi sadece zekayla elde edemezsin."

Lenin: "Öyleyse nasıl elde edilir?"

Rav Aşlag: "Kalbinle. Bu kitabı okumak üzere kalbimizi hazırlamalıyız. Tam işbirlikçi rejim devleti kuracak kalpleri hazırlamak gibi."

Lenin: "O zaman ne yapmamı tavsiye ediyorsunuz?"

Rav Aşlag: "Kalbini düzeltmek... Egoizm yerine başkalarını düşünmekle değiştirmek. İnsan bunu tek başına yapamaz. Ama metodu var. Onun düzeltilmesini sağlayan güçleri kendine çekmenin bir yolu var."

Lenin: "İyi, gitme zamanı geldi" (Yan'a dönerek) "Değil mi?"

Yan: "Zamanı geldi, yoldaş Lenin."

Lenin (Kalkar ve Rav Aşlag'a): "Sayın Rav ben bilinen bir ateistim. Hiçbir yüksek güce inanmam. Hiçbir üstün yasaya. Biz kendi gücümüzle, senin o üstün gücün olmaksızın yeni adamı yükselteceğiz."

Rav Aşlag: "Bunu yapamayacaksınız."

Lenin (Masadan kasketini alıyor): "On sene sonra bizi ziyarete gel, o zaman konuşuruz..."

Rav Aşlag: "Çok kan dökülecek. Bu büyük fikir senelerce kıymetini kaybedecek... Dinle..."

Lenin arkaya bakar, artık onu dinlemiyor. Rav Aşlag kalkıp Lenin'in bir an daha dikkatini çekmeye çalışır.

Merdivenin Sahibi

Rav Aşlag: "Bu deney korkunç olacak."

Lenin: "Maalesef, çok acelem var. Adresinizi Yan'a bırakın, sen ve ben konuşabilelim... belki... bir gün..."

Elini Rav Aşlag'a uzatır. El sıkışırlar. Hemen Lenin'in etrafını birkaç kişi sarar. Onlardan biri Lenin'i gizlemek amacıyla Lenin'in başına diş ağrısına karşı beyaz bandaj koyar. Lenin oradakileri eliyle selamlıyor... Birkaç kişinin eşliğinde odadan çıkar. Yan, Rav Aşlag'a yaklaşır.

Yan: "Yazık, bu modern zamanın en büyük adamını dinleme fırsatın vardı."

Rav Aşlag: "Yazık ki beni dinlemedi."

Yan: "Sen kendini gereğinden fazla takdir ediyorsun. Zannederim ki bu bizin son görüşmemiz."

Rav Aşlag: "Beni dinlemediği için çok üzüldüm. Yetişemedim... Ona daha çok şey söylemek isterdim."

Yan: "Senin nutuklarına ihtiyacı yok."

Rav Aşlag: "Meyveyi hamken koparmak yasaktır, Yanke'le, olgunlaşmasını beklemeliyiz! İnsanların değişmeyi istemesi lazım. O zaman her şey mümkün olur... O zaman..."

Yan: "Devrim bekleyemez! (Sertçe) Bu bir, ikincisi ben Yanke'le değil Yan'ım. Bunu hatırla... Dışarı çıkan yolu kendin bulursun zannederim. Ben kalıyorum, selam dinin zavallı kurbanı... Belki bir gün buluşuruz..." (Rav Aşlag'a elini uzatmadan döner)

Hemen sıra sıra belgesel görüntüler: 1917 senesi Rusya'da devrim.

Kış sarayının işgali.

Büyük kalabalığın önünde Lenin'in nutukları. Ordunun tezahüratı karşısında, dörtnala koşan beyaz atının üstünde Troçki.

İç savaş başlıyor.

Rusya Çarı, karısı ve beş çocuğunun yargısız infazı. Rusya'nın büyük şehirlerinde daha infazlar. Ukrayna'da feci açlık. Bolşevik terörü. Lenin sakince kameraya bakıyor. Arkasında genç Stalin'in durduğu görülüyor.

***

Varşova

Rav Aşlag'ın odası.

Rav Aşlag (Masada arkasını dönüyor): "Rivka!"

Rivka giriyor. Hamile olduğu görünüyor.

Rav Aşlag: "Rivka hazırlan, İsrail'e gidiyoruz."

Rivka (Tereddütle): "Fakat..."

Rav Aşlag: "Ben bir an önce yola çıkmamızı istiyorum."

Rivka: "Talebelerini burada mı bırakacaksın?"

Rav Aşlag: "Onlar benimle gelecekler."

Rivka: "Aileleriyle birlikte, eşleri ve çocuklarıyla mı?"

Rav Aşlag: "Onlara, neden bunu yapmaları gerektiğini açıklayacağım. Onlar anlayacaklar."

Rivka: "Ben sekizinci ayımdayım Yehuda."

Rav Aşlag: "Dayanacağını biliyorum."

Rivka (Durakladı. Olayı sindirmeye çalışıyor): "Belki beklesek?"

Rav Aşlag: "Bekleyemem. Sen benimle geliyor musun?"

Merdivenin Sahibi

Rivka: "Sana izin vermezler, sen hahamlar mahkemesindesin, sen öğretmensin..."

Rav Aşlag: "Bana izin verip, vermeyeceklerine onlar karar veremez. Benim İsrail'de yapacak çok işim var."

Rivka: "Yehuda..."

Rav Aşlag (Sözünü kesiyor): "Eğer gitmez isem... Ölür üm."

Rivka (Kızgın): "Sen bana bunu kasten mi söylüyorsun!"

Rav Aşlag: "Burada yapabileceğim her şeyi yaptım. Benimle geliyor musun?"

Rivka: "Çocuklar ne olacak?"

Rav Aşlag: "Onlar bizimle gelecek."

Rivka: "Yok, bu onlar için çok zor bir yolculuk."

Rav Aşlag: "Sen karar ver."

Rivka: "Yehuda, henüz adam gibi yaşamaya başlamışken, zannederim ki..."

Rav Aşlag (Onu durduruyor): "Toparlanman için çok mu zamana ihtiyacın var?"

Rivka susuyor.

Rav Aşlag: "Rivka!"

Rivka (Başını kaldırıp kocasının gözlerine bakıyor) : "Ben hazırım. Çocukları ebeveynlere bırakırız. Bizimle yalnız Baruh Şalom gelir."

***

Hahamlar Mahkemesi

Uzun masanın etrafında on haham, Rav Aşlag'ın karşısında oturuyor.

Aralarında öğretmen Şimuel de var. Aralarında görüşüyorlar.

Bir Sinematik Roman

Rav Apşteyn: "Üç yüz aile seninle gitmeyi kabul ettiklerini bize bildirdiler."

Rav Aşlag: "Evet öyle."

Rav Apşteyn: "Ayrıca herkesi İsrail topraklarına götürmek için İşveç'ten bir gemi kiralandığını söylediler."

Rav Aşlag: "Evet, her şey hazır. Herkes sizin kararınızı bekliyor."

Rav Apşteyn (Tekrar etrafındakilere danışıyor, sonra sandalyesinde doğruluyor.): "Sayın Rav Yehuda Leib Halevi Aşlag, kararımızı söyleyeceğim. Hahamlar mahkemesine mensup sadık öğretmen kendi camiasını İsrail toprağına götürmek için, kendisi karar veremez. Sen burada kalacaksın. Bu Varşova hahamlar mahkemesinin verdiği karardır. Ben bunu kabul etmeni tavsiye ediyorum."

Rav Aşlag: "Bunu yapamam çünkü kendime hükmeden ben değilim. Gitmeye mecburum. Sizi uyarıyorum gelebilecek herkese bütün gücümle yardım edeceğim. Elimden gelseydi herkesi beraberimde alırdım."

Öğretmen: "Karşınızda topluluğumuzu yıkan biri duruyor. Sizi yüzlerce kez uyardım."

Rav Aşlag: "Yahudiler Avrupa'yı terk etmeliler bir an önce. Eğer bunu yapmazlarsa hayatlarıyla ödeyecekler ve herkes büyük ıstıraplar çekecek."

Rav Zilber: "Bizim cemiyetimiz her zamankinden daha kuvvetli. Üç milyon yahudiyiz. Bizi önemsiyorlar!"

Rav Apşteyn: "Neden sen herkese karşısın? Niye her zaman isyanlara ihtiyacın var? Seni bitiren gururunu niye zapt edemiyorsun?"

Rav Aşlag: "Size durumu nasıl anlatsam?"

Merdivenin Sahibi

Öğretmen: "Ne? Neyi anlatmak istiyorsun? Kurallarımıza, Kutsal Tora'mıza ve bize olan nefretini mi?"

Rav Aşlag: "Biz Yahudiler, dünyaya ışığın gelmesini engelliyoruz. Dünya bizim böyle yaşamamıza... İzin vermez."

Rav Aşlag susuyor ve etrafına bakıyor.

Sessizliğin içinden Öğretmenin sesi duyulur.

Öğretmen: "Başka açıklamalara ihtiyacınız var mı? Karşımızda suçlu biri var, onu yargılamalıyız!"

Rav Zilber: "Rav Aşlag, lütfen dışardaki koridora çıkıp mahkemenin vereceği son kararı bekleyin... Bu son söylediğiniz sözlere göre."

Rav Aşlag çıkıyor.

Önünde uzun boş bir koridor.

Odadan değişik sesler duyuluyor.

Rav Aşlag kapıdan uzaklaşıyor.

Koridorda yavaş adımlarla ilerliyor.

Birden kendi kendine yükse sesle konuşmaya başlıyor. Koridorda giderken elini havada sallıyor. Öğretmen Şimuel, Rav Zilber, Rav Apşteyn kapının eşiğinden ona bakıyorlar. Rav Aşlag dönüp, onu seyrettiklerini görür.

Rav Zilber: "Girin Rav Yehuda Aşlag."

Hahamlar mahkemesi odası

Rav Aşlag hahamların önünde duruyor.

Rav Aşlag: "Beni dinlemenizi isterdim. Çünkü söylediklerim hakkında eklemek isterdim."

Bir Sinematik Roman

Rav Zilber: "Gerek yok. Hahamlar mahkemesi seni aforoz etme kararını aldı. Cemaatin seninle teması yasaklanmıştır. Yarın mahkeme kararını, yönetim kurulunun diğer üyelerine imzalatacağız. Bu haberi bütün Polonya'ya ileteceğiz. Gidebilirsin."

Rav Aşlag: "Siz insanları büyük ıstıraplara götürüyorsunuz. Siz olacakların mesuliyetini üzerinize alıyorsunuz."

Öğretmen: "Niye onu dinliyoruz? (Rav Aşlag'a hitaben) Sana söylediler. Gidebilirsin, git buradan!"

***

Varşova'da Sokak

Rav Aşlag'ın karşısından geçen insanlar.

O onların gözlerinin içine bakıyor. Sanki onlara bir şey söylemek veya vedalaşmak istermiş gibi.

Eve yaklaşıyor.

Kapıda Rivka'nın anne ve babası çıkıyorlar.

Baba, Rav Aşlag'ın uyumakta olan iki çocuğunu kucağında taşıyor.

Anne yüzünü mendile gömmüş, ağlıyor.

Rav Aşlag'ı gördüler ve önünden geçiyorlar.

Rav Aşlag onların ilerleyişini izliyor.

Birden Rivka'nın babası döner ve uzaktan bağırarak:

-"Hayatını mahvettin (Rivka'ya). Çocuklarını hiçe sayıyorsun. Yahudi değilsin, alçaksın! Sizi hafızamızdan siliyoruz! Kızımız olmayacak! Sen de yoksun! Bu kadar!"

Anne yüksek sesle ağlıyor.

Baba ona, arkasından gelmesini emrediyor.

Anne: "Ona merhamet et. Az da olsa…"

Merdivenin Sahibi

Rav Aşlag eve giriyor.

Duvarlar boş, oda boş.

Odanın ortasında kalan bir kaç eşya bohçalanmış. Bohçaların üstünde büyük oğul uyuyor. Baruh. Rivka kocasına doğru kalkar.

Rivka: "Her şeyi satmayı başardım. Çok ucuza ama yine de satabildim. Biz hazırız (Yehuda'nın suratına bakar). Sen tuhaf görünüyorsun."

Rav Aşlag: "Onlara hiçbir şey anlatmayı başaramadım."

Rivka: "David ve Braha şimdilik ebeveynlerinde kalacak. Onlar bizimle o kadar gelmek istediler ki. Ama onları nasıl alabiliriz?"

Rav Aşlag: "Üzülme. Onları yerleştikten sonra alırız."

Rivka: "Ama bizimle o kadar çok gelmek istediler ki."

Rav Aşlag (Düşünceye dalmış): "Kimseye, hiçbir şey açıklayamıyorum. Ne arkadaşlara, ne düşmanlara, ne öğretmenlere... Hiç kimseye..."

Rivka: "Çocukları burada bırakmak çok zoruma gidiyor."

Rav Aşlag: "Onlar, beni dinlemiyor. Ama nasıl onlara anlatırım?"

Rivka: "Yehuda, içimde kötü bir his var."

Rav Aşlag: "Bana inanmıyorlar. Sanki tekrar tekrar aynı duvara çarpar gibi."

Rivka ona sessizce bakıyor.

-"Nasıl anlatabilirim, nasıl?"

Rivka ona yaklaşıyor. Gözlerinin içine bakıp sessizce:

-"Her şeyi açıkladın, onlar duymadı."

Rav Aşlag karşısında Rivka'nın yüzünü görüyor.

Rivka onu sakinleştiriyor.

Birden ona: "Girişte anne ve babana rastladım."

Rivka: "Onlar basit insanlar, onlara kızma."

Rav Aşlag: "Kızmıyorum, onları anlıyorum."

Odaya girip çıplak duvarlara bakıyor.

Rivka eğilerek bohçaların son düğümlerini yapıyor.

Yerde küçük bir bez bebek.

Rivka birden doğrularak Rav Aşlag'a arkasından:

Rivka: "Seni duymadıklarını söylüyorsun. Ama onlar seni duymazdı."

Rav Aşlag ona dönüyor.

Rivka: "Onları anlamalısın. Onlar bu dünyada yaşıyorlar. Bu dünyanın basit isteklerini yaşıyorlar; çalışmak, dua etmek, aile hayatı, çocuklar, torunlar, beraber kalmak, nesiller boyunca olduğu gibi... Yaradan'ın emri gibi... Ve sen bütün bunları onlardan almak istiyorsun..."

Rivka'nın gözleri yaşarıyor.

Rivka: "Bu kadar az şeyi sana vermek istemediklerinde haklılar. Sana bunu söylediğim için affet... Ama istemediklerinde haklılar. Ama onlar basit insanlar, sen ise dev... Onlar seni anlayamaz. Sözlerini anlamazlar. Yaradan'la birleşemez. Yehuda onları rahat bırak... Senle şimdi aynı fikirde olmadığım için beni affet..."

***

Odada sessizlik

Sadece Rivka'nın derin solukları duyuluyor. Rivka gözyaşlarını zor tutuyor.

Rav Aşlag: "Benimle evlendiğine pişman mısın?"

Merdivenin Sahibi

Rivka: "Hiç bir zaman pişman olmadım."

Rav Aşlag ona yaklaşır. Onu kucaklar. Böylece boş odanın ortasında öylece dururlar. Pencerenin ardında sakin bir gece...

Yehuda'nın kolları arasında Rivka sakinleşiyor.

Kapı vuruluyor.

Odaya dikkatlice Rav Aşlag'ın talebeleri giriyor. Genç ve yaşlı Yahudiler.

Rivka kenara çekilir.

Talebeler sessiz, Rav Aşlag'la göz göze gelmemeye çalışıyorlar.

Hayim ve Aron herkesin arkasına gizlenmişlerdi.

Talebelerin yaşlısı: "Seninle gelemeyeceğimizi söylemeye geldik. İsrail topraklarına..."

Rav Aşlag şaşkın ve hayretle onlara bakıyor.

Başka yaşlı bir talebe: "Biz sana inanıyoruz. Siz büyük bir öğretmensiniz. Fakat biz cemaatin kararına karşı gelemeyiz."

Rav Aşlag başını sallıyor, uzun bir müddet susuyor.

Sesler: "Bizi affedin."

Rav Aşlag: "Sizi zorla alamam. Eğer yapabilseydim, önünüzde diz çöker ve benimle gelmeniz için yalvarırdım. Ama dinlemeyeceğinizi biliyorum. Yaradan kulaklarınızı mumla tıkadı.(Sustu) Hepimiz feci acılara maruz kalacağız. Duyuyor musunuz beni?"

Ses: "Duyuyoruz."

Rav Aşlag: "Ve bana inanmıyor musunuz?"

Sesler: "İnanıyoruz."

Bir Sinematik Roman

Yaşlı bir öğrenci: "Yapamayız. Burada akrabalarımız var. Birbirimize çok bağlıyız. Bunu siz de biliyorsunuz. Biz yahudiyiz."

Rav Aşlag: "Yahudi... (Aron ve Hayim'e) Ve siz. Neden saklanıyorsunuz arkadaşlarınızın arkasında?"

Aron ve Hayim yerlerinden kımıldayamıyorlar. Gözlerini kaldırıp Rav Aşlag'a bakacak cesaretleri yok.

Birden Hayim başını sallıyor ve kararlılıkla:

- "Ben geliyorum."

Herkes Hayim'e dönüp bakar. Yumruklarını sıkıp havaya kaldırıyor ve bağırıyor:

- "Ben geliyorum! Burada kalmayacağım! Ben büyük öğretmenimle gidiyorum! O kadar istiyorsanız siz kalın! (Herkese bakıyor) Ben gidiyorum! Evet, gidiyorum. Gidiyorum!"

Hayim ani bir hareketle Aron'u kolundan çeker.

Hayim: "Aron!"

Birinci yaşlı talebe: "Aron hiçbir yere gitmeyecek!"

Hayim: "Aron kimseyi dinleme!"

Birinci yaşlı talebe: "Aron, sen kalıyorsun. Gidersen kaderinin ne olacağını biliyorsun. Hiçbir şey alamayacaksın. Amcanın bütün serveti, şehirdeki fakirlere dağıtılacak. Sen tek kuruş bile göremeyeceksin. Anladın mı?"

Hayim: "Aron biz gidiyoruz."

Birinci yaşlı talebe: "Hayır, Aron sen kalıyorsun."

Hayim: "Buna pişman olacaksın, Aron!"

Aron: "Ben gidemem."

Merdivenin Sahibi

Hayim: "Sen milyoner olacaksın Aron... Ama dünyanın en zavallı milyoneri, çünkü Rav Aşlag'la gitmedin."

Rav Aşlag: "Hayim evine git ve hazırlan. İki saat sonra seni bekleyeceğim (Herkese bakar). Yalnız, sizi almaya gelince Yaradan'a küfür etmeyin."

***

Akşam

Üstünde yaşlı arabacısıyla ağır ağır taş yolda giden araba görülüyor. Arabanın üstünde Rav Aşlag ve eşi, oğlu ve Hayim oturuyorlar. Özgür ve memnun, kaygısız, elinde votka şişesi, arada bir zevkle şişeyi yudumluyor. Ve bir dilim ekmek soğanla. İnsanlar onlara bakıyor. Biri duruyor, biri onları işaret ediyor, biri yana çekiliyor. Arabacı suskun.

Hayim: "Elveda Varşova, bir daha görüşmemek üzere! Biz İsrail topraklarına gidiyoruz!"

Rav Aşlag şişeyi onun elinden alır, içer ve arabacıya sunar.

Arabacı şişeyi bitirir ve keyifle hıçkırır.

Rivka onlara gülümseyerek bakıyor.

Rav Aşlag (Arabacıya): "Bugün niye suskunsun?"

Arabacı: "Bu durumda hangi kitaptan okuyabileceğimi bilmiyorum."

Rav Aşlag: "İnsan Yaradan'a bağlıysa, kedere yer vermez. Oğlunun sözlerini hatırla."

Hayim: "Yaradan bir, tek ve benzersiz. Ondan sadece iyilik gelir."

Arabacı: "Sizin yanınızda kendimi iyi hissediyorum."

Hayim (Mırıldanarak): "O zaman gel bizimle, gel, ha?"

Merdivenin Sahibi

Arabacı: "Yapamam, Moşe'yi kime bırakırım? Onun yanında yer ayırttırdım. Orada yalnız yatarsa üşür."

Arabacı dizginleri çekiyor. İhtiyar ata neşeyle bağırıp, söylüyor:

-"Rüzgâr tutan ekemez, hasadını biçemez."

Rav Aşlag arabacıya katılıp onunla Kohelet'ten ezbere okuyor, beraberce elleri tempoya göre sallıyorlar:

- "Sabah tohumu ek, akşama elini koymazsın."

Hayim de onlara katılıyor.

Arabadan atlıyor ve heyecanla Rav Aşlag'ın yanına yaklaşıyor. Üçü beraberce okuyorlar:

-"Işık hoş, güneşi görmek gözlere iyi. Çünkü adam çok seneler yaşarsa, her birinde sevinecek ve karanlık günleri hatırlayacak. Çünkü çok saçmalıklar gelir."

Araba şehri geçiyor, eğri yolda sarsılıyor, Rav Aşlag'ın uzun elleri. Arabacının yüzünü geniş bir gülümseme kaplıyor. Hayim hasidik dansı oynayıp koşuyor, bir geriye, bir ileriye ve Rav'ın yanından yürüyor.

Aniden arabacı sertçe dizginleri çekti.

Arabacı: "Vaa!"

Ormanın içinden kısa boylu bir adam çıkmış, yolun ortasında duruyor.

Elinde beze sarılmış bir şey tutuyor.

Rav Aşlag gözlerini dikkatle, önünde kimin durduğunu anlamaya çalışıyor.

Arabadan inip ona doğru gidiyor.

Bu, yaşlı Baruh.

Rav Aşlag ona yaklaşıyor.

Baruh ona kızgınca bakıyor.

Baruh: "Bunu sen al."

Bir demet eskimiş kâğıt rulolar veriyor.

Rav Aşlag: "Bu nedir?"

Baruh: "Zohar Kitabı, neredeyse üç yüz senelik. Bu Rav Mi Kotzk'un şahsi kitabı. Paha biçilemez. Şayet mali zorluklarda bulunursan, onu satarsın."

Rav Aşlag: "Teşekkürler... Öğretmenim."

Baruh (Döner): "Bir daha görüşemeyeceğiz."

Baruh dönüp ormanda kaybolur.

Yirminci yüzyılın, yirmli senelerinden belgesel görüntüler. Fırtınalı denizde, içinde birçok kişinin bulunduğu eski bir gemi kuvvetle çalkalanıyor. İsrail toprağına yol alan geminin güvertesinde kalabalığa sıkışmış olan Aşlag ailesi ve Hayim.

***

Gece

Yıldızlar güvertenin üstünde sallanıyorlar. Rav Aşlag uzanmış onlara bakıyor. Kolları başının arkasında birden Rivka'nın eli, eline değiyor.

Rivka (Fısıldayarak): "Başlıyor."

Rav Aşlag Baruh'u ve Hayim'i uyandırıyor.

Rav Aşlag: "Hemen doktor veya sağlıkçı arayın!"

Baruh kaptanın odasına koşuyor.

Hayim alttaki güverteye koşuyor.

Baruh ellerini hızla kaptana doğru sallıyor. Ama o başıyla hayır işareti yapıyor.

Rivka sancı içinde kocasına bakıyor.

Merdivenin Sahibi

Rav Aşlag onu kucaklıyor, onu kendisine yaklaştırıyor.

Rivka acıdan inliyor.

Baruh ve Hayim hemen hemen aynı zamanda döndüler.

Baruh: "Kimse yok!"

Hayim: "Kimse yok!"

Rivka kocasından birden ayrılıp aşağıya bakıyor.

Rivka (Sancı içinde): "Herkes gitsin, Yehuda! Gitsin!"

Hayim'in çantasında birçok şey uçuyor. Aşlag'ların çantası boşalmış. Hayim ve Baruh bez, yatak takımı, eteklik ve bluzlarla aceleyle bir çadır kuruyorlar. Rav Aşlag ve Rivka kendilerini çadırın içinde buluyorlar. Rav Aşlag bir an dışarı bakıyor.

Rav Aşlag: "Sıcak su getirin, çabuk!"

Baruh su getirmek için koşuyor.

Hayim: "Ama yok, hiçbir zaman yok."

Rav Aşlag (Sakin): "Doğurmak o kadar zor değil. Hakikaten zor olan yaşamaktır. Hakiki bir sanatçı olmak gerekir."

Rivka çadırda inliyor. Baruh sıcak suyla dolu bir kova getirdi. Rav Aşlag kollarını sıvıyor.

Rav Aşlag: "Hayim Baruh'u al gezmeye götür. Birazdan bir kızımız doğacak."

Çadırın içine dalıyor.

Rivka'nın soluk yüzü. Gözleri kocasında. Büyük ter boncukları alnını kaplamış.

Rav Aşlag narin yüzünü havluyla kurutuyor.

Çadırın dışında gökyüzünün altında dolaşıyorlar. Rivka eşarbını ısırıyor ve gözlerini yuvarlıyor. Dalgalar gemiye çarpıyor. Dolunay denizi aydınlatıyor. Aniden yeni doğan bir bebeğin sesi duyuluyor. Rivka sancı ve mutluluktan ağlıyor.

Rav Aşlag (Kız bebeği kucağında tutuyor): "Ee, merhaba Batşeva!"

Rivka (Sakin ve sevgi dolu bir halde tekrarlıyor): "Batşeva..."

Belgesel görüntüler, gemi dalgalarla sallanıyor. Henüz yaptıkları ve direğe bağladıkları çadır bir o yana bir bu yana sallanıyor. Rivka çadırın altında uyuyor. Rav Aşlag kenarda oturuyor, karşısında Hayim ve Baruh oturuyorlar.

Rav Aşlag (Baruh'a anlatıyor): "İsrail iki kelimeden kurulu bir isimdir. 'Yaradan' ve 'Yönelik' Yaradan'a doğru. Bu toprakta, sadece Yaradan'ı bulmayı arzu edenler yaşar."

Baruh: "Bunu arzu etmeyenler?"

Rav Aşlag: "Orada yaşayamazlar."

Baruh: "Ama orada değişik insanlar yaşar."

Rav Aşlag: "Hayır, onlar orada yaşayamaz."

Baruh: "Ama nasıl olur? Orada değişik insanlar yaşar."

Rav Aşlag: "Baruh, iki değişik insan aynı sokakta yürüyor. Birinin gözünde, bu sokak; taşlar, kaldırım, kapının yanındaki çamurlu su birikintisi. Kapı eşiğinde oturan dilenci. Ötekiyse bu sokak... Bu yol onu gerçekten, birazdan Yaradan'a götürecek yoldur, sence onlar aynı sokakta mı yürüyor?"

Bir Sinematik Roman

Baruh: "Hayır Yaradan'a giden, bu en güzel ve en aydınlık sokaktır."

Rav Aşlag: "Bu toprak da öyle, çok güzel, çok aydınlık, çiçek açan, bol... İsrail toprağı Yaradan'ın yanında olma isteği... İçimizde bulunan bir yer."

Rivka gözlerini açtı, kocasına bakıp gülümsüyor. Hiçbir zaman böyle görünmemişti.

Baruh: "Benim içimde de İsrail toprağı var mı?"

Rav Aşlag: "O herkesin içinde vardır."

Baruh: "Öyleyse bu yer herkese yönelik mi?"

Rav Aşlag: "Herkese."

Baruh: "Bütün insanlara mı? Gerçekten herkese mi?"

Rav Aşlag: "Gerçekten herkese."

Baruh: "Yalnız Yahudilere değil mi?"

Rav Aşlag: "Yahudi olan ve olmayan. Beyaz, sarı, siyah. Herkese."

Baruh: "Yani. Zaman gelecek bütün dünya İsrail toprağı mı olacak?"

Rav Aşlag: "Doğru Yaradan'la olmak isteyen herkes bu toprağın sakini olacak."

Baruh: "Öyleyse niye biz İsrail'e gidiyoruz? İsrail toprağı insanın içindeyse."

Rav Aşlag: "Çünkü biz acele ediyoruz. Biz bekleyemeyiz. Biz öyleyiz. Yaradan tarafından seçilmişiz. Buna karşı yapacak bir şey yok. Haritada bir nokta olup İsrail toprağı adını taşıyan yerde yaşadığımız zaman bu bize daha fazla güç katar."

Baruh: "Ben bunun bir an evvel olmasını istiyorum!"

Belgesel görüntüler. Gemi dalgalarla sallanıyor. Yolcular güvertede. Herkes heyecanla yaklaşan karaya bakıyor. Bizim kahramanlarımız da burada. Rivka ve küçük Batşeva, Hayim, Baruh ve Rav Aşlag...
Belgesel görüntüler. Yafo Limanı. Gemiden inen insanlar. Bir İngiliz devriyesi inenlerin yüzlerine şüpheyle bakıyor.

Rav Aşlag limandan dışarı çıkıyor, yol arkadaşları ona güçlükle yetişmeye çalışıyorlar.

Rav Aşlag: "Daha çabuk! Daha çabuk!"

Rivka: "Nereye gidiyoruz?"

Rav Aşlag: "Kudüs'e."

Kudüs... Belgesel görüntüler...Yirmili yıllar, kalabalık sokaklar, değişik insanlarla dolu- Türk, İngiliz, Ermeni, Arap, Bedevi, Yahudi... Renkli ürünlerle dolu birçok dükkân, önlerinde uyuklayan tembel satıcılar. Rengarenk giyinmiş bir Türk nargile içiyor. Bir binanın gölgesinde iki dindar Yahudi tartışıyor.

Rav Aşlag, Hayim ve Baruh sokakta yürüyorlar. Üzerinde "Bilgelik Bahçesi Din Okulu" yazan bir tabelanın önünde duruyorlar.

Yıpranmış, taş merdivenlerden ikinci kata çıkıyorlar. Önlerinde büyük bir salonda genç ve yaşlı öğrenciler. Bazıları konuşuyor, bazıları okuyor. Başkaları düşünceli, bir öne bir arkaya gidiyorlar. Biri başı kitabın üstünde uyuyakalmış. Salonun girişinde Rav Aşlag yerinde donakalıyor.

Rav Aşlag (hayranlıkla): "Bakın! Kabala öğreniyorlar!"

Birden biri Rav Aşlag'ın omzuna dokunuyor.

Aşlag arkasını döndüğünde İspanya kökenli yaşlı bir Yahudiyi görüyor.

Sefarad yahudisi: "Nerelisiniz Kabalistler?" (onlara bakıyor)

Rav Aşlag (mutlu): "Varşova'dan."

Sefarad yahudisi (gülümseyerek): "Benimle gelin."

Uzun bir koridorda yürüyorlar. Sağ tarafta Ağlama Duvarına bakan pencereler. Duvarın yanından geçiyorlar... Yanında sallanarak dua eden insanlar.

***

Sefarad Yahudinin odası.

Seferad Rav: "Ben Rav Hadad, bu okulun başkanıyım (Köşede, kocaman bir kitabın üstüne eğilmiş kısa boylu bir adamı işaret ediyor) Rav Levi benim hocam. Bana kendinizden bahsedin."

Rav Aşlag: "Öğrenmeye geldik."

Rav Hadad: "Bizim hakkımızda ne biliyorsunuz?"

Birden odanın köşesinden kısık bir ses duyulur.

Rav Levi: "Başlangıçta 25 – 'Ve Tanrı kaburgayı yarattı...' (gözlerini kaldırıp Rav Aşlag'a bakar.) Devam et."

Rav Hadad: "Henüz şimdi geldi sayın rav'."

Rav Aşlag (Bir an bile düşünmeden Rav Levi'nin bıraktığı yerden devam ediyor): "Bir daha yapmayacak..."

Rav Levi: "Onu okula kabul et."

Kapının yanında duran Hayim ve Baruh'un gözleri Rav Levi ve Rav Aşlag'ın arasında gidip gelir.

Merdivenin Sahibi

Rav Hadad: "Bütün Zohar'ı ezbere mi öğrendin Aşkenazlı? Aferin!"

Rav Aşlag: "Bilerek ezberlemedim."

Rav Hadad: "Özür diliyor gibisin. Bununla beraber bu başlıca işimiz. Bu yazıları hatırlamak. Öğretmenim Rav Levi bütün Zohar Kitabı'nı ezbere biliyor, bütün yüce Ari yazılarını. Bu yüzden onu büyük bir Kabalist sayarlar."

Rav Aşlag: "Rav Levi'nin büyük bir Kabalist olmasının kuvvetli hafızası yüzünden olduğunu sanmıyorum."

Rav Hadad: "Her gün bu kutsal kitabın kutsal kelimelerini tekrar eder. (Rav Levi'yi işaret ederek) Böylece onları ezbere bilir. Bu yüzden o büyük bir Kabala öğretmenidir."

Rav Aşlag duraksar ve Rav Levi'ye bakar.

Rav Aşlag: "Yapacağımız bu mu?"

Rav Hadad: "Yapacağımız bu..."

Rav Aşlag: "Ama bu kelimelerin derin anlamına girerek mi?"

Rav Hadad: "Derin manası yoktur. Bu kelimeler Kutsaldır o kadar. Onları söyledikçe, onları ezbere öğrendikçe, kurtarıcının gelmesini çabuklaştırırız. "

Rav Aşlag (Daha da soğukça): "Bunu size kim söyledi?"

Rav Hadad: "Sorunu anlıyamadım..."

Hayim bir adım geri atar ve sırtı kapıya çarpar.

Rav Levi (Odanın köşesinden): "Biz buna inanıyoruz, bu bize yeter."

Rav Aşlag (Ona döner): "Ancak edindikten sonra inanabilirsiniz. Bütün kabinizle hissettiğiniz ve gördüğünüz zaman – Sadece o zaman inanırsınız..."

Bir Sinematik Roman

Rav Levi: "Boş laflar. Ne görebilirsin, zavallı şey? İnanmak lazım, o kadar. (Rav Aşlag'a dikkatlice bakarak) Körü körüne inanç öğreneceksin, Aşkenaz."

    Rav Aşlag (Gözünü ayırmadan, yavaşça, heceleyerek): "Sadece (aniden) görmeyi öğreten öğretmenden öğrenilebilinir."

Rav Levi: "Ve ben sana bunlarını unutmanı söylüyorum. Bunlar boş şeyler!"

Rav Aşlag (inatla): "Sadece maneviyatını elde ettiği zaman öğrenebilir."

Rav Levi (Yavaşça, iskemleden kalkarken sesini yükseltir): "Burada hiçbir şekilde maneviyat yok, duyuyor musun? Hiçbir maneviyatı edinmek. Yalnız yazılmış olan ve bize verilen var, fazlası yok (duraklar) Allah korusun..."

    Oda kayboluyor.

    Işık parlaması

    Rav Aşlag'ın önünde güzel bir toprak yayılmış.

    Işık dolu.

    Birden toprak titremeye başlıyor.

    Rav Aşlag sessiz Rav Levi'ye bakıyor. Rav Levi onu keskin bir bakışla inceliyor.

Rav Levi: "Şimdi neredeydin?"

    Hayim ve Baruh kapının yanında, nefes almaya bile korkuyorlar.

Rav Aşlag: "İsrail toprağında – içimizde yaşayan büyük toprak!"

    Rav Levi "Karşı mısın Aşkenazi?"

    Rav Aşlag: "Galiba adreste yanıldım."

Merdivenin Sahibi

Rav Levi: "Gururlusun!"

Rav Aşlag: "Varşova'dan bize öyle büyük görünüyorsunuz ki..."

Rav Hadad: "Sen gerçek Kabala Bilgeliğini aşağılıyorsun."

Rav Aşlag: "Sizde gerçek Kabala Bilgeliğinin kıvılcımı bile yok."

Rav Aşlag tekrar duraklar. Rav Levi'nin kendini tutamadığını görüyor.

Rav Aşlag: "Biz burada öğrenemeyiz."

Döner ve odadan çıkar.

Hayim ve Baruh arkasından koşarlar.

Haham Hadad Rav Levi'ye bakar.

Rav Levi: "Rav Hadad ona bakıver. Bize dert olabilir."

Rav Aşlag, Hayim ve Baruh koridorda gidiyorlar. Yirmi yaşlarında bir genç onlara yetişir. Gözlerini açmış Rav Aşlag'a bakıyor.

Genç: "Bütün konuştuklarınızı duydum."

Rav Aşlag: "Bizi gizlice mi dinledin?"

Genç: "Kendimi tutamadım."

Rav Aşlag: "Adın ne?"

Genç: "Şimon, ben burada bir senedir okuyorum... Ne yapacağımı bilemiyorum..."

Baruh: "Bizimle gel!"

Şimon: "Ama, ben..."

Rav Aşlag: "Maneviyatta zorlama olmaz Şimon, insan kendi kararlarını kendi almalıdır."

Bahçeye çıkarlar.

Rav Hadad ve Rav Levi okulun ikinci katından onlara bakıyorlar.

Kudüs. Evin önünde ufak bir bahçe.

Rivka pencereden bahçede olanlara bakıyor.

Orada, Rav Aşlag, Hayim ve Baruh büyük tahta sandıkları açıyorlar. İçlerinden demir parçaları mengene, merdane, deri parçaları çıkarıp çimenin üzerine seriyorlar.

Rav Aşlag başını kaldırıyor.

Alçak parmaklıkların arkasından, iki dindar genç onları izliyorlar.

Birisi Şimon.

Şimon: "Bu arkadaşım Moşe, biz sizinle öğrenmek istiyoruz."

Rav Aşlag: "Siz dericilik işini mi öğrenmek istiyorsunuz? Bunun çok kötü kokan bir iş olduğunu hesaba katmalısınız."

Şimon: "Biz Kabala öğrenmek istiyoruz... ve dericilik."

Rav Aşlag'ın arkasından Hayim onlara gülümsüyor.

Şimon: "Buradan gitmiyoruz."

Baruh sevincini küçük bir dansla ifade ediyor.

Rav Aşlag: "Gerçekten hazır mısınız?"
Beraber cevap verirler: "Biz hazırız! Hazırız!"
Rav Aşlag: "Geceleri öğrenmek?"
Beraber cevap veriyorlar: "Hazırız. Hazırız!!!"
Rav Aşlag: "Gece yalnız üç saat uyumak?"
Onlar (Bir ağızdan): "Evet. Hazırız! Hazırız!"
Rav Aşlag: "İyi. Girin ve deri bastırma makinesini kurmaya yardım edin. Bu gece birinci dersimiz başlıyor."

Merdivenin Sahibi

Hayim sevinçten kendini tutamıyor. Koşup onlara sarılıyor ve bahçenin içine çekiyor.

***

Kudüs. Gece

Şehrin güçlendirilmiş duvarları arkasından uluyan çakalların sesi duyuluyor.

Karanlık evlerin arasında dolambaçlı yollar.

Evlerin birinde küçük bir pencereden sızan zayıf bir ışık...

Pencerenin arkasından sınıfa dönen bir oda...

Rav Aşlag'ın etrafında dört talebe oturuyor:

Şimon, Moşe, Hayim ve Baruh...

Rav Aşlag önünde duran kitaba işaret ediyor.

Rav Aşlag: "Bu, kutsal Zohar Kitabı."

Moşe: (Hayranlıkla): "Ben üç senedir onu öğreniyorum."

Rav Aşlag: "Onu öğrenemeyiz, sadece hissedebiliriz."

Moşe: "Deniyorum."

Rav Aşlag: "Saçma! Bütün bu denemeleri bırak!"

Moşe: "Fakat..."

Rav Aşlag: "Bu hiçbir şey değil. Bu kitap bir şey değil. Kelimelerin yazılı olduğu sayfalar... Kendi içinden geçirmez isen."

Şimon: "Ama nasıl? Bu nasıl yapılır?"

Rav Aşlag elini kitabın üstüne koyar.

Rav Aşlag: "Orada, o sayfaların ardında senin 125 merdiven yükselişin var... Ruhunun derinliklerine inen 125 merdiven. Senin içinin 'özüne'. Orada hiç hoş olmayan bir durumla karşılaşırsın."

Rav Aşlag susuyor. Hepsi ona dikkatle bakıyor.

Şimon: "Ne var orada?"

Rav Aşlag: "Hastalık."

Şimon: "Hastalık mı?"

Rav Aşlag: "O seni çoktandır yiyip bitiriyor. Zohar sana onu gösteriyor."

Hepsi Şimon'a bakıyor.

Rav Aşlag (gözlerini ondan ayırmadan): "Bütün dünyadan nefret ediyorsun. Sadece kendin için yaşıyorsun. Bu feci bir hastalık."

Şimon: "Bu hastalığı nasıl keşfedebilirim?"

Rav Aşlag: "Işık. Ufak bir ışık hüzmesi içine girer... Her basamakta ışık daha da artar. Böylece Yaradan'ı keşfedersin."

Şimon: "Onu görecek miyim?"

Rav Aşlag: "O her kelimenin içindedir..."

Rav Aşlag kitabın ilk sayfasını açıp, birinci sırayı gösterir.

Rav Aşlag: "İşte O."

Hepsi kitaba eğiliyor.

Rav Aşlag: "O'nu görüyor musunuz?"

Hayim: "Yok... Ben görmüyorum..."

Şimon: (fısıldar): "O burada mı?"

Rav Aşlag: "Burada."

Moşe: "Bize şaka mı yapıyorsunuz?"

Rav Aşlag: "Bu, vaktimi şakayla kaybedemeyecek kadar ciddi bir mesele. O burada. Her zaman (kitaba dikkatle bakar.) İşte O... O'nun dünyası."

Hepsi kitaba bakmaya devam ediyor. Sonra gözlerini Rav Aşlag'a çeviriyorlar.

Şimon: "Niye O'nu göremiyoruz?"

Moşe: "Neden?"

Rav Aşlag: "Hayatın mutlak yasasının aşk olduğu bu dünyayı göremezsin."

Moşe: "Neden?"

Rav Aşlag: "Çünkü hâlâ öyle değilsin."

Şimon: "Ben O'nu ne zaman… görürürüm?"

Rav Aşlag: "Işık seni yıkadıktan sonra."

Şimon: "Ne zaman?"

Rav Aşlag: "O'na benzeyeceğin zaman. Bunu hemen yapamayız. Bu yüzden, bu basamaklar mevcut. Ufak bir ışık, arkasından biraz daha büyük ışık, öyle her basamakta hem iniş hem çıkış var. Yalnız, bu inişlere dayanabilecek güç lazım."

Şimon: "Dayanabilecek miyim?"

Rav Aşlag: "Sen? Yapamazsın."

Şimon: "O zaman nasıl?"

Rav Aşlag: "Ama hepimiz beraber yaparız."

Şimon: "O ne istiyor?"

Rav Aşlag: "O birleşmemizi istiyor. Tek büyük bir iradeye dönüşmemizi. O'nun isteği budur. O zaman O'nu hemen keşfederiz, bu satırların arkasından."

-"Oku, Şimon…"

Şimon (satırlara bakar ve sessizce): "Sorar: Gül nedir? Cevabı: İsrail Toplumu…"

Bir Sinematik Roman

Rav Aşlag: "Allah'a – doğru. Biz – İsrail. Tek bir kalp, tek bir irade. O'nu görmek isteği! (kitabın satırlarına bakıyor)... Şimdi de O burada. O bekliyor."

Ara. O da sessiz.

Şimon: "Bizi oraya götür. O'na."

Rav Aşlag susuyor.

Moşe: "Biz arkandan geleceğiz. Adım adım."

Hayim: "Bunu hepimiz çok istiyoruz..."

Baruh: "Hayatta tek istediğimiz..."

Rav Aşlag, masanın üstünden eğilip, onlara yaklaşıyor.

Rav Aşlag: "Beraber olun, tek bir grup. Kendinizi düşünmeyin. Güç isteyin. Ancak kendiniz için değil, bütün zavallı dünya için. Birleşmek için güç isteyin. Beni duydunuz mu?"

Şimon: "Evet!"

Moşe: "Evet!"

Hayim: "Evet!"

Baruh: "Evet!"

Hepsi kitaba eğilmiş.

Rav Aşlag'ın odası. Sabah...

Rivka odaya giriyor. Oda boş.

Rivka masaya yaklaşıyor. Zohar Kitabı'nın üstünde kocasının düzgün elyazısıyla yazılmış bir not var.

"Üç gün sonra döneceğim. Merak etme. Sevgiyle, Yehuda."

Almanya. Yirmili senelerin Münih'i...

Merdivenin Sahibi

Uzun boylu bir adam sokakta ilerliyor, gelip geçenlerin, vitrinlerin, eski evlerin önünden geçiyor...
"Burgerbraukeller" adlı bir birahanenin yanında durup içeriye giriyor.

Hitler parlak çizmeleriyle bir tahta masanın üstünde duruyor. Etrafında – ellerindeki bira şişeleriyle masalara vuran bir grup pilot.

Ordakiler almanca "Domuzları keselim! Hain hükümeti indirelim! Almanya – Almanlarındır" şarkısını okuyorlar.

Barda çın çınlayan bardakların yüksek sesi.

Bardakların çınlama temposuyla Hitler elini kaldırıyor.

Hitler başını kesin bir hareketle sağa çevirir. Uzun uzun bir noktaya bakar.

Masadan atlayıp barın bir köşesine gider.

Orada dini kıyafetiyle Rav Aşlag oturuyor.

Elinde büyük bir bira şişesi var.

Tuhaf, ama kimse onun farkında değil.

Hitler doğru ona gider.

Hitler: "Onlar seni görmüyor. Ya da ben şizofren miyim?"

Rav Aşlag: "Onlar görmüyor."

Hitler (etrafına bakıyor): "Onlar hakikaten seni görmüyor. İnanılacak gibi değil... Kimsin sen?"

Rav Aşlag: "Adım Rav Yehuda Aşlag."

Hitler: "Buraya nasıl geldin?"

Rav Aşlag: "Mühim değil (Hitler'in gözlerinin içine bakıyor) Bana karşı tamamen dürüst olabilirsin."

Bir Sinematik Roman

Hitler (Aniden oturdu): "Sana bir şey söylemeliyim... (ona yaklaşıyor.) Mantıken sana bunu anlatamam. Bu benim içimde derinde. Bilinçaltımda... (göğsüne parmağını koyarak) Burada, içerde. Sizlere karşı içimde öyle büyük bir nefret var ki! Öyle bir nefret ki!!!"

Rav Aşlag: "Biliyorum, biraz daha yaklaş. Onlar çok gürültü yapıyor. Seni iyi duyamıyorum."

Hitler (Sandalyeyi Rav Aşlag'a yaklaştırarak, arkaya, gürleyen kalabalığa bakıyor): "Ve... beni dolduran öyle bir his ki ben bu değilim... Beni seçtiler... Beni. Birden krala dönen basit bir asker. Sen bunu bana açıklayabilir misin?"

Rav Aşlag: "Bakanların ve Kralların kalbi Allah'ın elindedir."

Hitler: "O Yahudilerden nefret mi ediyor?"

Rav Aşlag: "O – saf bir aşktır. Nasıl nefret edebilir? O'nda öyle bir nitelik yoktur. O herkesi sever. O'na göre – hepimiz biriz."

Hitler: "Öyleyse neden içimde böyle bir nefret var? Söyle... (fısıldayarak) Beni durduracak kimse olmazsa, dünyanın yarısını mahvedeceğim. Bana açıkla, açıkla, açıkla. Belki senin açıklamanla akıllanabilirim ve sen milyonlarca insanı kurtarabilirsin. Bulunmaz bir fırsatın var. Dene Yahudi. Dene... Senden rica ediyorum!"

Rav Aşlag bardağı yana çekiyor, susuyor.

Hitler: "Ee, neden susuyorsun?"

Rav Aşlag: "Bunun en kötü tarafı sana hiçbir şey açıklamanın gereği olmadığı. Sen olmazsan başka biri olacak. Hakikaten seçme özgürlüğün yok... Hakikaten seni seçtiler. Seni tasarlayıp, bu vazifeye atıyorlar."

Hitler (kaderine razı): "Ben kuklayım..."

Merdivenin Sahibi

Rav Aşlag: "Sen kuklasın, kuklaya hiçbir şey açıklayamam, gerekli değil. Hiçbir şey anlamayacaksın. Ben bunu başkalarına açıklamalıyım. Yapamıyorum. Onlar beni dinlemiyor... Onlar sağır, kulaklarını tıkadılar... Onlar duymak istemiyor... İstemiyorlar!"

Rav Aşlag, kızgın, bira şişesiyle masaya vuruyor. Duvara doğru dönüyor.

Hitler: "Ne diye buraya geldin?"

Rav Aşlag: "Her şeyi kendi gözlerimle görmek için. Hissetmek... Bağırmak için!"

Rav Aşlag kalkıp kapıya doğru gider.

Hitler (Ona doğru): "Bu sefer gitmene izin veriyorum. Ama bir daha görünme. Sizin için kötü günler geliyor, Yahudiler!"

***

Varşova, Hahamların mahkemesi.

Öğretmen elinde yarı buruşuk bir kâğıt sallıyor.

Karşısında sessizce üç haham oturuyor: Rav Feldman, Rav Apşteyn ve Rav Zilber.

Öğretmen Şimuel: "Bu adi adam! Oradan bile cemiyetimizi sabote etmeyi deniyor. Bu açık mektup hepimize meydan okumak mahiyetinde! Bu mektup elden ele geçiyor. Ne yazıyor biliyor musunuz? Üzerimizde büyük bir tehlike dolaşıyor. Hocalarımız ve yöneticilerimiz beni dinlemeli. Eğer onlar kabul etmez ise hiç olmazsa siz Polonya'nın basit insanları dinleyin. Sevgili kardeşlerim, bir an evvel Avrupa'yı terk edin. Size ne kadar rahat görünüyorsa da her şeyi bırakıp İsrail toprağına dönün. Gurbetlik bitti. Bize büyük görev verildi.

Bir Sinematik Roman

Dünyaya ışığı davet etmek. Bunu yapmadığımız müddetçe, bütün dünya bize karşı olacak. Sizin yöneticileriniz bunu anlamıyorlar. Bu yüzden herkese bela getiriyorlar. Ve en başta – sizlere! Ancak, halen bazı şeyleri değiştirebiliriz. Avrupa'yı terk edin! Mümkün olduğunca çabuk!"

Öğretmen okumayı kesti, oradakilere bakıyor. Kâğıtları yere atıp ayaklarıyla eziyor.

Öğretmen: "Sizden buna bir son vermenizi istiyorum. Biz ona nerede olursa olsun ulaşırız. (bağırıyor) Tutup ona bir ders vermeli! Hiç yeri olmasın – ne orada, ne burada ne de hiçbir yerde!"

***

Sabah. Rav Aşlag'ın odası...

Başı masanın üstünde.

Yanında kahve telveleri olan bir bardak...

Küllük sigara izmaritleriyle dolu...

Birden muazzam bir patlama sesi duyulur.

Rav Aşlag'ın odasının penceresini kıran büyük bir taş gürültüyle yerde yuvarlanır.

Kırık pencerenin arkasından kadınların bağırışları duyuluyor.

Rav Aşlag, masasından kalkıyor. Rivka ürkmüş, odayı gözetliyor.

Rav Aşlag, pencereye yaklaşır.

Şaşırtıcı bir görüntü.

Aşağıda bir grup kadının arkasında Yahudi dindar erkeklerden büyük bir grup öfkeyle eve bakıp bekleşiyorlar.

Genç bir kadın: "Ben kocamın delirmesini istemiyorum! Ona ne yaptın?"

Yaşlı bir kadın: "Şuna bakın, nasıl durup bizi seyrediyor! Sen bizi korkutamazsın! Bizim çocuklarımız gerçek Yahudi. Onları size vermeyiz!"

Erkek grubunun arasından bir erkek sesi, yüzü gözükmüyor.

Erkek Sesi: "Bizim kutsal şehrimizi terk etmeni istiyoruz. Varlığınla onu bozuyorsun! Defol buradan!"

Yaşlı kadın: "Aksi halde senin ve karının gözlerini oyarız! Evini yakarız! Seni gidi salgın yayan...!"

Rav Aşlag (sakin): "Siz nefretle dolusunuz. Bu iyi değil."

Yaşlı kadın kalabalığa dönüyor:

-"Yıkın bu evi! Siz erkek misiniz değil misiniz?"

Becerikli eller birkaç taş daha atıyorlar. Rav Aşlag'ın yanındaki cam kırılıyor. Yanında uçan cam parçaları...

Rivka onu ceketinin kolundan pencereden uzaklaştırmaya çalışıyor.

Rivka (Bağırıyor): "Ne yapıyorsunuz? Ayıp! Siz Yahudisiniz!"

Başının yanından bir taş geçiyor.

Birden Rav Aşlag'ın gürleyen sesi duyuluyor:

-"Siz, benim gizli bilgelikle ilgilendiğimi biliyor musunuz?"

Sanki emir almış gibi halk o an donakaldı.

Rav Aşlag: "Siz evimin bütün pencerelerini kırabilirsiniz. Ama ben her şeyi bir kelimeyle tamir edebilirim."

Kalabalık susuyor...

Merdivenin Sahibi

Rav Aşlag: "O zaman bütün dünya muazzam gücümü görecek. Ve O'na karşı gelenlere ne olacağını..."

Kadının sesi: "Ne, korktunuz mu? O size hiçbir şey yapamaz!"

Rav Aşlag: "Hayatın ve ölümün sırrını bilen Kabalistin evinin pencerelerini kırdınız!"

Kalabalık tedirgin, hareketleniyor.

İlk sıralarda duran kadınlar yavaşça arkaya dönüyorlar.

Evden uzaklaşmaya başlıyorlar...

Arkalarında erkekler de geri geri çekiliyorlar.

Rav Aşlag onlara uzaktan bakıyor.

Rivka orada kocasına tutunmuş titriyor.

Evin yanındaki meydan hızla boşalıyor.

Rivka (Fısıltıyla): "Söylediklerin doğru muydu? Hepsini bir kelimeyle düzeltebilir misin?"

Rav Aşlag: "Evet (Ona bakar) Şüphen mi var? Hepsini bir kelimeyle düzeltebilirim."

Rivka: "Nedir o kelime?"

Rav Aşlag: "Bir kelimeyle... Camcı Amikam'a söyleyeceğim... O zaten burada oturur. İki ev ötede... Hemen gelip bütün camları tamir eder."

Rivka gülümsüyor... Arkadan gülmeye başlıyor... Şimdi ikisi beraber gülüyorlar... Rav Aşlag kızını kucağına alıp onunla dans ediyor.

Rivka ve Baruh onları alkış tutarak seyrediyorlar.

Bir Sinematik Roman

***

Kudüs... Gece...
Aşlagların evi...
Sınıfa dönmüş oda. Rav Aşlag masada. Karşısında talebeleri oturuyor. Ders başlamak üzere.

Moşe (Çekinerek): "Hocam, bugün sana bağıran karımdı... Bana anlattığına göre, bir haham onları topladı, hepsini, sinagogda ve buraya size saldırmalarına sebep oldu. Dedi ki ismi..."

Rav Aşlag: "Yazık ki bunu anlatıyorsun. Derse ait olmayan her şeyi orada bırakmalı." (kapıyı işaret ediyor.)

Aniden kapı açılıyor, kürkten yapılmış lüks bir şapka giyen uzun boylu yapılı bir dindar Yahudi odaya giriyor. Şimon hemen kalktı. Bütün talebeler de kalktı.

Yaşlı adam: "Dersinizde bulunmama izin verir misiniz, sayın Rav Aşlag?"

Rav Aşlag: "Ben yalnızca talebelerime öğretirim."

Şimon (Rav Aşlag'a fısıldar): "Bu Avram İshak HaKohen Kuk –İsrail toprağının başhahamı."

Rav (Sanki duymamış gibi): "Ders vakti, araştırma değil."

Rav Kuk: "Araştırmak için gelmedim. Senin dersine geldim."

Rav Aşlag: "Sizi uyarmam lazım. Varşova'da beni afaroz ettiler. Başka hahamlar sizi yanlış anlayabilir. Bir tatsızlık çıkabilir. Siz resmi bir kişiliksiniz."

Rav Kuk: "Biliyorum, Varşova'dan ve buradan beni uyardılar. Seni sevmiyorlar..."

Merdivenin Sahibi

Rav Aşlag: "Gördünüz mü, ayrıca her konuda, kişisel açıdan bakarım."

Rav Kuk: "Bunun da farkındayım."

Rav Aşlag: "Ben Kabala öğretiyorum, sadece Kabala."

Rav Kuk: "Ben bütün bunları biliyorum. Bütün meziyetlerini saymana lüzum yok. Rav Hadad orada, pencerenin arkasında bekliyor. Seni durdurmamı istiyor."

Pencerenin arkasında, bir ara, Rav Hadad'ın solgun yüzü göründü.

Rav Aşlag (Dikkatini ona vermeden): "Bu yapılamaz."

Rav Kuk: "Bunu da biliyorum. Senin Kabala dersine iştirak etmeyi istedim. Karşı değilsen kalmak istiyorum."

Rav Aşlag (Tereddütle): "Derse başlıyayım. Siz kalabilirsiniz."

Rav Kuk: "Teşekkür ederim."

Rav Aşlag talebelerine döner.

Rav Aşlag: "Kabala din değildir. Bilimdir."

Bütün öğrencilerin gözü misafire doğru yöneldi.

O, Rav Aşlag'a bakıyor. "Din, birinin sana anlattığına dayanarak geliştirdiğin inançtır. Kabala pratik ve deneyimlere dayanır. Sadece kendim edindikten sonra inanırım!"

Rav Aşlag odada gezinmeye başlıyor, kimseye dikkat etmeden.

Rav Hadad tekrar görünüp kayboldu

Rav Hadad, Rav Kuk'a bakıyor, niye mani olmadığını anlamak ister gibi.

Rav Aşlag: "Din sakinleştirir... Kabala ise adamı içinden sürekli tutuşturur. Sadece 'niye doğdum?' sorusuyla yananlara aittir."

Talebeler yüzlerini duvardan duvara gezinen hocalarından ayıramıyorlar. Onunla gurur duydukları fark ediliyor.

Rav Aşlag: "Bizim ilmimizle öbür dinlerin arasında çok önemli bir fark var."

Rav Hadad, Rav Kuk'a işaret ediyor. Rav Kuk tepki göstermiyor.

Rav Aşlag: "Dinler der ki – Yaradan'dan dile ve O sana yardım edecek. O affedecek, merhamet edecek, yardım... Dua edin ve O tavrını değiştirecek. Oysa ki Kabala diyor ki Yaradan değişmez."

Pencerenin önünde durur ve herkese bakar.

Rav Aşlag (Net bir sesle): "O değişmez! O'na karşı değişmesi gereken biziz, sadece bizler. Bizden gelecek tek bir istek olabilir, bu ise O'nun bizi değiştirmesini istemek!"

Rav Aşlag pencerenin eşiğine dayanır.

Rav Aşlag: "Pencerenin yanına geldim, niyetim, söylediğim her kelimeyi Rav Hadad'ın işitebilmesi.. Bizim bütün kutsal kitaplarımız Kabalistler tarafından yazılmıştır. Onlar tek şeyden bahsederler – Ölüm meleğini aşmanın yolunu. Egoizmin üstesinden gelmeyi. Aşkı keşfettiren 125 basamağı- Kabala Bilgeliği budur.

O bütün dinlerden çok önce ortaya çıktı. Tek bir amaçla – Dünyada birliği sağlamak, sevgiyi, aşkı ifşa etmek. Bundan daha üstün ne olabilir?"

Kapı sonuna kadar açılıyor ve Rav Hadad içeriye girer.

Merdivenin Sahibi

Kızgınlıktan neredeyse boğulacak.

Rav Kuk'a bakıp bağırıyor.

Rav Hadad: "Siz İsrail'in başhahamı bunları mı dinliyorsunuz? Önünüzde dinimizin bütün temellerini yıkan bu adamı mı? Ve siz susuyor musunuz?"

Rav Kuk (sakin): "Sözlerinde hiçbir problem görmüyorum."

Rav Hadad: "Ne? Kabala bilim mi? Din psikolojisi mi? Kabala herkes için mi? Yaradan arkadaş mı?"

Rav Kuk: "Sayın Rav Aşlag'ın söylediği her kelimeye katılıyorum."

Rav Hadad, susuyor. Şokta.

Rav Kuk, kapıya doğru gidiyor. Çıkmadan evvel bir an durur.

Rav Kuk (Rav Aşlag'a): "Burada kalıp senin ağzından Kabala'yı öğrenmekten ne kadar zevk aldığımı bir bilseydin... Ama yapamam... Bana yasak. Yazık... Ne kadar yazık..."

***

Odadan çıkıyor.

Rav Hadad, onun evden uzaklaştığını izlerken.

Şimon: "Belki siz de Rav Hadad, derse kalırsınız?"

Rav Hadad (Rav Aşlag'a): "Merak etme, ne olursa olsun burada hayatın kolay olmayacak!"

Delikli tahta pencereleriyle, demirden, büyük bir depo. Geçenler uzaklaşıyor, elleriyle burunlarını kapatıyorlar. Pencerelerin aralıklarından, tozlu yapının içinde devamlı aynı hareketleri tekrar tekrar yapan adam. Bu, Rav Aşlag, yüzünden akan terler.

Bir Sinematik Roman

Şişkin damarlı elleri, bir demire bağlı tahta bir rulo tutuyor. Demir inip çıkıyor, deriyi traş ediyor... Ondan iki metre ötede eski bir makinenin yanında Baruh, kalın zımpara kâğıdına sarılı silindirlerden deriyi geçiriyor.

Hayim bir aletin üstünde tahta kazıklarla deriyi geriyor.

Moşe, yüzünü buruşturup ıslak deriden et parçalarını çıkarıyor...

Şimon, çekiçle, donmuş deriyi parçalıyor ve suya atıyor...

Rav Aşlag, deri parçalarına demirle vururken deponun içinde gürültülü sesler yankılanıyor.

Hepsi deponun köşesinde masa etrafında oturuyor.

Baruh, sepetten yiyecek çıkarıyor: Ekmek, yumurtalar, soğan ve su.

Rav Aşlag, ekmeği kutsayıp yiyor...

Moşe'nin boğazından gargara sesi...

Sesi kısılıyor.

Kalkmaya çalışıyor, ama yetişemeden masaya kusuyor.

Şimon, onu kenara çekiyor.

Moşe, devamlı kusuyor.

Baruh, sessizce masayı temizliyor.

Rav Aşlag, hiçbir şey olmamış gibi yemeye devam ediyor.

Moşe ve Şimon masaya dönerler.

Moşe, yorgun, oturup gözlerini kapar.

Merdivenin Sahibi

Moşe: "Biz böyle mi çalışmalıyız? Bu çamurda? Mecbur muyuz?"

Rav Aşlag: "Zor olacağını söylemiştim."

Moşe: "Ama daha temiz bir şey bulabiliriz... E..."

Rav Aşlag: "Bu en temiz iş."

Hayim: "Neden... hep sormak istedim. Neden Tora'yı bilhassa deri üstüne yazarlar. Bilhassa bu pis ve leş kokulu derinin üstüne?"

Rav Aşlag boş tabağı kenara çeker ve doğrulur:

- "Çünkü sadece bizi düzeltmek üzere yazıldı."

Gözlerini Hayim'e çevirir:

- "Anladın mı?" Cevap vermesine fırsat vermeden: "Kendini temizlemek istediğin zaman, kendini suyla yıkamak. Sana verilmiş olan bütün kötülükleri üstünden yırtıp atmak istediğinde ancak o zaman Tora'yı açarsın. O kendimizi bu kötülükten nasıl arındıracağımızı öğretir. O bir masal kitabı değil. O senden Yaradan'a giden yoldur..."

Rav Aşlag herkese bakar.

"... Ve o bütün bu çamurlu yoldan geçer."

Hepsi susuyor.

Fonda damlayan suyun sesi...

Pencerenin ardından hayat devam ediyor.

Burada ise sessizlik hakim.

Rav Aşlag, gözlerini yumar ve şarkı söylemeye başlar.

Deponun içinden: "Mordehay Yosef" melodisi duyulur. Baruh'un Kotzk'taki evinde duyulan melodi.

Bir Sinematik Roman

Birbiri ardından Rav'ın şarkısına katılıyorlar, O'nu girdiği ruh halinden çıkarmamaya yani rahatsız etmemeye dikkat ediyorlar.

Kollar omuz omuza...

Hepsi şimdi birbirine bağlı...

Gelen geçen pencereden gözetliyorlar.

Kollarını birbirlerinin omzunda, gözleri kapalı sallandıklarını görüyorlar.

O esnada kapı yavaşça açılıyor.

Elinde postacı çantası kısa boylu bir adam depoya giriyor.

Duruyor. Onları şarkılarında rahatsız etmeye tereddüt ediyor.

Melodi sona erdi. Gözler hâlâ kapalı.

Postacı sessizce öksürüyor.

Postacı: "Sizi rahatsız ettiğim için özür dilerim. Ama bu iş acele."

Hepsi ona döner.

Postacı (Rav Aşlag'a): "Sen Rav Aşlag mısın?"

Rav Aşlag: "Sizi dinliyorum."

Postacı: "Sizi bulduğum ne iyi oldu! Sizi sabahtan beri arıyorum. Evinizdeydim. Eşiniz beni buraya yolladı... Lenin sizi arıyor... Bu mümkün mü?"

Rav Aşlag: "Olabilir."

Postacı: "Benimle oyun oynuyorlar zannettim. Onlar bana 'Lenin ha ha...' dediler. (Postacı deponun içine girdi, çabuk konuşuyor ve herkese hitaben) Lenin'in kim olduğunu bilirim. Bütün akarabalarım orada. Ben Rusça okur yazarım. Bu yüzden Rusça cevap verdim: Bu alet oyuncak değil... Pahalı bir alet. Posta burada!"

Rav Aşlag (sözünü keser): "Size ne söylediler?"

Postacı: "Lenin'in sizi arayacağını (saate bakıyor) yarım saat sonra."

Rav Aşlag kararlı, çıkışa doğru gider.

Postacı arkasından koşuyor.

Postacı: "Daha dün bu aleti bağladılar... ve o zaman... birden böyle Lenin..."

***

Gündüz... Kudüs'ün hareketli sokakları...

Sokakta hızla gidiyorlar.

Hayim, Moşe, Baruh ve Şimon, Rav Aşlag'a ve Postacıya zor yetişiyorlar.

Posta binası yaklaşıyor.

Postane... Rav Aşlag, yeni, pırıl pırıl telgraf cihazının yanında duruyor.

Postacı (saate bakıyor): "Saat tam ikide arayacaklarını söylediler... Ama biliyorsun Tel Aviv'den değil. Oh... Saat tam iki."

Saatin yelkovanları tam ikiyi gösteriyor.

Hemen teledaktiloda satırlar koşmaya başlıyor.

Rav Aşlag okuyor:
"Aşlag'la konuşmak istiyorum. Lenin."

Rav Aşlag başıyla postacıya işaret ediyor:
"Merhaba Lenin, ben Aşlag."

Postacı hızla yazıyor ve hayranlıkla fısıldıyor:

-"İnanamıyorum! Lenin'in ta kendisi!"

-"Seni bulmayı başardım..." Lenin yazıyor.

Aşlag yazdırıyor: "Nasılsınız?"

-"Ben ölüyorum. Ama en kötü olan şey bu değil. İnan bana."

***

Moskova'nın dışında dağlar...
Odanın büyük penceresi...
Çam ağaçları karla kaplı. Pencereden beyaz bir orman görünüyor. Damarları mavi, soluk ve zayıf, halsiz bir el telefonu tutuyor. Lenin, kalın bir battaniyeye sarılı, salıncak sandalyede oturuyor. Çok kilo kaybetmiş, yanakları zayıf, gözleri buğulu ıstırap aleviyle yanıyor. Alçak sesle yazdırıyor.

Genç telgraf yazıcısı hızla yazıyor.

-"Haklıydın. Şimdi ne yapacağımı bilmiyorum."

Rav Aşlag cevabında:

-"Hicbir şeyi değiştiremezsiniz. Terörizm olacaktır."

***

Kudüs...

Postacı endişeyle soruyor: "Orası çok mu kötü olacak?"

Rav Aşlag postacının dediklerine önem vermeden: "Yaz."

-"Lenin, en mühim noktayı anlamadın." Postacı hızla yazıyor. "Adam, kendi gücüyle doğasını değiştirmekten acizdir. Yapamaz. İnsan egoist doğar, egoist ölür."

Merdivenin Sahibi

***

Lenin'in bürosu...

Birden, Lenin sandalyede doğruluyor, zayıf eli titriyor...

-"Mutlu bir dünya kurmak istedim." Sesi yükseldi. "Senin Allah'ın insanların mutlu olmasını istemiyor mu?"

-"Sadece bunu istiyor. Ama niye öyle bir dünya kurmak istedin?"

Lenin'in gözleri yaşarıyor, boğuk bir sesle bağırıyor.

-"Herkesin eşit olması için, zengin ve fakir olmaması için. Adil, saf bir dünya... Neden bunu yapmama izin vermedi?"

-"Egoistler adil bir dünya kuramaz. Adaleti olmayan bir dünya kurarlar. Kendileri için bir dünya."

Yazıcı kadın Lenin'e bakıyor. Konuşmasını bekliyor.

Lenin, birden sakince cevap verir: "Ne olacak şimdi Aşlag, bana ne olacak? Herkese ne olacak? Burada yaptığımız bütün şeylerle?"

O yazıyor...

***

Kudüs...

Teleprinterın şeridi hızla ilerliyor. Rav Aşlag onu elinde tutuyor.

Postacı Rav Aşlag'a bakıyor. Talebeler gözlerini ondan ayırmıyor.

-"Her şey çok iyi olacak. İnsanlık kökensizliğin, acıların, ıstırapların üstesinden gelecektir. Yine de adil bir dünya kurulacak. Nefret değil Aşk dünyası."

Sustu. Postacının parmakları hızla mesajı gönderi-

Merdivenin Sahibi

yor. "Fakat maalesef bir çok acıyla beraber." Rav Aşlag'ın sözleri.

Pencereye yanaştı.

Rav Aşlag, kendi kendine mi yoksa postacıya mı yönelik belli olmadan:

-"Dünya dinlemiyor." postacı bu kelimeleri de yolluyor.

Rav Aşlag:

-"Bir ışık yolu olduğunu. Şimdilik..."

Moşe, Hayim, Baruh ve Şimon'un bakışları karşılaşır.

Rav Aşlag pencerenin önünde kımıldamadan duruyor.

Kudüs'te güneşli bir gün...

Moskova'nın yanındaki dağlar...

Teleprinterın şeridi durdu.

Lenin, kuvvetsiz, salıncaklı sandalyede kendini arkaya doğru sallar.

-**"Evet"** fısıldayarak: "Yine de ölümden korkuyorum Aşlag."

Pencereden, dışarıda yağan kar görünüyor.

Lenin, gözlerini yumar.

-"Allah'a ısmarladık."

***

Kudüs...

Teleprinterdan Lenin'in söyledikleri çıkıyor.

Rav Aşlag son iki kelimeyi yazdırıyor.

-"Allah'a ısmarladık Lenin."

Postacı (sessizliği kesiyor): "Rav Aşlag, bütün yakınlarım orada kaldı."

Rav Aşlag: "Mümkün olan her şekilde oradan çıksınlar... Ve buraya gelsinler."

***

Gece... Rav Aşlag'ın odası...

Tüy kalem hızla kısa ve düzgün cümleler yazıyor.

Rav Aşlag'ın dudakları fısıldıyor:

Rav Aşlag'ın sesi: "Fakat Rus milleti bir günah işledi. Yaradan onları affetmeyecek. Nedeni şu 'Diğerlerine ihsan etmek' gibi kıymetli ve yüksek bir işi yapmaya başladıklarında, bu işin Allah adına rahimdeki dölütü örten rahim gibi, bizi örten aşk kanunu adına olmalıydı. İnsanlık adına değil."

El yazmaya devam ediyor.

Rav Aşlag'ın sesi duyuluyor:

- "Yaradan'ı hedef alarak, halkın mutluluğu için çalışan, yani halk için yaptığı bu iş sayesinde tüm hakikatin ve iyiliğin hoşluk ve hassasiyetin kaynağı olan Yaradan'a yaklaşırdı. Hiç şüphe yok ki, birkaç sene zarfında zenginlikleri dünyadaki bütün memleketlerden daha fazla olurdu, çünkü o zaman zengin toprağın hammadde hazinelerinden istifade ederlerdi, hakikaten başka ülkelere model olurlardı... ve sevgi ülkesini keşfederlerdi – Yaradan'ın Ülkesini..."

Pencerenin ardından güneş doğuyor.

Tüy kalem Rav Aşlag'ın yazısıyla dolu sayfanın üstünde duruyor.

Başını ellerine dayamış Rav Aşlag, uyuyor.

Baruh'un sesi: "Baba!"

Rav Aşlag başını kaldırdığında oğlu Baruh'u gördü.

Merdivenin Sahibi

Rav Aşlag: "Niye beni uyandırmadın?"

Baruh: "Bütün gece uyumadın... Bir saat sonra işe gitmemiz lazım..."

Rav Aşlag (Sertçe): "Mühim değil. Sana uyumama engel olmanı söylemiştim!"

***

Depo...

Rav Aşlag, deriyi demir tarakla işliyor.

Kirli ellerinde ter boncukları birikiyor.

Hepsi sessizce ciddi bir uyumla çalışıyorlar.

Toz tanecikleri pencerenin aralıklarından süzen güneş ışığında pırıldıyor.

Kudüs... Yüzlere çarpan soğuk rüzgâr. Rav Aşlag, Baruh, Hayim, Moşe şehrin duvarları boyunca yürüyorlar.

Kısa paltolarını kapatıyorlar ama rüzgâr giriyor.

Köşelerin birinde Moşe ve Şimon bir başka yöne yöneldiler.

Rav Aşlag ve Baruh evin koridoruna giriyorlar.

Rivka, pencerenin kenarında, onlara dönüp bakmıyor. .

Perdenin arkasında Batşeva sessizce oturuyor.

Odada olağanüstü bir sessizlik hakim.

Rav Aşlag, Rivka'nın aşağıya sarkmış elinde açık bir mektup görüyor.

Ona yaklaşıp mektubu alıyor.

Onu çabukça okuyor.

Gözleri son satırlarda takılı kalır.

Bir Sinematik Roman

Elleri titremeye başlar.

Rav Aşlag, Rivka'ya bakıyor.

Susuyorlar.

-"Biz hiçbir şey yapamadık. Doktorlar da çaresizdiler. Çocuklar birbiri arkasından sakince öldüler. Sizsiz."

***

Eli titriyor.

Rav Aşlag, Rivka'ya bakıyor.

İkisi uzun uzun susuyorlar.

Baruh, babasına yaklaşıp onun yanında durdu.

Baruh: "Ne oldu?"

Rav Aşlag: "Bunda beni suçluyor musun?"

Rivka (Sessizce): "Evet."

Rav Aşlag: "Sence onları beraberimizde alabilir miydik?"

Rivka: "Hayır..."

Kocasına dönüp ona bakıyor.

Rivka (İçinden yumuşak bir inilti çıkıyor): "Hissettim. Bir şey olacağını hissettim... Ben şimdi bu olay ile ne yapacağım, söyle bana. Sen o kadar zekiysen. Her şeyi bilirsin. Sen O'na bağlısın. Sor O'na. Neden, bizden çocuklarımızı almalıydı?"

Baruh (Haykırıyor): "Ne?"

Rivka ağlıyor.

Rav Aşlag yanında, onu teselli etmiyor.

Pencerenin ötesinde, ağacın dalında iki kuş görünür.

Rivka (sallanıyor, sesi titriyor): "Ve David... Onu yanımıza almamızı o kadar istemişti ve Braha... Yola çıktığımızda

bana bakışı... Bir şeyin olacağını biliyordum, biliyordum...
ve onları bıraktım..."

Baruh, kenara gidip tahta tabureye oturuyor.

Sessizce ağlıyor.

Rav Aşlag, sessiz.

Rivka: "Her zaman 'O'ndan başkası yoktur' derdim. Ama işte bela geldi ve ben O'na hak veremiyorum. Neden? Neden Yehuda?"

Rav Aşlag, onu kucaklıyor.

Eli hafifçe omzunu okşuyor.

Rav Aşlag: "Çünkü ruhun sevincini görmüyorsun. Sen vücudun ölümünü görüyorsun ve Yaradan'a her seferinde daha da yaklaşan ruhu görmüyorsun. Vücudun dünyaya geldiği zamanı, onu terk edeceği zamanı, bütün bunlar O'nun hesabı. O'na inan. Hesapları doğrudur."

Baruh, kirli elbisesiyle gözyaşlarını siliyor ve babasına bakıyor.

Rav Aşlag, gözlerini pencereye çevirir. Daldaki iki kuş beraber uçarlar.

Aşlag, kuşları takip ediyor.

Kuşlar sokağın karşı tarafına uçarlar, yokuşta uzaklaşan bir kız ve bir erkek çocuğunun üzerinden kayarak kaybolurlar.

Kız çocuğu erkek çocuğun elini sıkıca tutuyordur.

Aynı anda ikisi dönüp ellerini sallayıp Rav Aşlag'a gülümsediler.

Aşlag, başını sallıyor.

Rivka, ona döndü, sonra pencereye...

Rivka: "Orada ne görüyorsun?"

Rav Aşlag: "Devam eden hayatı (Başını ona çevirir)... Sen güçlüsün, sen dünyanın en güçlü kadınısın. Sadece O'na inan."

Rivka başını onun göğsüne dayıyor ve susuyor.

Öylece uzun zaman duruyorlar.

Baruh sessizce duvarın yanında oturuyor.

Rüzgâr hızlanmıştı.

Mutfağın perdeleri titriyor.

Pencerenin arkasında akşam iniyor.

Onlarsa, halen sessizce duruyorlar.

Uzun dakikalar geçiyor, onlar hâlâ birbirlerine sarılmış halde duruyorlar.

Rav, Rivka'yı bırakmıyor.

Rivka, onu bırakmaya korkuyor.

Rivka, büyük yelkovanın titrediğini görüyor. Gece yarısı...

Kocasından ayrılıyor, gözyaşlarını siliyor ve ona bakıyor.

Rivka: "Affet... Bir saat sonra, sabah dersine kalkman lazım, henüz uyumadın. Affet beni, Yehuda. Kendimi toparlayacağım, yapabilirim, ama hemen değil. Bana karşı sabırlı olur musun?"

Rav Aşlag: "Kolay değil, biz dayanacağız. Beraberce."

Rivka, uzaklaşıyor, odanın köşesine gidiyor ve elinde az bir yemek olan tabakla geri dönüyor, onu masaya koyuyor.

Rivka: "Oturun, yiyin, yoruldunuz."

Merdivenin Sahibi

***

Gece dersi...

Rav Aşlag, dört talebesinin önünde oturuyor ve susuyor.

Talebeler bakışıyorlar...

Rav Aşlag (Net ve yüksek sesle): "Ders sadece bir sebepten iptal edilir. Baruh... (yerinden kalkar)... Sadece adamın vücudu öldüğü zaman..."

Rav Aşlag, her zaman olduğu gibi geziniyor, odayı büyük adımlarla ölçer gibi.

Rav Aşlag: "Vücutlar değişir, ruh kalır. Ruhlar binlerce defa vücutlarını değiştirirler."

Talebeler onun bir taraftan diğer tarafa gidişini izliyorlar.

Onlarla konuşmuyormuş gibi bir his var. Şimon, elini kaldırmaya cesaret etti.

Rav Aşlag, durup ona bakıyor.

Şimon: "Bu vücut değiştirmenin manası nedir?"

Rav Aşlag: "Kendini sevmekten arınmak... ve diğerlerini hakikaten sevmek..."

Herkes Rav Aşlag'a bakıyor, Aşlag pencereye doğru döner.

Rav Aşlag: "Yarın Ailemle Givat Şaul tepesine taşınıyoruz."

Moşe: "Bizim dersler ne olacak?"

Rav Aşlag: "Dersler iptal olmayacak."

Moşe: "Ama buradan Givat Şaul mesafe...!"

Rav Aşlag: "Yürüyerek bir saat."

Moşe: "Duydum... duydum ki burada Givat Şaul'da, gece... kimse (ötekilere bakarak) hayatta kalamaz."

Rav Aşlag: "Doğru, herkes tek başına giderse."

Hepsi Rav Aşlag'a bakıyor.

Rav Aşlag: "Ders tam saat birde başlıyor."

***

Kudüs... Sabahın erken saati.

Uzun ve boş bir yol. Araba tekrar yolda, ama bu sefer at yerine eşek bağlı. Arabada sessizce Aşlag ailesi oturuyor. Rav ve dört talebesi arabanın arkasından gidiyorlar.

Givat Şaul...

Rivka, kucağında bebek bomboş bir dairenin ortasında duruyor. Duvarların sıvası düşmüş, zemin pis, pencere kayalık bir çöle bakıyor.

Çatının altında rüzgâr uğulduyor.

Rav Aşlag, pencereden bakıyor ve talebelerin dar bir yolda döndüklerini görüyor.

Gece...

Rav Aşlag'ın evi siyah bulutların arasında...

Pencereden yanan gaz lambası görünüyor.

Rav Aşlag'ın evi...

Büyük bir fincana kahve döken el...

Sigara izmaritleriyle dolu küllükte sigaranın dumanı...

Masanın altında buz gibi suyla dolu bir kap, içine Rav Aşlag'ın ayakları dalmış...

Tüy kalem hızla, cümlelerle dolu satırlar yaratıyor.

Merdivenin Sahibi

Gece... Kudüs'ün son evlerinin ötesinde... Eski mahallerle Givat Şaul'u ayıran açık, boş bir alan gözüküyor. Moşe ve Şimon, karanlık çölde kaybolan dar yolda bulunan sonuncu evin yanındalar.

Moşe: "Ee... Ne kadar zaman bekleyebiliriz?"

Şimon: "Birkaç dakika daha bekleyelim."

Moşe: "O gelmeyecek. Gitmemiz lazım."

Şimon: "Ama ya tek başına gelirse yolu nasıl bulur?"

Sessizlik... Bekliyorlar.

Birden çölün içinden çakal sesleri yakınlaşıyor. Moşe ve Şimon, evlere doğru koşuyorlar.

Moşe'nin sesi: " O umurumda değil! Dün ellerinin nasıl titrediğini gördüm, o burada değil, demek ki derse gitmek istemiyor! Budur. Gidiyoruz."

Moşe ve Şimon, şehir duvarı boyunca ilerliyorlar.

Birden ayak sesine benzer bir ses duyuyorlar.

Yerlerinde donakaldılar, canları kopmuş gibi...

Duvara yapıştılar.

Bazı hayvanlar, avlarını tuzağa düşürmek için çukur kazıyorlar. Hırıltıları duyuluyor. Moşe ve Şimon, yerlerinden kımıldayamıyorlar.

Sonunda Şimon ilk adımı atıyor, o anda onu durduran kısık bir ses duyulur.

Karanlığın içinden İngiliz devriyesi çıkar.

İki İngiliz askeri Yahudileri inceliyorlar.

Birinci asker (İngilizce): "Nereye gidiyorsunuz?"

Şimon: "Givat Şaul'a."

Birinci Asker: "Niye gece?"

Bir Sinematik Roman

Şimon: "Biz öğretmenin evine derse gidiyoruz."

Birinci Asker: " Niye ders gece vakti?"

Şimon: "Gündüz çalışırız."

İkinci İngiliz Asker (başını sallar ve birinciye): "Neler uyduruyorlar bu Yahudiler... gece... derse... (Şimon'a) gece sıcak bir yatakta yatmalı ve sıcak bir kadına sarılmalı ve... iyisi mi bunu düşünmeyelim..."

Birinci Asker (evraklarını geri veriyor): "Haydi gidin..."

Moşe ve Şimon, devriyelerin önünden geçip karanlıkta kayboldular...

Uzaktan birinci askerin sesi duyulur: "Siz ne öğreniyorsunuz?"

Şimon'un Sesi (İbranice): "Kabala Bilimini..."

Birinci askerin sesi: "Nedir o?"

Moşe'nin sesi: "Yaradan'ı keşfetmenin yolu..."

Birinci askerin sesi: "Ahaa..."

İkinci askerin sesi: "Biz sonuncuyuz, bunu hesaba alın. Bizden sonra devriye yok. Gece Abuhalit ve tayfası burada dolaşır... Sizi yakalarlarsa, sizi Allah'ınızla buluşmaya yollar..."

İngiliz askerleri gülüşüyorlar.

Açık ve boş bir alan.

Karanlıkta yaklaşan iki gölge... Yalnız adımlarının sesi duyuluyor.

Etraf sonsuz bir sessizliğe bürünmüş. Ayaklarının altında dar ve görünmeyen bir yol. Moşe ve Şimon'u önlerinde beliren evlerin gölgelerine götürüyor...

İyice yaklaştılar, aniden çakal uluması duyulur...

Moşe ve Şimon, durdular.

Çakalın gölgesi onların yürüdüğü yoldan geçiyor.

İki kırmızı göz karanlıkta parlıyor.

Moşe ve Şimon devam ediyorlar... ve koşmaya başladılar... biri arkalarından koşuyor... boğuk bir ses onların durmasını emreden... ama onlar eve yaklaşıyorlar...

***

Rav Aşlag'ın evi...

Korkmuş olan Şimon ve Moşe, odaya daldılar...

Rav Aşlag, zaten masada oturmuş bir şeyler yazıyor, hatta başını onlara kaldırmıyor bile.

Şimon ve Moşe oturup, nefeslerini düzeltmeye çalışırlar.

Rav Aşlag: "Hayim nerede?"

Moşe: "Onu çok bekledik ve gelmedi..."

Rav Aşlag yazıyı bırakıp ve Moşe'ye bakar. Moşe gözlerini indirmiyor.

-"Niye bana böyle bakıyorsunuz? Gelmedi. (Şimon'a dönerek) Söylesene ona!"

Şimon (Güvensizlikle): "Evet!"

Pencerenin ardında silah sesi duyulur.

Başlarını kesin bir hareketle pencereye çevirirler.

Gece, çöl... Uzak bir sokak fenerinin ışığı altında parlıyan bir bıçak Hayim'in boğazına dayalı, Hayim'in boğazı titriyor.

Karanlığın içinden bir arabın sesi işitilir.

Ses: "Paran, Yahudi!"

Hayim: "Bir kuruşum bile yok..."
Ses: "Hemen görürüz..."
Hayim'in elbiselerini araştıran bir el, karanlığın içinden arabın sağ yanağını kaplıyan korkunç bir yara izi görünür.
Arap: "Ben bunu anlamıyorum (Yüzünü Hayim'in yüzüne yaklaştırıyor). Bu beni kızdırıyor. Ben sizi, Yahudileri zengin, şişman, kurnazken, kendinizi sanki masum kuzu gibi gösterdiğinizi bilirim... Aslında siz kurtsunuz! Ama Abu Halit'e yalan söyleyemezler..."
Hayim (yalvarıyor): "Beni bırakın, lütfen..."
Abu Halit (Sertçe): "Çıkar elbiselerini! Çabuk!"
Hayim: "Yalvarıyorum. Lütfen. Beni öldürmeyin..."
Bıçağı Hayim'in boynuna daha da bastırır.
Hayim aceleyle elbiselerini çıkarır.
Abu Halit: "Şimdi de dua et, Yahudi!"
Hayim korkuyla arabın soğuk gözlerine bakar.
Abu Halit: "Son defa Yahudi duanı et!"
Hayim gözlerini kapatır.
Dudakları duayı fısıldamaya başlar.

***

Rav Aşlag'ın evi...
Rav Aşlag, derse başlamıyor.
Saat bir çeyreği gösteriyor.
O anda sokakta hızla koşan bir adamın ayak sesleri duyulur.
Kapı sonuna kadar açılır ve içeriye sadece üzerinde çorap kalmış Hayim dalar...

Merdivenin Sahibi

Hayim titriyor. Soğuktan veya korkudan...
Bacaklarını büküp, en yakın sandalyeye yığılıyor.
Rav Aşlag, kalkıp ona yaklaşır.
Üstündeki ceketi çıkarır ve Hayim'in titremekte olan omuzlarına koyar.
Sonra yünlü şapkasını çıkarıp Hayim'in başına giydirir.

Rav Aşlag: "Korkunç muydu?"

Hayim (Mırıldanır): "Beni soyunmaya mecbur etti. Boynuma bıçak dayadı, duanı et dedi! (sesi titremeye başladı. Hayim Rav Aşlag'a bakar) Bugün derste sizinle olmayı o kadar istedim ki... ettiğim dua bu idi... Gözlerimi açtım, o orada değildi..."

Rav Aşlag (Herkese bakıyor): "Yemek zamanı. (Duvarın yanında duran Baruh'a döner) Masayı hazırla."

Masanın üstünde doğranmış soğan olan bir tabak, bulanık yarım şişe zeytin yağı. Siyah ekmek parçaları, votka şişesi ve ağızlarına kadar parlatılmış bardaklar....

Rav Aşlag: "Yaradan'la nasıl birleşiriz, nasıl O'nun topraklarına gireriz... sırrını açıklamaya size söz vermiştim."

Sıkıntılı, zayıf, yorgunluktan kızarmış gözleriyle talebeler Rav Aşlag'a bakıyorlar.

Rav Aşlag, votka bardağını kaldırıyor... Susuyor...

Aniden Şimon'a bakıyor.

Şimon, gözlerini indiriyor.

Rav Aşlag: "Siz O'na erişeceksiniz ama bir şartla..."

Bir Sinematik Roman

Hayim (Mırıldar): "Bugünkü derste olmayı çok istedim!"

Rav Aşlag: "Tek yürek olursanız (Şimon'a bakar) Bunu hep söyleyeceğim. Tek şart bu."

Şimon neredeyse ağlayacak, dudakları titriyor.

Rav Aşlag: "Eğer birleşirseniz (Talebelerine teker teker bakar) Birbirinizden sorumlu olun."

Şimon yüzünü elleriyle kapatıyor.

Rav Aşlag: "Eğer arkadaşımızın zayıf vücudu arkasında yanan muazzam isteği görürseniz… Ancak o zaman sizin 'ego'nuz teslim olur ve birleşirsiniz."

Hayim: "Ama bunu yapabilir miyiz?"

Baruh: "Yapabiliriz!"

Yalnız Şimon cevap vermiyor.

Susuyor ve yere bakıyor.

Hepsi ona döndü.

Şimon, aniden yerinden sıçrıyor, sandalyeyi odanın köşesine fırlatıp bağırarak:

-"Yapamayız… Yapamayız! Niye kendimizi aldatalım? Biz zayıfız! Kardeş olamayız. Çünkü korku ve kıskançlığa karşı, başa çıkamayız çünkü bizler öyleyiz… Öyleyiz! Pislik dolu alçaklarız, yalnız kendileri için yaşayan! (derince soluyarak, etrafına bakıp, fısıldar) Yapamayız. Hayır… O yere giremeyiz… Girmek istediğimiz o yere… Biz böyleyiz…"

Şimon, oturur ve başını ellerinin arasına alır.

Hepsi Rav Aşlag'a bakıyordur.

Aşlag, yavaşça bardağından votkasını yudumluyor.

Herkes ona bakıp ağzından çıkacakları bekliyor.

Bardağını masaya koyar.

Rav Aşlag: "Derse başlıyoruz."

Elini kitaba uzatıp onu açar.

Hayim (Rav Aşlag'a): "Şimon'a cevap vermeyecek misiniz?"

Moşe (yok sayarcasına): "Paçavra!"

Şimon (Gözleri yaş dolu başını kaldırır): "Beni affedin..."

Moşe: "Senin gibi insanların yüzünden... Erkek ol!"

Hayim: "Dayan, Şimon!"

Şimon: "Beni affedin, dayanacağım (Rav Aşlag'a bakar) Yalnız beni kovmayın..."

Rav Aşlag ona bakar.

Rav Aşlag: "Derse başlıyoruz. Zohar sizi Yaradan'a getirecek."

Şimon'a bakıp, herkesin duyabileceği bir şekilde: "Ben seni kıskanıyorum." der.

Sonra herkese bakıp:

-"Sizi uyarıyorum, kendi kendinizi hiç düşünmeden. Biz insanın en kıymetli şeyini konuşuyoruz. Bu yüzden sizden istenen şey de büyük."

Ağzından çıkan bir kelimeyi bile kaçırmadan ona bakıyorlar.

-"Sizi kolaylıkla geçirmeyecekler. Esas şart bu, kendiniz için hiçbir düşünce. Tek bir düşünce bile. Eğer bunu başarırsanız, aşarsınız."

Gözleri parlıyor.

Her kelime hedefine varıyor.

-"Her birimiz kendimize şunu söylemeliyiz: Hepimiz birleşip büyük bir arzu olmalıyız."

Rav Aşlag'ın gözleri duvara dikili.

-"Ve seni bırakmayız," der ve susar.

Ağzından çıkacakları bekliyorlar, yerlerinden kımıldamaya korkuyorlar.

-"Yüce Kabalistler birleşip bir tek ruh olup Zohar Kitabı'nı yazdılar. Eğer biz birleşirsek onların mesajını hissedebiliriz. Ve aşarız..."

Aniden sınıf kayboldu.

Rav Aşlag yolda ilerliyor.

Arkasından talebeleri gidiyorlar. Nefeslerini kesip etrafa bakıyorlar.

-"Bütün bunlar içinizde," diyen öğretmenin sesi duyulur.

Ufuğa uzanan uzun uzun üzüm bağları...

Güneş ışınları iri üzüm salkımlarını okşuyor.

Önlerinde şeffaf dağlar duruyor.

Dağlardan akan sular, temiz bir nehirle birleşiyorlar...

Etrafta huzur ve sessizlik hakim.

Rav Aşlag'ın sesi (sıcak, babacan): "Dayanın... Kendiniz için tek bir düşünce olmadan! Arkadaşınıza her şeyi vermeye hazır olmalısınız."

Rav Aşlag, onlardan bir adım önde ilerliyor...

-"Kendinizi düşünmeyin! Bilhassa kendinizi! Hatta kendinize hiçbir düşünce..."

Talebeler kendilerinden geçmişçesine bu sihirli dünyayı seyrediyorlar.

Moşe bir çiçeğe eğiliyor... Korkarak doğruluyor.

Moşe bir adım atar ve görünmeyen bir duvarla karşılaşır.

Merdivenin Sahibi

Hepsi bir adım atıyor, onlar da öyle bir engelle karşılaşıyor.

Onlar, Rav Aşlag'ın uzaklaşıp ağaçların bulunduğu yolda gittiğini seyrediyorlar...

Talebeler görünmeyen o engelle uğraşıyorlar.

Bağırıyorlar ve görünmeyen duvarı yumruklarıyla yıkmaya çalışıyorlar...

Hepsinin elleri kanıyor.

Duvara doğru sıçrayınca kendi kanları üzerlerine bulaşıyor...

Onlar bağırıyor ama çığlıkları duyulmuyor.

Rav Aşlag, uzaklaşıyor ve ormanın içine giriyor...

Moşe, oradan bir taş alıp görünmeyen duvara vuruyor.

Taş parçalanıp sivri parçaları sıçrayıp yüzlerine çarpıyor.

***

Kudüs... Sınıf...

Rav Aşlag, yerinde oturmuş.

Moşe, herkese şaşkınca bakıyor.

Moşe: "Bu... var mıydı?"

Hayim (uyuşmuş bir şekilde): "Asla böyle bir şey hissetmemiştim!"

Moşe: "Var mıydı...? (Kendi ellerine, arkadaşlarının suratlarına bakıyor ve oradan Rav Aşlag'a bakıyor)... Aşamadık mı?"

Rav Aşlag: "Siz aşamazsınız."

Moşe: "Öyleyse sahidendi?"

Rav Aşlag: "Siz neyseniz, kendinizi aynen öyle gördünüz."
Moşe: "Bizden uzaklaştın!"
Rav Aşlag: "Size yardım edemedim."
Moşe: "Bunu bilerek yaptınız!"
Hayim: "Seni çağırdık, sen bizden uzaklaştın!"
Rav Aşlag: "Oradayken... Ya geçersin ya da geçmezsin."
Moşe: "Ama neden, neden aşamadık?"
Rav Aşlag: "Anlamadınız mı?"
Moşe: "Hayır!"
Hayim: "Çok denedik. Öyle bir dünyaydı ki... Öyle büyük... Ne kadar çok gayret ettik."
Moşe: "Ellerimiz kanadığı zaman, seni çağırdık ve sen uzaklaştın, ama sen bizi duymuştun! Duymuş muydun?"
Rav Aşlag: "Duydum."
Moşe: "Ve uzaklaştın!"
Rav Aşlag: "Benden uzaklaşan sizlerdiniz!"

Moşe, acıyla içini çeker.

Baruh: "Ne yapmalıyız?"
Rav Aşlag: "Firavun'u yenmek."
Baruh: "Nasıl?"
Rav Aşlag: "Onu yenemeyeceğimizi anlayarak."

***

Sessizlik...

Herkes Rav Aşlag'a bakıyor.

Rav Aşlag: "Sadece kalbi kırık olanlar... duaya erişir. Ve aşar geçer..."

Şimon, ağlamaya başladı.

Merdivenin Sahibi

Moşe, kalkıp pencereye yaklaştı.

Sırtı herkese dönük.

Omuzları titremeye başlıyor.

Aniden tekrar ışık parlaması...

Bu şahane şehir tekrar gözlerinin karşısında seriliyor.

Yeşil sahaların içinde dolambaçlı bir yol. Rav Aşlag, yolda ilerliyor.

Önünde beyaz şehir görünüyor.

Uzaktan çocukların kahkahaları duyuluyor. Yumuşak sesler, hafif müzik... arkasında iniltiler...

Rav Aşlag duraklar ve kendi sesini duyar.

Ses: "Arkana dönme! Yürü!"

Durdu.

Önünde beyaz şehir...

Arkasında talebeleri, kanları akana kadar duvarı yumrukluyorlar. Görünmeyen duvarla mücadele ediyorlar.

Çalıların arasında bir geyiğin başı görünüyor.

Rav Aşlag, tekrar sesi duyar: "Arkana dönme!"

Geyik çalılıktan çıkar ve Rav Aşlag'ın yönüne doğru yürür.

Rav Aşlag: "Öyle engeller koydun ki... Onlar bunları geçemeyecekler..."

Talebeleri bağırıyorlar, bütün kuvvetleriyle duvarı yumrukluyorlar.

Geyik, Rav Aşlag'ın önünden geçerken başını Rav'a çeviriyor.

Ses: "Bırak onları."

Rav Aşlag: "Yapamam."

Rav'ın başının üstündeki dala bir kuş konuyor.

Ses: "Bırak onları."

Rav Aşlag: "Öyleyse ben ne diye..."

Yanından bir kelebek geçiyor.

Ses : "Onların geçmesini istiyor musun?"

Rav Aşlag: "Bu dünyayı onlar için yarattın, değil mi?"

Kelebek bir çiçeğin üstüne konar.

Ses: "Arkana Dön... ve bak!"

Rav Aşlag arkasına döner.

Duvarın yok oluşunu gördü. İlk içeriye dalan Şimon. Yere düşüyor. Başını kaldırıyor ve ayağa zıplıyor. Arkasından önce Baruh, Hayim ve Moşe düşüyorlar...

Rav Aşlag (fısıldar): "Dikkat arkadaşlar. Kendiniz için hiçbir düşünceniz olmasın... Her biriniz arkadaşınıza destek olmalı."

Bir anlığına Kudüs'e, sınıfa dönerler.

Şimon, dikkatlice, kitaba eğilmiş.

Şimon (mırıldanıyor): "Kendim için hiçbir düşünce... Biz tek bir bütünüz..."

Baruh: "Kendim için hiçbir düşünce..."

Hayim: "Hiçbir düşünce..."

***

Işık parlaması...

Yerden kalkıp etrafa bakıyorlar, ilk adımlarını atıyorlar...

Rav Aşlag: "Size yaklaşabilir miyim?"

Merdivenin Sahibi

Rav Aşlag, çiçeğin ona doğru sallandığını görüyor... ve kendi kendisinin sesini duyuyor.

-"Bekle, gör!"

Birden Rav Aşlag Moşe'nin nasıl bir meşale gibi yandığını görüyor.

Daha bağırmaya yetişemeden, ateş onu yakıyor.

Hayim bir adım geriye gidiyor, o da yanmaya başlıyor.

Şimon ve Baruh dönüyorlar, ama henüz yerlerinden kımıldamaya yetişemeden alevlerin içinde kayboluyorlar.

Onların durduğu yerde, sadece dört kül yığını duruyor.

Tekrar Kudüs'e, sınıfa dönüyoruz.

Talebeler, sarsılmış, oturuyorlar.

Yerlerinden kımıldamaktan aciz.

Rav Aşlag gözlerini elleriyle kapatıyor.

Şimon: "Biz aşamayacak mıyız?"

Baruh: "Bize yardım et baba."

Işık parlaması...

Rav Aşlag yolda duruyor.

Etraf çiçeklerle dolu.

Arkasında, Beyaz Şehir.

Rüzgâr külleri yerden uçuruyor, çimenleri okşuyor, onları sanki denizdeki dalgalar gibi kımıldatıyor.

Rav Aşlag kendi sesini işitiyor.

-"Gördün mü?"

Rav Aşlag: "Evet."

Ses: "Ve sen hâlâ bunu istiyor musun?"

Rav Aşlag (Bu dalgalara bakarak): "Senin dünyan onlar için oluşturuldu... Onlar için biraz açabilir miyim... Çok az... İlk adımı atmak..."

Rüzgâr durdu.

Rav Aşlag, kendi sesini duyuyor.

- "Peki. Dene."

Rav Aşlag: "Bana izin veriyor musun?"

- "Evet."

***

Kudüs... Sınıf...

Rav Aşlag, kalkıp kapıya doğru gidiyor.

Sınıftan çıktı.

Belgesel görüntüler. 1926 İsviçre'de tatil. Fransa'da moda defilesi. Sovyet Rusya'da savaş alayları. Münih'de sokaklarda sarhoşların kavgaları. Robert Goddard sıvı yakıtla çalışan ilk füzeyi fırlatıyor. Polonya hükümetinde devrim.

Bütün bu görüntüler Kudüs gecesine karışıyor.

Rav Aşlag'ın odasında ışık yanıyor. Rav odada boydan boya dolaşıyor.

Sonra masaya oturup yazmaya başlıyor...

Tekrar belgesel görüntüler. Sıra sıra... Birleşik Amerika'da dans yarışmaları... Yeni lokantalar açılıyor. Hollywood artistleri eğlencelere katılıyorlar. İtalyan artisti Rudolph Valentino'yu gören insanlar heyecandan çığlıklar atıyorlar. Afrika'da merhametsizce vurulan filler. Sigmund Freud araştırmalarına başlıyor. Arenada dövüşen boksörler her inen dar-

beyi alkışlayan halk. Hitler arkadaşlarıyla içiyor...
Musolini İtalya'da seçimlerde kazanıyor.

Kudüs. Rav Aşlag'ın odası. Gece. Yazdığı yazıyı eliyle lambaya yaklaştırıyor.

El yazısı yanıyor. Ateş harfleri tek tek yakarken alevlerin görüntüsü Rav Aşlag'ın gözlüklerine yansıyor.

Baruh bağırıyor: "Baba ne yapıyorsun?"

Rav Aşlag'ın sesi: "İyi değil. Bunu kimse anlayamaz..."

***

Rav Aşlag'ın evi. Yemek odası.

Kaba bir masa. Rav Aşlag masanın başında oturuyor.

Yanında Rivka oturuyor, hamile.

Masanın etrafında sessizce yedi çocuk oturmuş.

Her tabakta bir patates, biraz ekmek parçası ve yarım soğan var.

Rivka, kendi tabağındaki patatesi, üç yaşındaki kızının tabağına koyuyor. Kızı patatesi hevesle yemeye başlıyor.

Rav Aşlag, aniden kalkıp pencereye gidiyor.

Aşağıda, evin karşısında, ona dikkatle bakan bir adam görüyor.

Adam çok şık takım elbise giymiş, burada alışmadıkları bir giyim tarzı.

Adam eliyle işaret ediyor.

Rav Aşlag pencereyi açıyor.

Adam: "Beni tanımadın mı öğretmenim?"

Rav Aşlag (ona dikkatle bakıyor): "Aron?"

Aron (gülümsüyor): "Benim. Girmeme izin verir misin?"

Bir Sinematik Roman

Rav Aşlag: "Burada ne arıyorsun?"

Aron: "Zengin oldum ve senin affını dilemeye geldim."

Rav Aşlag: "Yukarı çık."

Oda... Rav Aşlag ve Aron masanın yanında oturuyorlar. Aron'un yüzü soluk.

Rivka, yan tarafta duruyor.

Aron: "Siz gittiniz, korkup sizinle gitmediğim için kendimi lanetledim. Size ihanet etme hissinden kurtulamadım. Çok geceler ağladım. Bir bilseydiniz... En sonunda, beni affetmeni yalvarmak için her şeyi bırakıp buraya gelmeye karar verdim ve sonsuza kadar seninle kalmaya... O esnada bana büyük bir miras kaldı ve her şey tersine döndü. Bunu biliyordum. Ama bu kadar erken olacağını düşünmüyordum. Annemin ağabeyi İngiltere'de vefat etti. Her şeyini bana bıraktı. İngiltere'ye taşındım. Şartlardan biri bu idi. Birden Allah'ın bana nasıl büyük bir vazife verdiğini anladım. Kararlarımın doğru olduğunu anladım. Bunlar benim kararlarım değildi! (biraz suskunluk) Ve işte, buraya geldim."

Rav Aşlag: "Neden?"

Aron: "Kitaplarını yayınlamaya imkânının olmadığını... (Rivka'ya bakar) Geçim kaynaklarının da iyi olmadığını duydum..."

Rav (sözünü keser): "Adam sadece ihtiyacı olanla yetinmeli."

Aron: "Ne kadar paraya ihtiyacınız var?"

Rivka: "Biraza ihtiyacımız var. Yehuda çoktandır yırtık kâğıtların üzerine yazıyor. Çocuklar bir süredir yemekte doyamıyorlar."

Aron, pantolonun arka cebinden bir paket kâğıt para çıkarıp masaya bırakıyor.

Aron: "Her insanın anlayabileceği bir kitap yazmanı istiyorum. Hatta benim gibi bir aptalın bile! Mümkün mü?"

Rav Aşlag: "Denemeye mecburum."

Aron: "Yazıların ve geçim için para bırakacağım. İşte (parayı Rav'a yaklaştırdı.)"

Rav Aşlag: "Londra'da evin var mı?"

Aron: "Üç katlı büyük bir ev (cebinden hapları olan bir kutu çıkarıp bir hap alır.)"

Rav Aşlag: "Senin evinde yazarım."

Aron (şaşkın Rivka'ya ve Rav'a bakar.): "Öyle bir şey aklıma gelmedi. Bu büyük bir imtiyaz!"

Rav Aşlag: "Bu parayı aileme bırakırım."

Rivka (Aceleyle): "Ama burada lüzumundan fazla para var."

Aron: "Saçma! Daha bırakırım... Ama... (Rivka'ya bakar.) eşiniz hamile..."

Rav Aşlag gözlerini Rivka'ya çevirir.

Rivka (Ona doğru): "Merak etme ben idare ederim."

Rav Aşlag: "Benim gitmem lazım."

Rivka: "Orada rahatça yazabilirsin."

Rav Aşlag: "Benim sükunete ihtiyacım var..."

Rivka: "Sen git. Git. Biz burada senin için dua edeceğiz."

Yafo limanı... Beyaz bir gemi açığa çıkmaya hazırlanıyor.

Rav Aşlag ve talebeleri geminin güverte iskelesinin yanındalar...

Güverteye çıkılması için anons duyuluyor.

Rav Aşlag, herkesle kucaklaşıyor.

Baruh'u kucaklıyor.

Ona fısıldıyor:

"Sizin mektuplarınızı bekleyeceğim."

Hayimi, Moşeyi ve Şimonu kucaklıyor...

Şimon: "Senin bir niyetin var, burada da yazabilirdin..."

Rav Aşlag, döner ve gemiye çıkmaya başlar.

Şimon: "Sensiz çok zor olacak."

Rav, Arkasına bakmadan çıkar.

Şimon: "Yapamayacağımız kadar zor!"

Moşe (Sözünü keser): "Rav'ı rahat bırak! Ağlamayı bırak! (Rav'ın arkasından) Merak etme Rav, biz idare ederiz!"

Rav Aşlag, güverteye çıktı.

Aron'la demir parmaklıkların yanında duruyor.

Gemi yola çıkar.

Şimon dönüyor, ilk uzaklaşan o.

Gemi sallanıyor.

Rav Aşlag, battaniyeye sarılmış güvertede duruyor. 1926 senesinde, İngiltere'den belgesel görüntüler. İngiltere güzel ve gelişmiş. Hükümet olaylarından bazı görüntüler. İngiltere kraliçesinin iştirak ettiği bir sahne. Başbakan Lord Winston Churchill ile buluşuyor. Deniz kenarında martılara yem dağıtıyorlar. Gelecekteki İngiltere kraliçesinin doğumu - İkinci Elizabet. Üstü açık arabalar...

Merdivenin Sahibi

Londra'nın sakin sokaklarının birinde üç katlı bir ev... İkinci katta açık bir pencere...

Rav Aşlag'ın odası... Masaya eğilmiş.

Sigara izmaritleriyle dolu olan küllükten duman yükseliyor.

O hızla yazıyor.

Rav Aşlag'ın arkasındaki kapı açılıp kapanır.

Aron sessizce girer, kapının yanındaki sandalyeye oturur.

Rav Aşlag, onun girdiğini duymadan, yazmaya devam ediyor.

Aron ilaç içip... kasten öksürdü.

Aron: "Gidip yatmadın mı?"

Rav Aşlag (Hevesle): "Zannedersem, şeyleri açıklamanın bir yolunu buldum... Zohar basit onu okuduğun zaman, hep ne hakkında bahsettiğini anlarsın. Bunu nasıl açıklayacağımı buldum."

Aron, Rav Aşlag'ın el yazısıyla dolu sayfaları tutuyor.

Aron: "Okudum."

Rav Aşlag: "Anladın mı?"

Aron: "Hayır... (aceleyle) Ama, belki aptal olduğum için. Varşova'daki sınıfta da aptaldım..."

Rav Aşlag, kalkıp sandalyesini hızla çevirir.

Rav Aşlag (kızgın): "Ben bunu daha basit bir şekilde açıklayamam!"

Aron: "Merak etme. Olacak! Kendi hayatlarından başka bir şeye ihtiyaçları olmayan benim gibi salaklara yazmak. Açık ve basit olması (kelime arıyor) elbette kolay değil."

Rav Aşlag (Yazdıklarını tekrar okur): "Yaradan bizim vücutlarımızı görmez. Ancak bir genel ruh. Bütün bizim, ruhlarımızı birleştirir. Onlar aşkla birbirleriyle birleşirler ve tek bir düşünceye göre hareket ederler – Yaradan'ın düşüncesi."

Rav Aşlag: "Aşk, O'ndan başkası yoktur. Mutlak bir tepki."

Aron: "Nerededir bu aşk?"

Rav Aşlag: "O her şeye dahildir."

Aron (Aniden ve kızgın): "Ama nerededir? Nerede? Göster O'nu bana. O'nu hissedeyim. Hatta azıcık (bir an durur, susar) Affet beni..."

Rav Aşlag (Kollarını açar): "Anlamaları için çalışıyorum..."

Aron (Elindeki kâğıtları işaret ederek): "Bunları okuması için arkadaşıma verdim. Burada tanınmış bir yayınevi var. Hem de Yahudi..."

Aron: "O beşinci sırada durdu ve bütün burada yazanlara gülmeye başladı."

Rav Aşlag: "Bu belli değil mi?"

Aron: "Yok hepimizin egoist olduğu belli. Yaradan'da olan bu basit düşünce -Sevgi. Biz kendimizden başkasını sevmeyiz. (Bakışlarını pencereye çevirir) Ama onun aşkı neden bu kadar çok ıstırap ve dökülen kanlar! (ara) Öyle acı veriyor ki... Ve ben ölmemeyi öyle çok istiyorum ki..."

Rav Aşlag masaya doğru döner.

O, Aron'a dikkat etmiyor.

Kapı Aron'un arkasından sessizce kapandı.

Rav Aşlag yazmaya devam ediyor.

- "Vücudumuz acı çeker. O acı çekmek ve gömülmek için doğar. Vücut sadece kendi istekleri için yaşamak ister. Kendimiz için yaşamak bizi yorar."

Başını bir ara kaldırır.

Aron orada değildi.

Yazdıklarını onunla paylaşmayı o kadar istiyorduki.

Hızla yazıyor: "Ancak başkalarına ihsan etmek istersek, dünyadaki bütün dertler ve ıstıraplar yok olur."

Pencereden Londra'da hiç tipik olmayan sıcak bir rüzgâr giriyor.

Yıldızları görmek mümkün, bu bulutların olmadığına işaret.

Rav Aşlag, kalkar ve evden dışarıya çıkar.

Gece. Londra sokakları ıssız.

Rav Aşlag sokakta yürüyor.

Şehri yoğun bir sis kaplamış.

Oğlu Baruh'un yolladığı mektubun ilk satırlarını okuyor.

Baruh'un sesi:

"Seyahata çıktığın andan beri yıkıldık... Dışarıdan enerji dolu gözüküyoruz ama içimizde buhran bizleri kapacak gibi hissediyorum... Bizi burada yönlendirecek kimse yok. Bu çılgınlığı durduracak kimse. Ellerimiz zayıf, gücümüz tükeniyor."

***

Londra, Rav Aşlag'ın odası...

Masanın üstünde açık bir mektup.

Merdivenin Sahibi

Pencerenin panjurlarından giren rüzgâr yaprakları kımıldatıyor. Mektubun satırları net olarak görünüyor.

Fonda Baruh'un sesi duyuluyor.

- "...Biz sensiz yapamayız. Baba, ne yapalım?"

Rav Aşlag, elinde tüy kalemi mürekkebe batırıyor yazarken sesli okuyor...

- "Sevgili kardeşlerim. Sizin umutsuz, şüphe ve korku dolu olmanız... Bu çok iyi. Umutsuzluk yükselişin başlangıcıdır. Tekrar tekrar düşüp kalkarken kendi zayıf vücutlarımızın içinden her birinizde bulunan sevgi kıvılcımlarını görmeye çalışın. Her zaman hatırınızda olsun, eğer birleşmezseniz – bu sizin ölümünüz olur."

Rav Aşlag'ın eli bir an durdu ve ekliyor.

- "Birleşmek için gücünüzün olmadığını keşfedeceksiniz."

Tekrar duraksar ve yine mektuba bakıyor.

- "Birleşmek istediniz. Yaradan size nefret duygusunu hissettirdi. Birbirinizi sevebileceğinizi sandınız. Fakat mümkün olmadığını gördünüz."

***

Kudüs... Sınıf...

Baruh (okuyor) "Siz şimdi Sina Dağı'nın önündesiniz... Bu nefret dağı. Bu hepimizin içinde bulunur."

Şimon başını sallıyor.

Baruh okuyor: "Bunun üstesinden nasıl geliriz? Nereden güç alabiliriz?"

Hayim dikkatle dinliyor.

Moşe'nin yüzünde hafif bir gülümseme var.

Bir Sinematik Roman

Baruh: "Soruyorsunuz, nereden güç alırız? Sadece Yaradan'dan. Sizin hakkınızdaki hakikati size O açıklar. O, sizin O'na yönelmenizi bekliyor. Bunu yapın. O'ndan, size birbirinizi sevmek için güç isteyin."

Şimon (fısıldar): "Bunu nasıl isteriz? Nasıl?"

Baruh (Mektubun son satırını okur) "Nasıl mı? Zohar Kitabı sayesinde. Bırakın içinize girsin."

***

Londra... Gece...

Rav Aşlag, aralıksız yazmakta.

Tüy kalem metnin sıralarını hafifçe çiziyor.

Rav Aşlag, durmadan yazıyor.

Yazıyı bitirince sayfayı, masanın köşesindeki büyük kâğıt yığınının üzerine koyar.

Pencere açık. Bu gece sıcak ve sakin.

Birden iniltiyi andıran acaip bir ses duyar.

Rav Aşlag, başını kaldırır, kalkıp pencereye gider.

Ah çekiş aşağıdan duyuluyor.

Gittikçe kuvvetlenen iç çekiş çığlığa dönüşüyor.

Rav Aşlag, pencereden sarkar, aşağıya bakar.

Birinci kattaki açık pencereden ışığın yandığını görür.

Merdivenlerden birinci kata iner.

Aron'un odasının kapısına yaklaşıyor. Kapının altında, zeminde, ufak bir ışık huzmesi görülüyor.

Rav Aşlag, kapıyı açıyor.

Aron'u odanın ortasında yere serilmiş görüyor.

Merdivenin Sahibi

Yüzü soluk ve acıdan büzülmüş.
Rav Aşlag ona eğiliyor.
Aron bir şey fısıldıyor ama tek duyulan acı iniltisi.
Rav Aşlag, onu güçlükle sırt üstü çeviriyor. Gömleğini açıp ellerini karnına koyuyor.
Aron'un gözlerinin içine bakıyor.
Birden Aron'un vücudu kasılıyor ve yerde dümdüz hizaya giriyor.
Aron, Rav Aşlag'ın gözlerinin içine bakıyor.

Rav Aşlag: "Bu nöbetler ne kadar sıkça oluyor?"

Aron (Zayıf sesle): "Şöyle... iki ayda bir... ilaçlar... yardım etmeyince... Eskiden altı ayda bir olurdu... ve şimdi... gittikçe sıklaşıyor..."

Rav Aşlag: "Tanı nedir?"

Aron: "Karaciğer Kanseri."

Rav Aşlag: "Ne zamandan beri?"

Aron: "Polonya'dayken başladı... galiba."

Rav Aşlag: "Seni iyileştireceğime ümidin var mıydı?"

Aron (uzunca susar): "Çok yorgunum. Her şeyi denedim. (Ravın gözlerine baktı) Ümit ettim."

Rav Aşlag: "Senin doktora ihtiyacın var, bana değil."

Aron, zorlukla yere oturur.

Aron: "Onlar bana bir senelik ömrüm kaldığını söylediler, o kadar... Acaba bir şey yapılamaz mı?"

Rav Aşlag: "Kabala İlmi vücudu tedavi etmez."

Aron güçlükle kendini kaldırıp oturur ama ayağa kalkamıyordur.

Aron (Rav Aşlag'a baktı): "Her şeyi yapmaya hazırım, yalnız bu ağrıları kesmek için (gözleri yaşla doldu) Bir dua, muska, hayır duası, bir şeyler!..."

Rav Aşlag (Kesin): "Yok, yok öyle şeyler!"

Aron (Acıdan kıvranıyor): "Ama sen kendin, Kabala'nın mutluluğa götüren yol olduğunu söylersin! Beni iyileştir, her şeyimi veririm..."

Rav Aşlag: "Zohar'da bir satır okuyup iyileşseydik herkes Kabala İlmine koşardı. Kabala ruhu temizler, vücudu değil. O, hayatın manasını anlamaya çalışanlar, ben niye yaşıyorum diye soranlar içindir. Nasıl kanserden kurtulurum diye soranlara değil."

Aron, zorlukla kalktı.

Rav Aşlag: "Yat. Bu gece derin bir uyku uyursun."

Londra... Sabah... Belgesel görüntüler... BigBen (ünlü Londra saat kulesi) saati bildiriyor. İşe gidenler, sokaklar kalabalık, iki katlı otobüsler, tren istasyonu... Merkezi yerlerde trafiği yöneten büyük şapkalı polisler. Otomobillerin klaksonları duyuluyor. Yeni bir gün başlıyor.

***

Aron'un evi...

Hizmetçi kadın yavaşça Rav Aşlag'ın odasının kapısının önüne içinde yiyecek olan bir tepsi bırakıyor. Rav'ın hiçbir şey yemediği başka bir tepsiyi geri alıyor. Kadın içerde olanlara kulak veriyor.

Kapının arkasında ayak adımları duyuluyor.

Oda.

Masanın üstünde yazılar yayılmış.

Merdivenin Sahibi

Rav Aşlag, başı eğik, masanın etrafında dolaşıyor.

Durdu.

Yüzünü duvara dayar böylece birkaç dakika durur.

Işık parlaması

Yolda yürüyor.

Etrafında mavi ve temiz alanlar... Çiçek dolu sahalar. Sağ tarafında gölgelerine davet eden ağaçlar. Solunda bir tepede duran beyaz şehir. Üstte gök kuşağı.

Mavi alanların derinliklerinden birden bir melodi duyuluyor, sanki onu okşuyor.

Oda.

Rav Aşlag duvardan kendini ayırıyor.

Duymaya çalışıyor. Fakat melodi duyulmuyor.

Kudüs. Gece.

Moşe ve Hayim, şehrin sokaklarında yürüyorlar.

İngiliz devriyesi onları selamlıyor, devam ediyorlar.

İki gölge sokağı geçiyor.

Geçenler bir an durdu. Bir araca tüfek yükleme sesi duyuluyor.

Tekrar karanlıkta kayboldular.

Moşe ve Hayim, açık sahayı geçiyor ve ışık yanan pencereye yaklaşıyorlar.

Sınıfın girişi...

Baruh, Rav Aşlag'dan gelen yeni mektubu elinde tutuyor.

Baruh (Yüksek sesle okuyor): "Nerede o aralıksız birleşme düşüncesi? İçimizdeki o çığlık nerede? Birbirimizi sevmemiz için bize güç ver!"

Bir Sinematik Roman

Baruh, başını mektuptan kaldırır. Gözleri yaşlı.

Hayim: "Oku, oku!"

Baruh: "Nasıl birleşiriz diye düşündüler. Yardım etmesi için yalvardılar. Rahat durmayın, bırakmayın. Kalbinizi parçalayın aşkı ararken."

Baruh, bir daha okumayı kesiyor.

Nefesi kesildi.

Konuşamıyor.

Hayim (Onu dürtüyor): "Oku!"

Baruh: "Unutmayın. Yaradan sadece kırık kalpleri dinler." (Okumaya devam ediyor ama içinden.)

Moşe (Kızgın): "Haydi!"

Baruh (okuyor): "Ama, sizi nasıl affedebilir. Yere dayalı olan merdiven boş! (gözlerini mektuptan kaldırır.) Ona çıkmıyorsunuz!"

Herkes susmuş.

Odaya uzun bir sessizlik çöker.

Baruh ağlıyor.

Moşe (Aniden): "Sümüklerini sil!... (Herkese bakar) Ne oluyor size? Biri kız gibi ağlıyor. İkincisi... İkincisi bir kere daha derse uyanmadı! (Bağırarak) Şimon, teslim oldu!"

Baruh ve Hayim, Moşe'ye bakıyorlar.

Moşe: "Bence, biz onu unutalım. İki gece arka arkaya derse gelmedi."

Baruh: "Onu uyandırmalı ve derse getirmeli."

Moşe: "Maneviyat zorla olmaz."

Baruh: "O sadece kuvvetsiz."

Merdivenin Sahibi

Moşe: "Ne istersen yap, ben kalıyorum. Ders zamanını buna harcamaya değmez."

Hayim (Baruh'a): "Ben seninle gidiyorum."

***

Gece. Kudüs'te dar bir sokak.

Baruh ve Hayim yürüyorlar.

Bir evin penceresinin önünde durdular.

Baruh, pencereye bir taş attı, taş çarpıp yere düşüyor.

Baruh, bir taş daha alıp atıyor…

Sessizlik.

Hayim, duvara dayanmış.

Baruh, onun omuzlarına çıkıp pencereye yaklaştı.

Pencereyi açıp içeri giriyor. Sonra Hayim'i kaldırıyor. O da eve giriyor.

***

Evin içi…

Çocukların uyuduğu birkaç yatağın yanından geçtiler.

Ebeveynlerin yatağı odanın sonunda. Sessizce, karısının yanında uyuyan Şimon'a eğiliyorlar. Üzerindeki yorganı kaldırıp, onu ellerinde kaldırıyorlar.

Baruh, onun elbiselerini sandalyenin üstünden alıyor.

Sessizce pencereden kayboluyorlar…

Sonra da sokağın karanlığında.

Londra. Rav Aşlag'ın odası.

Rav Aşlag, hızla yeni satırlar yazıyor.

Elini sayfaları birbiri arkasında yığılmış masanın kenarına koyuyor.

Kapıya hafifçe vurduldğu duyulur.

Rav Aşlag (Bakmadan): "Girin."

Aron, beyaz bir sabahlıkla girdi, iyice uyuduğu görülüyor.

Rav Aşlag: "Otur ve oku."

Aron yaklaşır, masanın köşesindeki kâğıt yığınını alır ve koltuğa oturur.

Okumaya dalar.

Sabahın sisi arasından ışık eve giriyor.

Aron'un gözleri satırların üstünde kayıyor.

Rav Aşlag'ın eli hızla ilerleyen tüy kalemi tutuyor. Bir an bile durmadan.

Aron'un sesi duyulur:

- " Bu çok büyük, yüce bir kitap olacak!"

Tüy kalemli el durdu. Rav Aşlag yana, Aron'a bakıyor.

Aron (heyecanla): "Böyle bir kitabı ancak, Yaradan kelime kelime yazdırırsa yazılabilir... Ben bir şey anlamıyorum, ama bunun içinde olan güç bütün vücudumu titretiyor!"

Kudüs. Sabahın erken saatleri.

Birbirlerine yanaşmış Zohar Kitabı'nın üstüne eğilmişler.

Moşe (Sesli okuyor): "O zaman genel ruh birçok parçalara kırıldı ve bizim dünyamıza düştüler. Karanlık dolu bir dünyaya..."

Baruh (mırıldıyarak): "Niyet! Niyet!..."

- "Bize birbirimizi sevebilme gücünü ver!"

Merdivenin Sahibi

Moşe (okumaya devam ediyor): "Ve ruhum kıvılcımları bu dünyadaki vücutlara düştü ve nefret hüküm sürdü."

Baruh (Fısıldar.): "Başkasını sevme gücünü ver bize! Başkalarını sevme gücünü ver bize!"

Moşe kızgın, kitabı kenara koyar.

Moşe: "Her zaman ne mırıldanıyorsun orada?"

Baruh: "Babam yazdı..."

Moşe: "Orda ne yazdığı umurumda değil! Sen mırıldanıyorsun ve ben burada ne yazılı olduğunu anlayamıyorum!"

Moşe, sert bir şekilde kalkıp sandalyeyi yana atar.

Moşe: "Kabala öğrenmeye geldim, evet harika bir bilgelik. Bunun yerine, bize küçük çocuk gibi davranıyorlar... Niyet! Buraya önemli kitaplar öğrenmeye geldim... Bunu bana baban öğretsin..."

Şimon: "Kapa çeneni, aptal!"

Moşe: "Ne dedin sen?" (ona yaklaşır)

Şimon: "Ağzını kapa! Sen öğretmenimizle konuşuyorsun!"

Moşe, Şimon'u iter, sandalyeleri dağılırken Şimon odanın öbür köşesine düşer.

Şimon, ayağa kalkmaya çalışır.

Moşe, yumruklarını sıkıp ona yaklaşıyor.

Şimon, nefretle eğrilmiş yüzüyle yerinden sıçrar.

Şimon (Bağırarak): "Seni öldürürüm, leş!"

O, Moşe'ye doğru koştuğu sırada Hayim onu tutar.

Moşe, Şimon'a yumruk atmaya çalışırken Baruh elini tutar.

Baruh: "Kardeşlerim... Kardeşlerim! Biz ne yapıyoruz?"

Bir Sinematik Roman

Moşe, ondan kurtulmaya çalışır.

Baruh: "Fakat babam yazdı..."

Moşe, Baruh'a dönüp onu yakasından tutar.

Moşe: "Baban ne yazıyor? O, bizi bıraktı. Şimdi bize kelimeler yazıyor. O, bizi terk etti ve gitti. Hem bizi hem ailesini. Onsuz doğuma giden karısını."

Şimon (Bağırır): "O senin öğretmenin!"

Moşe: "Sus, paçavra! Senin hiçbir şey söylemeye hakkın yok!"

Hayim (Aralarına girdi): "Tamam, tamam! Sakinleşmeliyiz..."

Moşe, Baruh'u üstünden silkip masaya oturur.

Hayim: "Sakinleşmeliyiz..."

Baruh: "Gelin mektubu bir daha okuyalım..."

Moşe: "Kitabı açsak daha iyi."

Şimon: "Ne kadar kötü..."

Baruh: "Aramızda nefret dağı var, şayet onun üstesinden gelemezsek..."

Moşe (Kesin): "Biz, bilge kaynaklarının canlı sularını içinde tutan cevheri almak için bu kitabı açarız. Beni dinleyin (onlara baskı yaparak.) Açalım onu ve büyük Zohar Kitabı'nı okuyalım."

Londra, gece, Rav Aşlag şehrin sokaklarında yürüyor. Zengin mahallelerin önünden güzel şeylerle dolu ışıklı vitrinler... Lüks, pırıldayan arabalar, beyaz eldivenler, gece tuvalet elbiseleri, lokantalar... Hayat güzel ve mutlu...

Ama o başka mahallelerde de dolaşıyor. Yoksulluk. Evsiz insanlar ısınmak için ateş yakmışlar. Her

Merdivenin Sahibi

tarafta fakirlik ve pislik. Evler, sokaklar, insanların yüzleri, dükkânlar...

Aniden şehirdeki koşuşturmaların arasında ince bir akort duyulur ve kaybolur...

Rav Aşlag, durur.

Işık parlaması...

Aşlag, yolda duruyor.

Etrafını net mavi bir boşluk sarıyor.

Yerinden kımıldaması mümkün değil.

Beyaz şehrin duvarları ardından ilahi bir müzik duyuluyor.

***

Londra... Sokak...

Uzaktan hafif ve hoş bir nağme duyuluyor. Rav Aşlag, yerinde donakalmış, sokağın ortasında.

Gelen geçenlerden biri ona bakıyor.

Gece, evde sükunet hakim. Aron'un odası.

Aron, herhangi bir yerden odasına giren bir melodiyle uyanır.

Aron kalkıp, sabahlığını giyip odadan çıkar.

Merdivenlerden ikinci kata çıkıyor.

Uzun koridorda ilerlerken, gittikçe yükselen piyanonun sesini duyar.

İkinci katın salonuna yaklaşır.

Durur, dikkatle kapıyı açar.

Mum ışığında piyanoda oturan Rav Aşlag'ı gördü. Parmakları hafifçe klavyelerde oynuyor.

Merdivenin Sahibi

Aron'un yüzü şaşkın ve endişeli.
Semavi müzik evi sarıyor. Londra'nın gecesinde, gökte kayar gibi.
Aron, odaya dikkatle girer.
Rav Aşlag duymadı, farkında değil.
Aron'u görünce elleri klavyeleri bırakıp durur.
Aron'un sesi: "Semavi... Ne kadar ilahi bir müzik! Senin piyano çaldığını bilmiyordum..."
Rav Aşlag'ın elleri tekrar piyanoda, müzik tekrar her tarafı kapladı.
Aron, piyanoya yaklaşıyor ve heyecanla Rav Aşlag'ın parmaklarını takip ediyor.
Rav Aşlag'ın sesi: "Çalmayı bilmem..."
Aron: "Ama... Sen şimdi piyano çalıyorsun..."
Rav Aşlag: "Bana kimse çalmayı öğretmedi... ama fark etmez..."
Aron: "Ne demek? Öyleyse nasıl böyle çalıyorsun?"
Rav Aşlag: "Ben bu müziği duyuyorum."
Aron: "Orada mı?"
Rav Aşlag: "Evet. Orada kelimeler yok. Orada sadece saf duygu var. Bu his kelimelerle anlatılmaz. Hiçbir şey bunu müzikten daha iyi ifade edemez..."
Aron, Rav'ın önünde diz çöküp oturur, onun görüş seviyesinde olmaya çalışır.
Aron: "İşte bu! Tam senin aradığın! Her şey o kadar basit! O kadar duygu dolu! Ben bu ilahi müziği dinlemek ve bir daha ve bir daha dinlemek istiyorum! Rav, tıpkı çaldığın gibi

Bir Sinematik Roman

yazmak... mümkün olsaydı... Ne kadar basit ve anlaşılması kolay..."

Rav Aşlag, çalmayı bitirdi.

Elleri düşüyor.

Aron: "Bir şey daha çal... Lütfen!"

Londra'ya gece indi.

Kudüs'e de gece indi.

Gecenin sessizliğinde Rav Aşlag'ın çaldığı müzik duyuluyor.

Gece. Deniz.

Denizde sallanan bir geminin ışıkları parıldıyor.

Rav Aşlag, güvertede.

Rüzgâr paltosunun eteklerini uçuruyor.

Fonda müzik sesi duyuluyor.

***

Kudüs... Rav Aşlag'ın evi...

Masanın üzerinde basit yiyecekler.

Rav Aşlag'ın ailesi ve talebeleri masanın etrafında.

Kimse ağzını açmıyor, sessizce yiyorlar.

Rav Aşlag, başını kaldırdı.

Rav Aşlag: "Beraber olmanızı engelleyen neydi, anlatmanızı istiyorum."

Hayim: "Bizden ayrıldığınızda..."

Rav Aşlag: "Sizler benden ayrıldınız."

Hayim: "Denedik."

Şimon: "Şüphelerimiz vardı."

Merdivenin Sahibi

Moşe: "Konuyu daha iyi öğrenmeye karar verdik, derinliğine inmek, anlamak için..."

Rav Aşlag: "Neyi anlamak? (üzüntülü) Bu çalışmadan ne elde ettiniz?"

Moşe'den başka herkes Rav'ın bakışlarından kaçınıyor.

Moşe, Rav Aşlag'ın gözlerinin içine bakıyor.

Rav Aşlag (Yüksek sesle): "Ben orada iken siz hangi Allah'a dua ettiniz?"

Moşe: "Biz daha fazla bilgi istedik..."

Rav Aşlag: "Bu tür bilgi Firavun'un silahıdır!"

Moşe: "Fakat bilgi bize güvenlik verir!"

Rav Aşlag: "İyi değil! Bilginlere ihtiyacım yok. Bana kafası karışmış, hasta hiçbir konuda emin olmayan talebeler lazım!"

Hepsine bakar.

Baruh ve Şimon, gözlerini kaldırmadan sessizce oturuyorlar.

Rav Aşlag: "Size son defa soruyorum. Neden teslim oldunuz?"

Hayim: "Başaramadık."

Rav Aşlag: "Neden ağlamadınız? Neden dua etmediniz, yalvarmadınız?"

Hayim: "Denedik ama başaramadık...sensiz..."

Moşe: "Hayır bize haksızlık ediyorsun! (Hayim'e) Sen burada ne geveliyorsun! Teslim olmadık! Zohar'ı öğrendik. Bunun neresi kötü? Biz şimdi dünyaların sistemini öğrendik..."

Rav Aşlag: "Bilgi dolu talebelere ihtiyacım yok. Benim acılı öğrencilere ihtiyacım var. Artık buradan gidebilirsiniz, serbestsiniz. Hepiniz!"

Moşe: "Ne demek... gitmek!"

Rav Aşlag: "Gözüme görünmeyin!"

Moşe: "Sen bizi kovamazsın! Beni buraya kalbim getirdi!"

Rav Aşlag: "Seni buraya kokuşmuş gururun getirdi. Sadece etrafındakilere daha çok hakim olmak istedin. Bu kadar!"

Moşe: "Bana bunu nasıl söylersin?... Her şeyi bırakıp geldim!"

Rav Aşlag: "Rivka, lütfen misafirlere çıkış kapısını göster."

Moşe: "Sen öğretmen değilsin! Biz gidiyoruz ve dönmeyeceğiz."

Moşe kalkar. İlk o kapıya gider.

Arkasından Hayim ve Baruh çıkarlar, çökmüşler.

Baruh, duvarın yanında.

Rav Aşlag, ona sert bakışlarıyla bakıp.

Rav Aşlag: "Herkes dedim!"

Rivka (yalvarır gibi): "Yehuda..."

Rav Aşlag: "Herkes!"

Baruh, başını sallayıp yavaş yavaş herkesin arkasından çıkar.

Rivka (acıyla): "Ne yapıyorsun?"

Rav Aşlag: "Onlar için yapabileceğim tek şey bu."

Rivka (Ağlıyor gibi): "Ama onlar gitti... Baruh da onlarla gitti."

Rav Aşlag masadan kalkıp ona yaklaştı.

- "Para getirdim, bir ay idare eder."

Merdivenin Sahibi

- "Çok zor seninle, Yehuda." Rivka ona bakmamaya çalışıyor. "O kadar zor ki..."

***

Gece. Sınıf.

Rav Aşlag, boş odada yalnız oturuyor.

Saate baktı, saat gecenin biri.

Birden kapı gıcırdıyor.

Odaya Rivka giriyor. Kocasının karşısına oturuyor.

Elinde kitap, onu açıyor, susuyor, bekliyor.

Rav Aşlag: "Derse mi geldin?"

Rivka: "Evet."

Aşlag, başını salladı, anladığı görülüyor.

Rivka: "Öğrenmeye geldim. Niye olmasın? Ben karın değil miyim?"

Rav Aşlag, eşine bakar ve yüzünde acı bir gülümseme belirir.

Rav Aşlag: "Kimsenin gelmeyeceğini düşündün. Beni teselli etmek için mi geldin? Talebesiz kalıcağımı mı zannettin?"

Rivka (Derin bir nefes alır): "Onlara hakaret ettin. Onları kovdun!"

Rav Aşlag: "Onların dönmeyeceklerini mi zannediyorsun?"

Rivka: "Ama onları kovdun..."

Rav Aşlag: "Eğer onlar gelmezlerse..."

Rivka: "Onları döndürecek ne olabilir ki Yehuda?"

Rav Aşlag cevap vermiyor.

Rivka, birden kalkar, yaklaşıp onun yanına oturur.

Bir Sinematik Roman

- "Yanında oturmak ne kadar iyi." Bunu söylerken ona aşağıdan yukarıya bakıyor.

Rav Aşlag, ceketini çıkarıp Rivka'nın omuzlarını örtüyor.

Ona cevap verir. "Şimdi sana Zohar'dan çok güzel bir parça okuyacağım."

Kitaptan uygun bir sayfa açıyor.

- "Her sabah şafak doğarken, cennet bahçesindeki ağacın üstünde bir kuş uyanır ve üç kere öter ve sesinde duyulan şudur: 'Bak, sana tavsiyem: hayatı seç.'"

Rav Aşlag, bir an okumayı kesip Rivka'ya sorar:
- "Sen benim basit insani duygulardan mahrum olduğumu mu düşünüyorsun?"

Rivka: "Bazen öyle zannediyorum."

Rav Aşlag: "Bu bana acı veriyor, inan bana. Çok acı veriyor."

Rivka: "Sana inanıyorum sevgilim. Affet onları. Ama ne kabahatleri var? Onlar daha çocuk ve sen o kadar büyüksün..."

Rav Aşlag: "Eğer onlar gelmezlerse onlara temel noktayı açıklamayı başaramadım demektir."

Rivka: "Öyleyse kabahat sende."

Rav Aşlag: "Ama ben onları çağıramam. Sana anlatamıyorum." Gözlerinin içine bakarak. "Beni anlamaya çalış. Bu onların manevi çalışmaları."

Pencerenin ötesinde şiddetli bir yağmur yağmaya başladı.

Rivka: "Onlar şimdi elbette gelemezler. Senin yanında kalmanın ne kadar zor olduğunu bir bilseydin..."

Merdivenin Sahibi

***

Gece... Şiddetli yağmur...

Hapishanenin duvarı boyunca, iliklerine kadar ıslanmış üç Yahudi ilerliyor.

Onların; Baruh, Hayim ve Şimon olduklarını görüyoruz.

Arkalarında silah taşıyan iki İngiliz askeri ve bir subay var.

Onlar "Kışla" cezaevine girmek üzereler. Cezaevinin adı duvarda yazılı.

Gürleyen bir emir, hemen; omuzlarına asılı silahlarıyla askerler, cezaevinin her bir yanından koşageldiler.

Yahudiler korkuyla duvara yaslandılar.

Titriyorlar.

Subay önlerinden geçiyor. Baruh ona doğru bir adım atar.

Baruh: "Sayın subay..."

Subay: "Konuşmana izin vermedim!"

Baruh: "Sayın subay, bizler derse geç kalıyoruz..."

Subay: "Sadece bu nedenle."

Hayim: "Sayın subay, bizi burada tutmaya hakkınız yok."

Subay: "Çeneni kapa ve dinle!"

Subay, askerlere döner.

Subay (İngilizce): "Askerler, siz bu Yahudileri görüyor musunuz?"

Cevap sesleri: "Görüyoruz Efendim!"

Subay: "Onları ne diye buraya getirdiğimi biliyor musunuz?"

Yaşlı asker: "Neden olduğu belli, Efendim. Onları hücrelere kapatalım veya belki onları şimdiden idam mangasına çıkaralım. Sadece emir verin..."

Subay: "Hayır George, beni anlamadın. Hayır... (herkese) Onların serçe parmağının tırnağına bile erişemediğinizi size göstermek için onları buraya getirdim."

Subay donakalan askeri kıtasının önünde yürümeye başlar.

Yağmur şiddetlendi.

Subay: "Evet, evet... Sizin gibi zavallılar! Bu bir deri bir kemik kalmış Yahudilere biraz olsun benzeseydiniz, bütün bu toprakları savaşsız ve kan dökmeden ele geçirirdik. Neden biliyor musunuz? (cevap beklemeden) Çünkü onlar her gece korkudan titreyerek, bizim bariyerleri aşıp gece karanlığında kayboluyorlar. Bu köpek, Abu Halid'in eline düşebilecekleri veya çakallara yem olacaklarını bile bilemeden... (bir an susup başını yok manasında sallar) Keşke, fedakarlığı ve hedefe bağlı kalmayı onlardan öğrenebilseydik..."

Subay sıranın sonunda Yahudilerle askerlerin arasında durdu.

Yağmur damlaları şapkasına ve askerlerin paltolarına iniyor.

Subay: "Hazır olun ve bu Yahudilere selam verin."

Subay sert bir hareketle titreyen Yahudilere doğru dönüp selam verir. Askerler endişe ile onu takip ediyor, gördüklerine inanmakta güçlük çekiyorlar.

Merdivenin Sahibi

***

Rav Aşlag'ın evi... Sınıf...

Rav Aşlag ve Rivka yan yana oturuyorlar. Önlerinde Zohar Kitabı açık. Ayaklarına yün battaniye örtmüşler. Rav Aşlag okuyor. Rivka, ona sadakatle bakıyor.

Seller o kadar kuvvetlendi ki bitişik evin duvarları pencereden gözükmüyor.

Odanın kapısı açıldı. İçeriye ilk olarak Baruh sırılsıklam bir şekilde girdi.

Rivka, koşup ona sarılıyor.

Rivka: "Tamamen ıslanmışsın! Gel, elbiselerini değiştirelim."

Baruh: "Anne, bekle (babasına dönüyor) derse geldim, mümkün mü?"

Rav Aşlag: "Niye geldin?"

Baruh: "Gelmemezlik edemezdim."

Rav Aşlag: (Daha yumuşak sesle): "Dışarıda çok şiddetli yağmur yağıyor."

Baruh: "Dersi kaçırmak ancak ölüm nedeniyle olur diyen sensin."

Rav Aşlag: "O zaman otur."

Baruh (sevinçle): "Baba, orda sokakta... Şimdi..."

Sokağa doğru bakıyor.

Baruh'un sesi: "Çabuk, çabuk girin!"

Rav Aşlag: "Aaa, anlaşıldı şimdi, beni yumuşatmak için önce seni yolladılar. Anlaşıldı... Haydi...ve sizler neye geldiniz?"

Bir Sinematik Roman

Şimon: "Daha başka neyimiz var?"

Hayim: "Hocam, bizi geri yollamayın..."

Rav Aşlag: "Rivka, lütfen benim dolabımdan kuru elbiseler getir. Biz derse başlıyoruz."

Sınıf... Pencerenin dışında yağmur devam ediyor.

Onlar, Rav Aşlag'ın karşısında oturmuşlar, uzun elbiseler içinde dikkatle dinliyorlar.

Rav Aşlag: "Her zaman hücum etmelisiniz. Hedefiniz, aramızda birleşmemiz ve hücum; her zaman bu amacı göz önünde tutulmalıyız! Buna hazır mısınız?"

Herkes: "Biz hazırız."

Rav Aşlag: "Bu yol zordur."

Herkes: "Biliyoruz."

Rav Aşlag: "Bir an için bile koyvermeden iniş ve yokuşların bir çırpıda bir nefeste birleşmesi, hücüm! (Onlara bakar) "Hazır mısınız?"

Herkes (güvenle): "Biz hazırız."

Rav Aşlag: "Öyleyse, kitaplarınızı elinize alın, dostlarınızı aklınızdan çıkarmayın, Zohar'ı açın!"

Kudüs'e şiddetli bir yağmur yağıyor.

Pencerelerin üstünden kayıp akan damlalar...

Gecenin karanlığında tek bir pencereden ışık görünüyor.

Rav Aşlag'ın sesi: "İşte kardeşçe beraberce oturmak ne iyi ve ne hoş..."

Merdivenin Sahibi

***

Sınıfta...

Rav Aşlag (Ezbere): "İşte, birlikte oturan ve birbirinden ayrılmayanlar, bunlar dostlardır."

Talebeler parmakları ile kitaptaki yazıyı takip ediyorlar.

Rav Aşlag'ın sesi: "Başta, onlar birbiriyle savaşan, birbirini öldürmek istermiş gibi görünen kişiler."

Baruh (mırıldanıyor): "Beraberce... size... birlikte!"

Rav Aşlag'ın sesi: "Sonra kardeşçe sevgiye dönüşüyorlar."

Rav Aşlag, gözlerini yumar.

"Yaradan buna ne der? İşte kardeşçe beraberce oturmak ne iyi ve ne hoş... Daha da hatta Yaradan konuşmalarını dinler, Onlardan sevgi ve huzur duyar."

Baruh: "Yaklaşmak... beraber... beraber..."

Şimon: "Bize kuvvet ver... beraber..."

Rav Aşlag'ın sesi: "Siz, buradaki arkadaşlar, evvelden nezaketle, sevgi dolu olduğunuz gibi şimdiden sonra da birbirinizden ayrılmayacaksınız, ta ki Yaradan sizinle sevinir ve size huzuru getirir..."

Rav Aşlag, gözlerini açar, onlara uzun uzun bakar ve devam eder.

"Ve sayenizde dünyaya sükunet gelir."

Aniden yüksek sesle:

-"Hücum!"

Hayim (haykırır): "Sıkı durun!"

Rav Aşlag: "Kendinizi düşünmeyin!"

Baruh'un eli Şimon'un elini arar. Şimon Hayim'in elini tutuyor.

Baruh (fısıldar): "Birlikte!"

Rav Aşlag: "Hücum!"

Işık parlaması.

Oda kaybolur. Gölgeli ormanın yanında Beyaz Şehir'e giden yol. Etrafı rengarenk çiçeklerle dolu geniş bir alan...

Rav Aşlag, önde gidiyor. Adımlarını öğrenmek ister gibi, talebeleri yavaşça arkasından ilerliyorlar.

Rav Aşlag'ın sesi: "Sıkı tutun!!!"

Talebeler çocuk gibi el ele tutuşuyorlar.

Rav Aşlag'ın sesi: "Biz sevmeyi beceremiyoruz... ama bizim istediğimiz tek şey bu."

Beyaz Şehir yaklaşıyor, kapıları açık.

Rav Aşlag'ın sesi: "Ben hiçim, kendime ait hiçbir düşüncem yok, yok!"

Beyaz Şehir'e götüren nehrin boyunca yürüyorlar.

Rav Aşlag'ın sesi: "Sıkı tutun, sevgili kardeşlerim. Bu İsrail toprağı. Yaradan'a doğru yürüyenlerin toprağı. Bizim için ne hazırladığını görün."

Baruh: "Ne kadar... büyük... mutluluk..."

Hayim: "Bize kuvvet ver... sevmeye!"

Şimon: "Yaradan bize yardım et.. Sevmeyi!"

Beyaz Şehir yaklaşıyor.

Açık kapıdan gölgelik yollar görünüyor. Evlerin yukarısında yeşil teraslar.

Merdivenin Sahibi

Rav Aşlag'ın sesi: "Kudüs... Yeruşalayim!..Tanrının Şehri."

Baruh (Rahatlar): "Kudüs!"

Hayim: "Sana doğru geliyoruz."

Şimon (Hayran): "Mutluluk Şehri!"

Kudüs. Gece vakti. Sınıf.

Dışarıda zifiri karanlık. Seller dinmiyor.

Onlar başlarını kitaptan kaldırıyor.

Rav Aşlag, yerinde değil.

Birisi nefes nefese acıyla içini çekiyor.

Şimon bu, sandalyede umutsuzca sallanıyor.

Şimon (inliyor): "Buraya dön!..."

Baruh: "Ama, hemen hemen geldik."

Hayim: "Nasıl elimizden kaçırdık?"

Şimon (titreyen bir sesle): "Aranızda, sanki biz bir kalpmişiz gibi hissettim kardeşlerim!"

Baruh: "Devam, bunu düşünelim! Şu anda durmayalım."

Hayim: "Biz beraberiz! Birlikte beyaz şehre gidiyoruz."

Şimon: "Ama niye biz buradayız... ve Rav orada?"

Hepsi Rav'ın boş sandalyesine bakar. Kendisi odada değil.

Yağmur pencerede dans ediyor.

Rav Aşlag'ın sesi: "Niye ağlıyorsunuz siz?"

Hepsi birden başlarını aynı yöne çeviriyorlar.

Rav ayakta, duvara dayanmış, onlara kızgınca bakıyor.

Bir Sinematik Roman

Rav Aşlag: "Yaratıcının kanatları altında ne derece iyi hissettiniz?"

Şimon: "Birlikte olmamıza rağmen eremedik."

Rav Aşlag: "Sizin gördüklerinizi pek az kişi görmüştür, siz bir de şikâyet mi ediyorsunuz?"

Şimon: "Ama niye, öyleyse niye –biz sadece anlamak istiyoruz- niye döndük?"

Rav Aşlag: "Orada siz fazlasıyla iyiydiniz."

Şimon (inleyerek): "Hakikaten orada sonsuz bir mutluluk içindeydik. Bu gerçek."

Baruh: "Birlikteydik, baba, sen bizimle idin… Firavun'u bıraktık… Bu öyle özel bir histi ki…"

Hayim: "Yaradan… Bu Beyaz Şehir… Bundan daha yüce bir duygu yok."

Rav Aşlag: "Ve burada kalanlar ne?"

Gerileme…

Sessizlik…

Onlara bakar, öfkesinin arttığı belli.

Rav Aşlag: "Size soruyorum?"

Sessizlik…

Rav Aşlag: "İyi hissetmeniz için sadece sizi mi seçtiler zannediyorsunuz? (Berrak bir sesle) Siz hayallerde gezinin ve bu dünya yok mu olsun? Yok, ta ki en son kişiye elinizi uzatana kadar, bu dünya içinizden haykıracak. Sizleri, herkesi kurtarmanız için seçtiler. Bütün dünyayı, herkesi ışığa çıkarmanız için. Ta ki bunu yapana kadar, size rahatlık yok."

Merdivenin Sahibi

Sessizlik...

Rav Aşlag: "Hazır mısınız?"

Sessizlik...

Rav Aşlag: "Sizlere sırların ana kapıları açıldı. Sizler herkesi bu kapılardan geçirmelisiniz... (birden fısıldayarak) Tutun! Sıkı tutun!"

Baruh: "Dayanın!"

Hayim: "Hepimiz bir tek kişi gibi!"

Şimon: "Tek kalp!"

Rav Aşlag: "Bütün dünya- tek bir ruh! Bizler bu ruhun birer parçasıyız. Sadece bizler farklı farklı ve ayrı ayrı olarak hissediyoruz. Yaradan'a göre hepimiz biriz. Aramızdaki bu ayrılık hissini düzeltmek bizim hedefimizdir."

Oda tekrar kaybolur.

Işık parlaması...

Talebeler, Beyaz Şehrin apaçık kapılarını görüyorlar...

Bir mucize beklentisiyle, ileriye bakıyorlar...

Rav Aşlag, kapıya yaklaşıyor. Onlar ilerliyorlar...

Aniden toprak çatlar, çatlak karayı ikiye ayırıp hızla onlara doğru ilerler.

Rav Aşlag (haykırır): "Sıkı tutunun!"

Baruh, Şimon ve Hayim birbirlerine sıkı sıkı sarılıyorlar.

Çatlak hızla onlara doğru toprağı yarıyor.

Baruh (fısıldar): "Kardeşlerim dayanın tutunun!"

Toprak, önlerinde açılıyor, içinden, fırlatılan bir füze gibi fırlayan bir dağın zirvesi...

Taşlar her bir yana uçuşurken, dağ yükseliyor, dağ yükselirken beyaz şehri ve giriş kapılarını gizliyor.

Rav Aşlag, dağın zirvesinde duruyor, dağ onu yükseltiyor.

Kudüs.

Pencerenin arkasında yağmur.

Talebeler şoktalar, susuyorlar, kıpırdamaya korkuyorlar. Rav Aşlag, sessizce oturan talebelerine bakar:

- "Eğer birleşmeye kararlıysanız, en zoruna hazırlıklı olmalısınız 'Ben'liğinizi unutmalısınız. Egoist arzularınızın üstesinden gelmelisiniz. Sanki kendinizi kaybeder gibi, kendi benliğinizi hissetmemelisiniz. Başkalarının hislerini hissetmeniz için..."

Işık Parlaması...

Dağ tüm ihtişamıyla dimdik duruyor. Hayim kımıldayamıyor. Taşın altında ezilmiş.

- "Buna hazır mısınız?" Rav Aşlag alçak sesle fısıldıyor "Kardeşlerim benim..."

Baruh kayaya sarılıyor. Daracık kayalık alanda dengesini korumaya çalışıyor.

- "Karşılığında bir ödül beklemeden, kendinizi verin."

Şimon, uçurumun kenarında bir kayaya asılı tutunuyor. Sarf ettiği çabayla elinin rengi gittikçe beyazlaşıyor.

Hayim (ümitsizce): "Şimon, dayan!"

Şimon'un eli kuvvetini kaybetmeye başlar. Baruh, Şimon'a yaklaşıyor, ama Şimon'un eli tuttuğu kayadan kayıp uçuruma düşüyor. Baruh, hiç düşünmeden arkasından atlıyor.

Merdivenin Sahibi

Hayim, bütün gücünü kullanarak onu ezen üzerindeki kayayı yerinden oynatıyor. Arkadaşlarının ardından atlıyor.

Londra... Şehrin merkez hastanesi...

Aron'un etrafında birkaç doktor.

Yaşlı profesör Aron'u kontrol ediyor, gözlerinin içine bakıyor, ağzını açmasını istiyor... Sonra öbür doktorlarla göz göze geliyorlar. Oturur. Doktor kendisine az önce verilmiş raporları dikkatle inceliyor, tekrar doktorlara bakıyor, hemşireye bir şeyler fısıldıyor. Bunun üzerine hemşire Aron'un yanına gider.

Hemşire: "Bay Goldberg, biraz koridorda bekler misiniz? Birkaç dakika sonra sizi çağırırım."

Aron çıkar.

Profesör (elindeki raporları sallayarak): "Bu onun hastalık raporu mu?"

Doktor: "Evet"

Profesör: "Siz ciddi misiniz? Bunu kim yazdı?"

Eline daha başka raporlar veriyorlar.

Arka arkaya sayfaları kalın dosyadan çıkarıyorlar. Profesör, onları dikkatle inceliyor.

Doktorun Sesi: "Bu profesör Wilson'un raporu. İşte bir rapor daha, doktor Grinberg'den. Ve bu Dr. Atkins'in yazdığı notlar... Bunlar da kraliyet hastanesi doktor kurulundan sonuçlar... İşte hastanenin damgası..."

Profesör (gözlüklerini çıkarır): "Ben hiçbir şey anlamıyorum... (sinirli bir şekilde) Hiçbir şey anlamıyorum!"

Hastane koridoru. Aron kapının yanındaki sandalyede oturuyordur.

Hemşire dışarıya göz atıp onu içeriye davet ediyor.

Doktorun odası...

Profesör: "Bay Goldberg, size söylemek isterim ki siz sapasağlamsınız."

Aron, sakince sandalyeye oturup, ayaklarını katladı.

Profesör: "Siz bir boğa gibi sağlıklısınız, beyefendi. Sizinle tarla sürebilir miyim? Bunu bana izah eder misiniz?"

Aron, susuyor.

Profesör: "İster inanın, ister inanmayın ama biz de bunu anlayamıyoruz. Bu belgelere göre (doktorların raporlarını gösterir) Siz hastasınız... Fakat siz sağlıklısınız. Lütfen bize anlatın, bu nasıl olabilir? Nasıl bir tedavi gördünüz?"

Aron, birden ayağa kalkar.

Profesör: "Nereye gidiyorsunuz?"

Aron (kapıya doğru ilerliyor, adımlarını sıklaştırıp): "Özür dilerim fakat gitmeliyim. Pek fazla işim birikti, tamamlamalıyım."

***

Londra, basımevi...

İşçiler bir yığın kitabı kargoya yollamak üzere paketliyorlar.

Aron, elindeki kitabı çeviriyor, onu kokluyor, memnun bir şekilde gülümsüyor.

Aniden onu göğsüne bastırıyor ve gülüyor. Gözlerinden yaşlar akıyor.

Sırayla belgesel resimler. Kudüs'te Haridilerin (dindar musevilerin) mitingleri, sokaklar bağıran insanlarla dolu. Ellerini havaya sallıyor, kaldırımlardan taşlar kaldırıyorlar. Etrafı dindarlarla sarılı olan Haham Başı aralarında yürüyor.

***

Kudüs. İsrail.

Hahambaşının bürosu-Rav Kuk. Karşısında Ortodoks Yahudilerini temsil eden heyet oturuyor. En önde Rav Levi oturuyor, yanında Rav Hadad oturuyor. Arkada birkaç yaşlı Haham, yanlarında Moşe.

Haham Hadad, açtığı mektubu Rav Kuk'un karşısında sallıyor.

Haham Hadad: "Bütün Avrupa'ya zarar veriyor. Bakın onlara her zaman ne yazıyor, bizim ve onların yasaklamamıza rağmen, yazıyor ve yazıyor. Deli gibi..."

Haham Levi (duyarsızca): "Bu adam deli."

Rav Kuk: "Haham Hadad, oku, dikkatini kaybetme."

Haham Hadad (okuyor): "Sizin hahamlarınıza inanmayın. (Rav Kuk'a) Onurlu Rav'ım siz bu halde daha ne düşünüyorsunuz?"

Haham Levi (Rav Kuk'a): "Bana, onu koruduğunuzu söylediler."

Rav Kuk (Haham Hadad'a): "Devam et!"

Haham Hadad: "Onlar Avrupa'ya yaklaşan felaketi görmüyorlar. Beni dinleyin. Ben anlıyorum ve sizlere bağırarak söylüyorum. (Rav Kuk'a) Onlara bağırıyor! (sırıtıyor ve okumaya devam ediyor.) Evlerinizi terk edin, her şeyi bırakıp İsrail'e göç edin... (Büyük parmağını kaldırır) Bir dinle, dinle! Sizin öğretmenleriniz kör... Ben felaketi önlemeye yetişemiyorum. (sinirli bir şekilde) Sanki kendisini Mesih sanıyor..."

Birinin sesi: "Küstah!"

Bütün hahamlar öfkeli, bir şeyler söylüyorlar, cümleler birbirlerine karışıyor.

Haham Hadad: "Ben şunu ilave edeyim, hatta onun ismini bile söylemek istemiyorum... Bu adam sözde Kabalist olduğuna inanıyor. O bir hiç. Yalancı, gururlu, o sıfırdır... (Moşe'ye döner)... Haydi İsrail'in Başhahamına size ne öğrettiğini anlat?"

Rav Kuk (sertçe): "Kes sesini!" (Bakışını Moşe'ye doğru çevirir) "Sonradan söylediklerine pişman olmayasın diye."

Hepsinin gözleri Rav Kuk'a yönelir.

Rav Kuk (Ellerine bakar): "Söylemek istediğiniz her şeyi söylediniz mi?"

Haham Levi: "Siz belki zor ve acı bir karara varmalısınız."

Rav Kuk (Herkese bakıp): "Kararımı vereceğim."

Haham Levi: "Kararınız nedir İsrail'in Başhahamı"

Rav Kuk yerinden kalkar. Herkesi aşan boyu ile onlara yukardan aşağıya bakar.

Rav Kuk : "Ben hayatta olduğum müddetçe bu büyük adamın kılına bile zarar gelmeyecek."

Hepsi donakalır ve hayretle Rav Kuk'a bakakalırlar.

Kudüs'ün eski muhitlerinde küçük bir bina. Evin önünde iki polis her yaklaşana ve gelen geçene şüphe ile bakıyorlar. Açık pencerelerinden sesler yükselmekte.

***

Evin Odası...

Sigara dumanıyla dolu odada oturanlardan biri Rav Aşlag. İkincisi kabarık saçlarıyla Ben Gurion. Üçüncüsü, piposunu içen Revizyonist lider Ze'ev Jabotinsky.

Rav Aşlag: "Hepimiz milyonlarca insanın ölümüne neden oluruz."

Sessizlik... Herkes ona bakıyor.

Rav Aşlag: "Kişisel çıkarlarınız sizi bölüp ayırıyor. Bunda ne sevgi var, ne de birlik. Egoistliğiniz yüzünden birbirinizi dinlemiyorsunuz bile."

Jabotinsky: "Siz kimsiniz?"

Rav Aşlag: "Ben... Rav Aşlag ve ben bir Kabalistim. Buraya dünyayı yıkmanızı önlemek için bir defa daha denemeye geldim."

Jabotinsky: "Dünyayı yıkmak, aman bu büyük kelimeleri kullanmayın... Dokunaklı. Benim şahsen Yahudi devleti var olmadıkça dünya umurumda değil."

Ben Gurion (kendini tutamaz): "Ama böyle bir devletin olup olmamasını dünya belirler..."

Jabotinsky: "Hayır, bu sadece bizim işimiz. (ayağa kalkar odanın içinde dolaşarak konuşmaya başlar) Bu güçlü bir Yahudi devleti olacak. Azimli. Hiçbir Arap ordusunun başa çıkamayacağı, güvenlik kuvvetleri olan. Ürdün nehrinin iki yakasına uzanan bir devlet."

Ben Gurion: "Bizden nefret etmelerine neden oluyorsun."

Jabotinski: "Ve sen, görmek istemiyor musun ki..."

Bir Sinematik Roman

Rav Aşlag, masadan bir bardak alıp bütün kuvvetiyle yere atar. Bardak paramparça olur. Herkes dikkatle Rav Aşlag'a döner.

Rav Aşlag: "Hatta Avrupa'da çocuklarımızın akraba ve ailelerimizin ölüme yaklaştığı bu zamanda bile sizler kim daha baskın çıkar mücadelesindesiniz… Kendinizi sınırlayamıyorsunuz."

Ben Gurion: "Biz önemli sorunları çözmeye çalışıyoruz."

Rav Aşlag: "Hayır, sadece bir tek önemli sorun var. Bunun üstesinden, bütün bu egonun üstesinden gelmek. Daha yüksek bir amaç için. Sadece birleşmek fikri yeter. Sadece bu düşünce! Kim daha haklı münakaşası ile değil- "sen veya sen!" değil de nasıl birleşebiliriz düşüncesi, o zaman burada kansız ve gözyaşısız, manevi yasalara göre sonsuza kadar yaşayacak bir memleket kurulur. Ve Tanrı onu korur."

Jabotinsky: "Siz Tanrı'nın temsilcisi misiniz?"

Rav Aşlag: "Evet."

Jabotinsky: "Size bu yetkiyi O mu verdi?"

Rav Aşlag: "Doğru."

Jabotinsky (sırıtarak): "Siz O'nunla konuşuyor musunuz?"

Rav Aşlag: "Evet."

Jabotinsky: "Ve O sana ne diyor?"

Rav Aşlag: "O Yahudilere talimatlarını iletti. Bütün insanların mutluluğa ermesi için nasıl hareket etmelerine dair talimatları."

Ben Gurion: "Siz bunları biliyor musunuz?"

Rav Aşlag: "Biliyorum ve benim söyleyeceklerimi dinlemenizi istiyorum."

Jabotinsky: "Bu saçmalık. Bütün bu söylediklerin anlamsız. Yahudi Hahamından böyle şeyler duymak tuhafıma gidiyor... Ayrıca dünya umurumda değil."

Jabotinsky yerinden kalkar.

Ben Gurion da arkasından.

Ben Gurion: "Maalesef. Yapmamızı istediğiniz şey çok ütopik."

Rav Aşlag: (Cebinden birkaç kâğıt çıkarıp onalara verir): "Bu adresim. Üç gün sonra Hitler Almanya'da iktidara geçecek... Biz buna mani olabiliriz."

Ben Gurion, çabucak odadan çıkar.

Arkasından Jabotinsky çıkar.

***

Kudüs... Gece sınıf.

Talebeler Rav Aşlag'ın karşısında oturuyorlar.

Gözleri ona dikilmiş.

O, önlerinde duruyor.

Rav Aşlag: "Bütün dünyaya sanki kendi çocuklarınızmış gibi davranın (ellerini uzatıp Baruh'a bakar) İşte o kucağınızda yatıyor."

1933... Sıra sıra belgesel görüntüler: İsrail'de gösteriler. Jabotinsky, bir konferansta konuşuyor. Ben Gurion, İşçi Partisi'nin kongresinde elini kolunu sertçe sallayarak konuşma yapıyor, Stalin püposunu yakıyor. Roosevelt gazetecilere gülümsüyor. Hitler üstünden geçen savaş uçaklarını selamlıyor. 3 gün sonra iktidara kavuşacak. Hitler'in objektife takılan sert bakışları.

Bir Sinematik Roman

***

Kudüs. Rav Aşlag'ın odası.

Rivka, kapıyı açıyor.

Sandalye boş, yatak boş, pencere açık.

Masaya yaklaşıyor ve Rav Aşlag'ın kusursuz el yazısıyla bir not görüyor.

"3 gün sonra döneceğim, beni arama, merak etme, Yehuda."

Sıra sıra belgesel görüntüler. Berlin'de yolcu. Rav Aşlag, otobüsün penceresinden şehre bakıyor. Ve işte o, sokakta yürüyor. Bağırıp çağıran bir sürü askere yaklaşıyor.

Kalabalığın içine giriyor. Hitler, halkın önünde nutuk veriyor. Hitler nutuk verirken birden bire duraklar. Sanki dilini yutmuş gibi. Rav Aşlag'a bakıyor.

Rav Aşlag, geleneksel Yahudi giysileriyle hareket dolu ahalinin arasında duruyor. Kimse onu fark etmiyor.

Fakat Hitler onu görür.

Aceleyle Rav Aşlag'a doğru gider. Elinden tutup onu eski bir evin duvarının yanına götürür.

Hitler: "Niye geldin Yahudi?"

Rav Aşlag: "Bütün bunları kendi gözlerimle görmek... Belki de bir şeyler yapmayı denemeye."

Hitler: "Şimdi hiçbir şey yapamazsın... Makine işlemeye başladı... Bu zamana kadar neredeydin?"

Rav Aşlag: "Bir şeyler yapmayı denedim. Bir kısmını da başardım. Küçük bir grubum var..."

Hitler: "Benim ordum var."

Merdivenin Sahibi

Rav Aşlag: "Biz insanların kalplerini uyandırmaya çalışıyoruz."

Hitler: "Sen sadece deniyorsun, ben ise bir tek nutuk sayesinde başarıyorum."

Rav Aşlag: "Çok yazıyorum... ve düşünüyorum...."

Hitler: "Benim yazdığım kitap her Almanın evinin kütüphanesinde mevcut... Onlar düşünmüyor... (Kalabalığı gösteriyor) Onlar uyguluyorlar."

Rav Aşlag (Uzun bir sessizlik): "Esaretten kurtulmak kolay değil... Kâğıt temin etmek için param yok. Ama o kadar çok yazmam gerekiyor ki..."

Hitler: "Beni parayla dolduruyorlar."

Rav Aşlag: "Birçoğu... beni anlamıyor..."

Hitler: "Beni herkes anlıyor. Seçimleri kazanma ihtimalim çok yüksek. Bana kimse mani olamaz. (Etrafına bakıp fısıldayarak) Senden istemiştim!"

Rav Aşlag: "Biliyorum. Fazla vaktim kalmadı, biliyorum. (ümitsizce) Uyarmalıyım, ikna etmeliyim. Yalvarmalıyım, korkutmalıyım. Her yönden zorlamalıyım... İnsanlara dinletmek için...!"

> Hitler, Rav Aşlag'ı elinden tutup sokağın köşesine doğru çeker. Kendilerini ıssız, kimsenin olmadığı bir köşede bulurlar. Hitler, kılıfından çıkardığı tabancayı Rav Aşlag'a verir.

Hitler: "Sen şimdi her şeyi durdurabilirsin. Haydi! Bunu yapıver. İnsanlık nesiller boyunca bu olayı anacak."

Rav Aşlag, önce tabancaya bakıyor, sonra Hitler'e.

Hitler: "Haydi!" (Tabancayı Rav Aşlag'ın ellerine sıkıştırmaya çalışıyor.)

Rav Aşlag: "Hiçbir şey anlamadınız, yazık size. Anlamıyorsunuz... Siz olmasanız başka bir diktatör gelir. Kötülüğün nedeni sizden kaynaklanmıyor."

Hitler: "Beni vurmak istemiyorsan... Öyleyse..."

Hitler, tabancayı Rav Aşlag'ın karnına dayar.

Hitler: "Elveda Yahudi... Sen ya cahilsin, ya safsın ya da var olmayan bir hayalsin ve ben hayal gördüm... Her neyse... Elveda."

Ateş sesi duyulur.

Rav Aşlag, yavaşça kaldırıma oturur...

Hitler, bakışlarıyla onu takip eder.

Rav Aşlag'ın gözleri doğruca Hitler'in gözlerinin içine bakar.

Hitler, geri dönüp hızlıca oradan uzaklaşmaya başlar.

Silah sesini duyan subaylar, ona doğru koşmaya başlamıştır bile.

Birinci Subay: "Ne oldu, Führer?"

Hitler: "Bu Yahudi köpeği bir çukura defedin."

Subaylar köşeyi dönüp kaybolurlar.

Hitler, onu karşılamaya gelen askerlerle dolu olan meydana doğru hızla ilerler. Henüz meydana varmadan iki subay yanına yetişip ona şaşkınlıkla bakıyorlar.

Birinci subay: "O Yahudi mi?"

Hitler (sırıtır): "Ne yani siz fark edemediniz mi?"

İkinci subay: "Onu tanıyoruz... Führer... En az on nesil Alman kanını taşıyan bir Alman."

Hitler aniden durur: "Ne?"

İkinci Subay: "Günter... O Avusturya'da doğdu... ailesi..."

Hitler: "Hangi Günter?"

Birinci Subay: "Sizin yaveriniz, Führer."

Hitler, döner ve eve doğru koşar.

Rav Aşlag'ın cesedinin olduğu yere gelir.

Fakat Rav Aşlag'ın yerine, orada Alman Subayın cesedi ile karşılaşır...

Gözleri Hitler'e dikili.

Hitler (fısıldar): "Günter...(ona dehşetle eğilir)... Olamaz... (ne olduğunu anlayamayan subaya döner, hayrırarak) Bu olamaz!"

31 Ocak 1933. Hitler Almanya'da iktidara geçti. Sıra sıra dökümanter resimler. Hitler iktidara geçiyor, her yandan davul sesleri. Yürüyüş yapan askerleri Hitler'i marşla karşılıyorlar. Binlerce çocuk ve büyük Hitler'i "Hayl Hitler" selamı ile karşılıyorlar.

Kudüs. Gece vakti. Rav Aşlag, sokakta yürüyor.

Tam bu tarihte 31 Ocak 1933'te Rav Aşlag en gizli mektubunu yazıyor. Bu mektup yanlışlıkla bugüne kadar korunmuş... Yaradan'ın cevabı... Kehanet...

Rav Aşlag'ın el yazısı, kenarlar hafifçe yanık sararmış sayfalar...

Rav Aşlag'ın sesi: "2. Dünya Savaşı'nın korkunç katliam günlerinde, bütün gece uzun bir haykırışla ağlayarak dua ediyorum."

Yüzyılın felaketleri sıra sıra belgesel görüntüler. 1. Dünya ve 2. Dünya savaşlarından felaket resimleri. İkinci dünya harbi, yanan şehirler, çatışmalar, imha kampları, milyonlarca insanın ölümü.

Merdivenin Sahibi

Ardından büyük ve bölgesel savaşlar. Afrika'da açlık, Ortadoğu'da terör, borsaların düşüşü, silahlanma yarışı...

Rav Aşlag'ın sözleri: "Ve sabahın doğuşu... Ve dünyanın bütün insanları sanki birbirleriyle yan yana gelmiş gibi ve üzerlerinden bir adam kılıcı ile geçip başlarını uçuruyorken gövdeleri kocaman bir çukura düşüyor. Yığın yığın kemiklere dönüşücekler."

Rav Aşlag, Kudüs'ün eski şehir duvarlarının yanında yürüyor. Rüzgâr yüzüne karşı esiyor. Önde bulutu andıran bir gölge ilerliyor.

Bu trajik yüzyıldan daha başka görüntüler... Atom bombası önüne gelen her şeyi tahrip ediyor... Yanmış toprağın üstünde ağaç kalıntıları... Her millet ve her kökenden insanlar acı çekiyor.

Rav Aşlag'ın sesi: "Kalbimde bir istek, ne olursa olsun, hatta seviyemden düşmeme sebep olsa bile. Yaradan'dan bana bilgi, söz ve kehanet sahibi olmamı sağlayacak bir dua etmek, dünyanın mutsuz insanlarına hayırlı olmak, onları zerafete ve bilgeliğe eriştirmek...

Her şeyini kaybetmiş halkın arasında gezinmekten kendimi tutamadım. Onlar Allah'ı ve onun yarattıklarını kötülerken. Ben övgü dolu memnun, bu mutsuzlara, güler gibiyim. Her şey beni çok duygulandırdı."

Mektubun sararmış sayfalarında satırlar birbirini takip ediyor.

Rav Aşlag'ın sesi: "Sonra Tanrı'nın sözlerini görür gibi: 'Sağ yanına yat uzan' Ve ben: 'Bir çok uluslar ve milletler samandan adamlar gibi yükseliyor ve kayboluyorlar' dedim."

Rav Aşlag, sessizce odasında oturuyor, elinde tüy kalemini tutuyor, eli masanın üstünde kasılmış, duvara bakıyor.

Rav Aşlag'ın sesi: "Ve Tanrı bana: 'Hedefime senin vasıtan ile ulaşacağım,' dedi."

Rav Aşlag'ın eli çabukça yazıyor.

Rav Aşlag'ın sesi: "Biz, hepimiz, bütün dünya – tek bir ruhuz."

Berlin sokaklarında askerler koşuşturuyor.

Rav Aşlag'ın sesi: "Bir tek ruh, birlik yasası ile bağlı. Aşk yasası!"

Almanlar, Yahudilerin dükkânlarına gamalı haçlar çiziyorlar.

Rav Aşlag'ın sesi: "Bizler birbirinden nefret eden, bölünmüş insanlarız. Fakat bizler bir tek ruhuz."

Askerler dükkânların vitrinlerini kırıyorlar.

Rav Aşlag'ın sesi: "Ve bizler karşılıklı sevgi ile birleşirsek... Seni bulacak mıyız?"

Yahudiler sarı yıldızlı yama ile sokaklarda koşuşuyorlar.

Rav Aşlag'ın sesi: "Tek bir ruh olduğumuzu hissedeceğiz. Birbirimizden sorumluyuz... Er veya geç bunu yapmaya mecburuz..."

Rav Aşlag'ın gözleri...

Rav Aşlag'ın sesi: "Bunu şimdi yapmalı. Şu anda! Aksi takdirde korkunç ıstıraplar bizleri, bunu yapmaya mecbur edecek..."

Merdivenin Sahibi

***

Rav Aşlag'ın evi. Gece. Sınıf.

Rav Aşlag, masanın yanında kitap okuyor. Karşısında Baruh ve Hayim oturuyor. Kapı açılır. Şimon girer. Arkasından 35 yaşlarında biri girer. Sessizce kenara otururlar.

Rav Aşlag, başını kaldırıp Şimon'a bakar.

Şimon: "Amcam İshak, isteğiniz üzere getirdim, Kabala hakkında hiçbir şey bilmez."

İshak, kollarını yana açıp Rav Aşlag'a sessizce bakar. Rav Aşlag, kalkıp hemen derse başlar.

Rav Aşlag: "Piramit (Eliyle havada piramit şekli çizer) bütün dünya – tüm gerçeklik piramit prensibine dayanan sistem üzerine kurulmuştur."

Rav Aşlag, sanki yalnızca İshak'a hitab ediyormuş izlenimi verir.

- "Yukarıdan bu dünyaya ışık giriyor. Işık zirveden girmeli."

İshak, başını sallıyor.

- "Burada piramitin tepesinde, ışığı ilk görenler bulunuyor."

Rav Aşlag, yavaş ve net bir şekilde konuşuyor.

- "Bunlar ışığın durmasını önlemeli hatta kendileri vasıtasıyla iletmeliler. Bunlar Yaradan tarafından yaratılmış özel ruhlar. Bunlar şeffaf olmalı, ışık gibi. Bu ne demek? Birbirlerine karşı aşkla dolu olmalılar, bütün dünyaya. Aksi halde ışık onlardan geçemez. (İshak ilgiyle dinliyor) Bizler! Bilhassa bizler buradayız. Zirvede."

Merdivenin Sahibi

Rav Aşlag, İshak'tan iki adım ötede durur, daha da yavaş söyler:

-"Biz ışığı geçirirsek, dünya ışık duygusu ile yaşar, mutludur. Savaşlar yoktur. Sadece ışığı, aşkı, birliği, maneviyatı düşünürler. Ama biz ışığı geçirmez isek, bütün dünya acı çeker."

Bir ara susup İshak'a bakar. İshak ona heyecanla bakmaktadır.

-"Eğer biz ışığı dünyaya nakledemezsek bu dünya zincirinde bizler gereksiz bir halkaya dönüşürüz. Bizden nefret etmeye başlarlar. Bizi yerden yere vurmaya, yok etmeye başlarlar! Çünkü görevimizi yerine getiremeyip hedefe ulaşmıyoruz!"

İshak elini kaldırıyor.

Rav Aşlag, İshak'ın soru sormasına izin verircesine başını sallar.

İshak: "Affınızla, saygıdeger Rav, siz hep 'biz' diyorsunuz. Kimdir bu 'biz'ler? Siz misiniz?"

Rav Aşlag: "Bütün dünyaya mutluluğa nasıl erişeceğini öğretmesi için bir millet seçildi. Bu millete özel bir metod verildi, nasıl yapıldığını öğreten. Bu Kabala Bilgeliğidir."

İshak: "Niye bu mevzuda ben hiçbir şey bilmiyorum? Sonuçta ben de bu millete mensubum!"

Rav Aşlag: "Kabala, maneviyatı özlemleyenlere ifşa olur. Böyle adamın kalbinde bir nokta olduğu söylenir. Er veya geç bu sende de uyanacaktır."

İshak: "Ama bunun için en azından böyle bir bilgenin varlığını bilmeli."

Rav Aşlag: "Evet, doğru."

Bir Sinematik Roman

İshak: "Ve herhangi korkunç bir sır değil de ışıktan, aşktan bahsettiğini…"

Rav Aşlag (gülümser): "Evet, bunu iyi anladın."

İshak: "Öyleyse niye onu herkesten sakladılar. Bu kadar mühim olduğu halde?"

Rav Aşlag: "Çünkü o bir ilaç gibi. İnsanlar önce hasta olduklarını hissedecek ve ona ihtiyaç duyacaklardı."

İshak: "Ve onlar böyle hissettiler mi?"

Rav Aşlag: "Onlar hissetmeye başlıyorlar. Biz 20. asırda yaşıyoruz- hastaların ve hastalıkların yüzyılı."

İshak: "Onların hastalığı ne?"

Rav Aşlag: "Diğerlerine karşı sevgi olmaması."

İshak başını sallıyor.

İshak (mırıldanarak): "Doğru."

Rav Aşlag: "Herkes kendi çıkarı için yaşıyor."

İshak: "Doğru!"

Rav Aşlag: "Bunu anlamaya başladın."

İshak: "Hem de nasıl!"

Rav Aşlag: "Bütün sorunlarımızın sebebi şu aslında; biz kendi aramızda analaşamıyoruz. Birleşemiyoruz."

İshak: "Hem de nasıl…"

Rav Aşlag: "Kabala Bilgeliği ne şekilde aramızda eşitliği sağlamayı, nasıl birleşmeyi, egomuzu nasıl aşacağımızı öğretir."

İshak: "Bu mümkün mü?"

Rav Aşlag: "Bunsuz var olmak mümkün değil."

İshak: "Öyleyse neden hahamlarımız bize Kabala Bilgeliğini açıklamıyorlar?"

Merdivenin Sahibi

Rav Aşlag: "Çünkü onlar bu bilgeliği bilmiyorlar."

İshak: "Niye bize Kabalistlerin varlığını ve onları dinlememizin gerekli olduğunu söylemiyorlar?"

Rav Aşlag: "Çünkü onlar kendilerini hasta hissetmiyorlar."

İshak: "O zaman onları hissetmeye zorlamalı... Aksi takdirde dünya hep acı çekecek ve hep bize saldıracaklar."

Rav Aşlag: "Doğru!"

İshak: "Öyleyse onları kim mecbur edecek?"

Rav Aşlag: "Biz bu ilacı kendimizde deneyeceğiz. Bize nasıl tesir ettiğini dünyaya göstereceğiz. Her yerde yaymak, yüksek sesle, aralıksız, dinlenmeden, durmadan... Dünyada bize rahatlık vermeyip çok hasta olduğunu hissedip ilacı isteyecek... Harekete geçmemizin zamanı geliyor."

İshak herkese bakar.

Talebeler sanki ışık saçıyor.

Onlar İshak'a bakıp cevap bekliyorlar.

İshak: "Siz iyi insanlarsınız. Ben iyi insanları hissederim. Başta buraya gelmeye korktum... Şimon'a 'beni bu kabalistlere sürükleme' dedim (cebini araştırıp üç lira çıkardı) ama Şimon bana bir ödeme yaptı. Bana bu üç lirayı verdi. 'Sadece gel ve dinle. Karşılığında senden hiçbir şey istemiyoruz. dedi"

İshak (Rav Aşlag'a döner): "Sizin isteğinize göre sokaktan birini getirir, bilmeyen birini. Beni getirdi."

İshak, yerinden kalkıp bu üç lirayı masanın üzerine koyar, sonra da cebini araştırıp üç lira daha çıkarır.

İshak: "Bu parayı hayırlı bir iş için kullanmanızı dilerim. Size teşekkür ederim. Her şeyi anladım. (Etrafına bakıp)

Bir Sinematik Roman

Ben öğrenemeyeceğim, ama herkese sizden bahsedeceğim. (Rav Aşlag'a bakar) Her şeyi anladım, hakikaten."

Rav Aşlag, yaklaşıp onu kucaklar.

Talebeleri onu ilk defa gözleri yaşarmış görürler.

Talebeler de kalkıp birbirlerini kucaklarlar.

Kudüs. Zeytin Dağı Mezarlığı. Eski şehrin duvarları arkasında kalabalık.

Talite sarılı bir ceset mezarın çukuruna düşüyor. Kadiş duası okunuyor. Birçok dindarların arasında haham Levi görünüyor. Yanında haham Hadad. Haham Levi sürekli sağına bakıyor. Haham Hadad da aynı yöne bakıyor.

Sağda, dikkati çekmeden Rav Aşlag duruyor. Başı göğe doğru yukarıda. Talebeleri sıkışık halde etrafındalar.

Defin töreni sona erdi.

Halk yavaşça dağılıyor.

Hayim, Baruh ve Şimon Rav Aşlag'ın arkasından gidiyorlar.

Onlar aşağıya, yola doğru inerken. Birkaç yüz metre sonra, bir kısmı yıkık bir mezara yaklaşıyorlar. Aniden, hafif bir ıslık sesi duyulur. Duvarın arkasından Moşe, yaklaşmalarını işaret eder. Baruh, Hayim, Şimon ona yaklaşır.

Moşe (Fısıldayarak): "Haham Levi ve Haham Hadad'a Rav Kuk'un öldüğünü, 'şimdi onu koruyacak kimse kalmadı' dediğini duydum. Onlar sizi kastetti. Onlar bir şey planladı."

Rav Aşlag, sessiz, dönüp gider, sanki onu alakadar etmiyormuş gibi.

Merdivenin Sahibi

Moşe (Talebelere): "Onu bir saniye bile bırakmayın."
Hayim: "Bizi uyardığınız için teşekkür ederiz."
Moşe: "Ve affınızla."

Baruh, Hayim ve Şimon, Rav Aşlag'a erişmek için koşuyorlar. Ona varıp yanında ilerlemeye devam ediyorlar.

Rav Aşlag (Kararlı bir tonla): "Evinize gidin!"
Şimon: "Hayır, biz sizinle geliyoruz."

Rav Aşlag, duraklar.

Rav Aşlag: "Eve gidin!"
Hayim: "Sizi bırakamayız."
Şimon (Azimli): "Biz sizi bırakmayız."

Gözünün köşesinden gördüğü Haham Levi'nin etrafında toplanan talebeler Rav Aşlag'ın dikkatini çeker. Levi onlara bir şeyler söylüyor ve onlar dinliyorlardı. Levi, bu esnada Rav Aşlag'ın bulunduğu yönü işaret ediyordu. Levi ve Rav Aşlag göz göze geliyorlar. Rav Aşlag, Levi'ye doğru yaklaşır.

Rav Levi, endişeyle etrafına bakınıyordur.

Rav Aşlag, ondan bir adım ötede durur.

Rav Aşlag: "Ne için buna ihtiyaç duyuyorsunuz?"
Haham Levi: "Sizi anlayamadım."
Rav Aşlag: "Bana hiçbir şey yapamazsınız. Bunu anlamalısınız."
Haham Levi: "Böyle zor bir zamanda bana neden böyle bir şey söylüyorsunuz?"

Rav Aşlag: "Benim bir görevim olduğunu bildirmek için. Ve ben o görevi tamamlayacağım. Er ya da geç Zohar'ı herkese duyuracak ve açacağım. Herkese!"

Haham Levi: "Bu, imkânsız."

Rav Aşlag: "İki gün önce ben de öyle sanıyordum."

Haham Levi (Ona kuşkuyla bakarak): "Bu iki günde ne değişti ki?"

Rav Aşlag: "Her şey."

Haham Levi: "Her şey? Ne demek istiyorsun?"

Rav Aşlag: "Şimdi kimsenin durduramayacağını."

Rav Aşlag, dönüp uzaklaşır.

Birkaç adım sonra attıktan sonra birden ayakları titreyip düşer. Talebeleri onu tutmaya yetişemezler.

Rav Aşlag, mezarlığın tozlu toprağına düşer. Talebeleri ona yardım için telaşla üstüne eğildiler.

Baruh (Fısıldar): "Baba?"

Onu sallıyor fakat bir tepki yok.

Şimon: "Rav... Rav..." (Tozun içerisindeki hocasının yanına sürünür)

Hayim (Ümitsizce başını kaldırıp bağırır): "Kimse yok mu? Yardım edin!"

Haham Levi ve Haham Hadad yana çekilmiş olanları izliyorlar.

Levi ve Hadad'ın talebeleri Rav Aşlag'a yardım etmeye cesaret edemiyorlardı.

Şimon (Haham Levi'ye bakıyor): "Ölüyor, ölecek..."

Haham Levi, başını indiyor.

Şimon: "Ölüyor! Onu böyle bırakamazsınız!"

Haham Levi, döner.

Şimon önünü kesip karşısında dikilir.

Şimon (Haham Levi'nin gözlerinin içine bakarak): "Kendinizi affedemeyeceksiniz. Duyuyor musunuz? Allah korusun şayet ona bir şey olursa, kendinizi affedemeyeceksiniz. Kimse sizi affetmeyecek!"

Haham Levi, Şimon'un gözlerinin içine bakıyor.

Şimon, yolun üstünde duruyor, geri çekilmeye hiç niyeti yok.

Şimon: "Sizden rica ediyorum!"

Haham Levi, dönüp, yavaşça yerde yatan Rav Aşlag'a yaklaşır.

Gelip sönmüş yüzüne bakar.

Rav Aşlag, hareketsiz sanki nefes almıyor. Haham Levi, kendi talebelerini kenara çekiyor. Kendisi üzerine eğiliyor. Elleriyle Rav Aşlag'ın yüzüne dokunuyor. Gözlerini kapatıyor ve sessiz. Herkes olanları seyrediyor. Elleriyle Rav Aşlag'ın başını daha da sıkı tutuyor.

Şimon (Zor duyulur): "O yaşıyor."

Haham Levi: "Sessizlik!"

Haham Hadad, Haham Levi'nin arkasında duruyor.

Haham Hadad: "Hahamım..."

Haham Levi: "Siz de susun!"

Rav Aşlag'ın başını daha da sıkı tutuyor. Rav Aşlag'ın yüzü yavaş yavaş sisin içinden çıkarcasına netleşiyor

Haham Levi: "Siz çok fazla çalışıyorsunuz, Aşlag."

Baruh: "Günde 18 saat çalışıyor."

Merdivenin Sahibi

Şimon (Ekler): "Neredeyse hiç uyumuyor."

Haham Levi: "İyi değil, istirahat etmeniz lazım. (Hayim'e bakar) Siz ne biçim talebesiniz, Onun için meraklanmıyor sunuz?"

Hayim: "İmkânsız."

Haham Levi: "Böyle söyleme. Bir dahaki sefer sonuç daha kötü olabilir. Bu bir uyarıydı. (Baruh'a bakar.) Annen Rivka'ya söyle. Onu denize götürün. (Baruh daha cevap veremeden) Cevap verme. Ben ne dediğimi biliyorum."

Haham Levi, kalkıp, dizlerindeki tozu silkeler.

Haham Levi: "Rav Kuk, ne kadar kurnaz. Bakın bize nasıl bir görüşme ayarladı. (Gülümsüyor) Onun büyük bir Kabalist olduğunu biliyordum."

Dönüp uzaklaşır, herkes arkasından gider.

Haham Hadad, peşinden koşar. Haham Levi'nin yüzüne bir göz atar. Ona bir şey söyledi, ama Levi suskun ve derin düşüncelerde.

***

Kudüs. Rav Aşlag'ın evi.

Rav Aşlag, yatağa uzanmış yüzü soluk.

Rav Kuk'un ölümünden bir hafta geçti. Bu zaman zarfında ayağa kalkamadı. Doktorların teşhisi tuhaf görünüyor, 'Yorgunluk'.

Ancak sekizinci gün kendisini daha iyi hissediyordu.

Rivka da bu anı beklemişti.

-"Yarın buradan taşınıyoruz. Yafo'ya. Denize yakın. Böylece rahatça düşünür ve yazarsın."

Belgesel resimler. Otuz senelerinin Yafo'su. Limanda balıkçı gemileri, kirli balıkçı dükkânları. Kızgın

Bir Sinematik Roman

güneşin soldurduğu evlerin duvarları. Sokakların birinde, bir Arap'ın sürdüğü arabada mütevazı eşyaları ile Rav Aşlag ve Rivka.

Aşlag Ailesi deniz kenarına gelir. Çocuklar kumda oynamaya başlar. Büyük çocuklar küçüklere göz kulak oluyordur. Rav Aşlag yorgun, kumun üstüne oturuyor. Çocuklar etrafını sarıyor.

Rav Aşlag: "Size kısa bir hikâye anlatayım mı?"

Herkes: "Evet, evet!" (Babalarının etrafına otururlar)

Rav Aşlag: "İki denizci bir kayıkla denize açıldılar. Kara görünmüyor. Birden onlardan biri oturduğu yerin altını delmeye başlıyor. Öteki bağırmış: 'Dur. Sen ne yapıyorsun?' diye. Öteki cevap vermiş: 'Kendi oturduğum yere delik açıyorum, senin altına değil, sana ne' demiş.

Batşeva: "Ne kadar aptal!"

Rav Aşlag: "Neden aptal?"

Şimon (Beş yaşında): "İkisi de aynı kayıkta, bu delik yüzünden ikisi de boğulur."

Rav Aşlag: "Doğru, Şimon (Şimon'un başını okşar). Afferin!"

Kumların üstünde oturan Rivka, gülümsüyor. Kucağında bir yaşındaki Şimuel.

Rav Aşlag: "Bu hikâyenin bize verdiği misal bize ne öğretiyor?"

Batşeva: "Hepimiz aynı gemideyiz."

Rav Aşlag: "Ne demek hepimiz?"

Şimon: "Bütün Yahudiler."

Batşeva: "Bütün dünya."

Rav Aşlag: "Bunun manası nedir?"

Merdivenin Sahibi

Batşeva: "Bu demektir ki, hepinizin aynı kayıkta olduğunu anlamıyoruz. Birbirimize bağlı olduğumuzu..."

Rav Aşlag: "Sen nasıl böyle akıllı olmuşsun?"

Şimon: "Ben de ama ben de bütün bunları biliyorum!"

Rav Aşlag: "Sana da aferin. Şimon! Öyleyse biz ne yapmalıyız?"

Şimon: "Birbirimizi sevmek."

Batşeva: "Hepimizin aynı kayıkta olduğumuzu anlamak."

Rav Aşlag, Şimon'u ve Batşeva'yı kucaklayıp sıkıca bağrına basar. O esnada çocuklarına övgü ile bakan Rivka'ya bakar.

Aniden hızla yerinden kalkar, üstündekileri çıkarıp, iç çamaşırlarıyla denize girer.

Kış, sular buz gibi, o sanki hissetmiyormuş gibi.

Dalar ve suda kaybolur.

Bir dakika geçer.

İki dakika...

Rivka, suya bakıyor. O, ortada yok.

Denize yaklaşa yaklaşa, suların ayaklarını ve elbisesini ıslattığının farkında değil.

Bir dakika daha geçer.

Ortalıkta görünmüyor.

Rivka (Fısıldar): "Yehuda... (Aniden bağırır) Yehuda!"

Rav Aşlag, uzakta ortaya çıkar. İskeledeki vapurlara doğru kulaç atıyor.

Rivka, onu gözleriyle takip ediyor. Ta ki bir nokta gibi görünene kadar...

Bir Sinematik Roman

Açık denizde Rav Aşlag sırtüstü yatmış, elleri yana açık.

Görüntüler. 1933-1935 senesi. Faşiştler, Naziler başarılarını kutluyorlar.

Açık deniz. Rav Aşlag, gözünü kırpmadan gökyüzüne bakıyor.

Belgesel parçalar, Stalin'in ülke içinde yaptığı tasfiyeler. Evvelden görülen resimlerden kolaj. Hitler'in Nazi Almanya'sı. Hitler'i karşılamaya gelen halk. İtalya Mussolini'nin faşistleri. Aristokrat İngiltere'si. Stalin'in komünist Rusya'sı... Rozvelt'in Kapitalist Amerika Birleşik Devletler'i.

Denizin ortasında, Rav Aşlag suyun üstünde. Sonsuz denizde tek başına...

1936'dan sıra sıra görüntüler. Dindar Yahudiler Kudüs sokaklarında. Komünistler Tel Aviv sokaklarında gösteriler yapıyor. Bazı partilerin liderleri görünüyor. Ben Guriyon, Jabotinsky.

Sene 1936. Los Angeles. Hollywood. Film setindeyiz. Filmin adı 'Modern Zamanlar'. Charlie, herkese sinirleniyor. Personele bağırıyor. Sahne onu memnun etmiyor.

Charlie: "Hepinizi işten atacağım. Cehenneme kadar yolunuz var!"

Yırtık eldivenlerini yere atıp, kenara çekilir.

Çalışanlar korkudan ona yaklaşamıyorlar. Birden setin arkasından Aron, Chaplin'in yanına gelir.

Aron: "Bay Chaplin, bir haftadır size erişmeme müsaade etmediler."

Merdivenin Sahibi

Charlie: "Siz kimsiniz?"
Aron: "İsmim Aron, sizinle mühim bir konuda görüşmek istiyordum."
Charlie: "Buraya nasıl girebildiniz?"
Aron: "Duvara tırmandım."
Charlie: "Şimdi git, geriye tırman."
Charlie (Bağırarak): "Şimdi, kimseyi buraya yaklaştırmayın demiştim! Defedin şunu!" (Aron'u işaret eder)
    Boylu poslu asistanlar ve personeller Charlie'ye doğru koşar. Direnmeye çalışan Aron'u tutup, setten uzaklaştırırlar.
    Yorgun Charlie, stüdyoların bulunduğu binadan çıkar, arabasına doğru gider. Aron, arabanın yanında ona bekliyor.
Charlie: "Benim en sevdiğim sporun boks olduğunu bilmiyor musunuz?"
Aron: "Beni dövebilirsiniz, ama buradan ayrılmayacaım."
Charlie: "Artist mi olmak istiyorsun?"
Aron: "Hayır."
Charlie: "Ha, sen elbette rejisör olmak istiyorsun?
Aron: "Hayır, hayır."
Charlie: "Öyleyse dahiyane bir senaryo yazdın?"
Aron: "Ben değil ama senaryo bir deha..."
Charlie: "Okumaya vaktim yok ve çok yorgunum."
Aron: "Hiç olmazsa bana on dakika zaman ver."
Charlie: "Hayır."

Charlie arabaya oturup kapıyı kapar.
Araba hareket etmeye başlar ama Aron vazgeçmez ve arkasından gider.

Aron (Uzaklaşan arabaya haykırarak): "Ben zenginim her dakikasını öderim."

Charlie: "Ne? (Sıkıca frenler ve kapıyı açar) Sen beni mi satın almak istiyorsun?"

Aron: "Evet. Benim için çok mühim. Yalnız benim için de ğil."

Charlie: "Ne kadar ödüyorsun?"

Aron: "Ne kadar istersiniz?"

Charlie: "Dakikası 5 bin dolar."

Aron: "Tamam."

Charlie: "Yedi."

Aron: "Olur."

Charlie: "On."

Aron: "Her miktara razıyım."

Charlie: "Haydi, öyleyse oturun."

Aron, arabanın içine atlar. Chaplin, sıkıca gaza basar.

Charlie: "Bugün evimde bir grup film yıldızıyla buluşuyoruz. Onlar da duysun ister misiniz?"

Aron: "Çok iyi."

Charlie: "Senaryo ne üzerine?"

Aron: "Sevgi. Birbirimizi sevebilmenin yolu..."
Charlie: "Siz homo musunuz?"

***

Charlie'nin evi.

Lüks salon. Hollywood'un seçkin kişileri... Parıldayan mücevherler. Beyaz dişleri gösteren gülümsemeler. Charlie Chaplin, Aron'la birlikte davetlilere doğru yürüyor. Charlie'nin sesi duyulur.

Charlie: "Greta Garbo. Muhteşem, gizemli ve kimsesiz."

Greta Garbo, yarım gülümseme.

- "Son zamanlarda Emil Zola'yı oynayıp Oscar kazanan Poul Muni. Kompleks ve korku dolu mütevazı bir Yahudi."

Poul Muni yapmacıklı gülümsüyor.

- "Viktor Fleming, alaycı yönetmen, acımasız ve yetenekli... 'Rüzgâr Gibi Geçti' filmini çekiyor. Bana göre bu filmde başarılı olacak."

Viktor Fleming, işaret parmağıyla Charlie'yi uyarıyor.

"Vivien Leigh."

O üzüntüyle Aron'a gülümsüyor.

- "Büyüleyici ve depresif."

- "Yakışıklı Clark Gable. Kendinden on yedi yaş büyük biriyle evli. Bunun bir anlamı vardı, değil mi?"

Clark Gable, gözlerini kısar ve saçını düzeltir.

- "Rahmaninov. Yakın arkadaşım, büyük bir piyanist ve vatanı olmayan bir zavallı."

Rahmaninov, onları bakışlarıyla takip ediyor.

- "Sevgili eşim, benim muskam, Paulette Goddard."

Paulette Goddard, Chaplin'e sevgiyle bakıyor.

Garsonlar içki ve sandviçler getiriyor.

Bir Sinematik Roman

Yavaş yavaş her şey sakinleşiyor. Herkes rahat koltuklarında oturuyor. Charlie Chaplin ve Aron salonun ortasındalar.

Charlie: "İngiltere'den Aron Goldberg. Kendisi zengin. Bir dakika vaktinizi almak için on bin dolar vermeye hazır."

Greta Garbo: "Kendinize güzel bir kadın seçebilir misiniz?"

Charlie: "Greta, lütfen burada daha mühim bir konudan bahsedildiğini sanıyorum. Aron, beni ilgilendirdi. Birbirimizi nasıl sevmeyi elde edeceğimizi bildiğini söyledi. Bu fikre ne diyorsunuz?"

Greta Garbo: "Ütopik, gerçekleşmesi imkânsız."

Clark Gable: "Ama enteresan…"

Charlie: "Lütfen Aron, zaman uçuyor."

Aron: "Sizlerin birer egoist olduğunuz sır değil."

Viktor Fleming: "Belki."

Poul Muni: "Aksi halde burada olmazdık."

Rahmaninov: "Dünyanın en 'pislik' yerinde."

Aron (Rahmaninov'a bakar): "Sizler paranın saadet getirmediğine birer ispatsınız."

Rahmaninov: "Parayla da yok, parasız da…"

Charlie (Aron'a): "Sizi uyarıyorum, şu ana kadar on bin dolarlık konuştunuz."

Aron: "Bu parayı umursadığıma inanmıyorsunuz, sanırım."

Greta Garbo: "Neden?"

Aron: "Çünkü size söylemek istediğimi anlatabilirsem, sahip olduğum bütün milyonlara değer."

Vivien: "İlginç. Haydi, başlayın söylemeye!"

Merdivenin Sahibi

Aron: "Ben Charlie'ye hayranım. Neden hepimiz onu seviyoruz?" Charlie Chaplin, yerinden kalkıp herkesin önünde o meşhur yürüyüşüyle, yolda bastonunu da alıp onu fırıldak gibi çevirir.

Aron: "O, kendisini insanlara veriyor. O, kendini düşünmeyen büyük bir fedakâr."

Charlie: "Devam et Aron. Belki paranın bir kısmından vazgeçerim."

Aron (Herkese): "Sizler bütün dünyayı etkileyebilirsiniz. Hiç kimsenin yapamayacağı gibi. İnsanlar size tapar ve sizi dinler. Bütün dünyaya değişmeleri gerektiğini anlatmalısınız."

Greta Garbo: "Siz devrimci misiniz?"

Rahmaninov: "O komünist."

Poul Muni: "Ben komünistlerden nefret ederim."

Aron: "Dünyaya bir tek fikir yayın, dünya değişecektir!"

Charlie: "Nedir bu fikir?"

Aron: "Hepimizin bir olmamız gerekliliğini."

Greta Garbo: "Olması mümkün değil. Nazi, Yahudi'yi sevmez."

Aron: "Çünkü ona ne kadar bağlı olduğunu bilmediğinden. Başkasından nefret edince kendisine zarar verir. Her birimizin, bir makinenin içinde dişli çarklar olduğunu farz edin."

Vivian: "Yok komünist değil, idealist. Bu hoşuma gitti."

Aron: "Ben dünyanın en realist insanı olan hocamın temsilcisiyim, Rav Aşlag'ın"

Poul Muni: "Yahudi, eh elbette. Kendimizi her yere itmezsek olmaz. Şimdi de biz dünyayı düzeltmek istiyoruz, öyle mi?"

Aron: "Hayır. Biz dünyanın kendi kendisini düzeltmesini istiyoruz."

Viktor Fleming: "Dünyamızın ne sorunu var?"

Clark Gable: "Evet, nesi iyi değil?"

Aron: "Bu dünyada herkes kendi çıkarına bakıyor."

Viktor Fleming: "Aksi halde hayatta kalamayız."

Aron: "Doğru, eğer böyle yaşamaya devam edersek hayatta kalamayız."

Rahmaninov: "Biz serveti zenginlerle fakirlerin arasında mı bölmeliyiz?"

Aron: "Hayır. Biz sadece hepimizin tek, bir olduğumuzu anlamalıyız. Bir tek! Biz bir vücudun hücreleriyiz. Büyük öğretmenimin söylediği gibi... Ama biz kanserli hücreleriz."

Vivian (Korkuyla): "Kanserli?"

Aron: "Herkes kendisi için yaşıyor, bu şekilde yaşamak dünyayı yok eder."

Fleming: "Anlamsız. Eğer egoist olmasaydık, sanat olmaz dı..."

Aron: "Bizi doğayla birleştiren sanat olurdu."

Vivian: "Doğa fedakâr. Altruist mi?"

Aron: "Çok doğru."

Greta Garbo: "Peki niye doğa bize zarar verir. Ve o kadar da acı vererek?"

Aron: "Bize sevgi duyduğundan."

Merdivenin Sahibi

Poul Muni (Yerinden sıçrar): "Saçmalık! Bütün bunlar uydurma! Kanıtları nerede?"

Aron: "Kanıtlar bu kitapta mevcut."

Aron, hızla pencereye yaklaşır. Pencerenin pervazında olan çantasını alır. İçinden bir kitap çıkarıp onu havaya kaldırır.

Aron: "İngilizceye çevirdim. Ruhani dünyamıza hükmeden kanunları açıklayan adam... Hepimizin, tüm insanlığın nasıl hayatta kalabileceğimizi bize bu kitapta açıklıyor."

Charlie: "Kötüye mi gidiyoruz?"

Aron: "Çok kötüye Bay Chaplin."

Charlie: "Ve sen, bizim..."

Aron: "Bay Chaplin, şimdi değilse, birkaç sene sonra veya birkaç on yıl sonra... Ama Hollywood bunun üzerine (kitabı sallar) film yapılması gerektiğini anlayacak!"

***

Sessizlik.

Charlie: "Bu kitabı bize bırakabilir misiniz?"

Aron: "Tabi! İngilizce, birçok sayıda basıldı. Onu burada dağıtma niyetindeyim."

Charlie: "Bay Goldberg, benim karakterimde ne eksik?"

Aron: "Sadece bir şey; Bizim egomuzda depresyon ve yalnızlıktan başka bir şey olmadığı. Birbirimizi sevmeyi öğrenmezsek, birbirimize yardım edemeyiz. Asla mutlu olamayız. Ben sinema yapımcısı değilim, görsel olarak bunu ifade etmeyi bilemem. Ama doğa bizim mutlu olmamızı istiyor! Senin Charlie ne kadar muhteşem. O nesiller boyunca yaşayacak. Keşke amacımızı da ekleyebilseydiniz! Keşke bunu insanlara söyleseydiniz."

Bir Sinematik Roman

Charlie: "Teşekkürler Aron, bunu düşüneceğim."
Vivian: "O zaman siz yalnızlığı önlemenin mümkün olduğunu mu söylüyorsunuz."
Aron: "Bütün dünyada birlik oluşturabilirsek şayet, hangi yalnızlıktan bahsedebiliriz ki?"
Greta Garbo: "Güzel."
Rahmaninov: "Buna inanmayı çok isterdim."
Aron: "Benim on dakikam doldu... (Cüzdanını cebinden çıkarır)"
Charlie (onu durdurur): "Bay Goldberg, sizin paranızla zengin olacak değilim. En iyisi kitabınızı yayınlamakla kullanırsınız. Bir şey daha; sizi bu kadar dikkatle dinlediğimiz için heyecanlanmayın. Biz sadece oyuncuyuz. (Greta Garbo'ya doğru başını sallar). Doğru mu canım?"

Greta Garbo, başını sallar.

Vivian, üzüntüyle gözlerini indirir.

Fleming, elini öfkeyle kaldırır.

Charlie: "Yine de sözlerinden bir şeyler anladık. Sizin azimliliğiniz bizi etkiledi. Hep arkadaşlarıma baktım. Onların gözleri parlıyordu. Onların taş kalplerine ulaşmak kolay değil. Biliyor musunuz size bir iş teklifim var. Konuştuğumuz bu mevzu üzerine buluşalım. On dakikalığına değil."

Charlie: "Size söz veriyorum. Hollywood'un bütün yıldızlarını bir araya getireceğim. (Gözleri Clark ile karşılaşır) Onlar istemezse ben ödeyeceğim, onlar elbette gelirler. (Clark başını "anlaştık" manasında sallar)

Rahmaninov: "Ben söz veriyorum, gelirim. Senin kokmuş paranı istemiyorum, Charlie."

Merdivenin Sahibi

Greta Garbo: "Ben de gelirim, o benim de ilgimi çekti."

- "Ben de."

- "Ben de..."

Daha ve daha fazla sesler duyulur. Aron, sevinçle bakar.

Aron: "Sizlere ne kadar minnettarım bilemezsiniz. Bir bilseydiniz..."

1937-1938 senelerinden belgesel görüntüler. Hitler'in resmigeçit törenleri. Messerschmitt'in fabrikalarında harıl harıl uçaklar üretiliyor. Hitler ve yardımcısı Avusturya'nın işgalini planlıyorlar. Avusturya işgali, Çekoslovakya... Yahudilere yönelik pogromlar, toplama kampı inşaatları...

Rusya'da Stalin'in faaliyetleri, masum insanların yargılanması... En yüksek rütbeli komutanların infazı... 'Hainlere ölüm!' çağırılarıyla geçen işçi olayları...

Moskova, Kremlin.

Kırmızı halıyla döşenmiş Kremlin'in uzun koridorunda Rav Aşlag yürümekte. Muhafızların önünden geçiyor, kimse ona dikkat etmiyor. Ellerinde sayfalar, ona doğru gelen kişiler de onu görmeden geçip gidiyorlar. Rav Aşlag, Stalin'in bürosunun kapısını açıyor. Stalin, başını kitaptan kaldırır.

Stalin (Hiç şaşırmadan): "Aşlag, mektubunu aldım, otur."

Rav Aşlag, oturur.

Stalin (Önüne bir sayfa koyar ve satırlardan birini işaret eder): "Rusya büyük günah işledi, Yaradan affetmeyecek. (gözlerini kaldırıp Rav Aşlag'a bakar) Sen eşitliğin manevi

Merdivenin Sahibi

yasalarını kaldırdığımızı yazıyorsun. Sevgi ve kardeşlik... Onları manevi kökünden koparıp, maddiyata yönelttik. Bunu herhangi bir tanrı adına değil de, kendi çıkarlarımız için..."

Stalin, bakışlarıyla Rav Aşlag'ı inceliyor.

Böyle bakışlar altında Stalin'in bakanları korkudan baygınlık geçirirlerdi.

Rav Aşlag (Sükûnetle): "Evet."

Stalin: "Bu yüzden bizim halimizin iyi olamayacağını yazıyorsun, doğru mu?"

Rav Aşlag: "Doğru."

Stalin: "Sen güzel yazıyorsun, ama yanılıyorsun."

Rav Aşlag: "Neden?"

Stalin: "Çünkü biz kendimizi, milletimizi düzeltmeyi ve komünistliğe yaklaştırmayı düşünüyoruz. (Rav Aşlag'a cevap verme fırsatı vermeden) Kendimizi düzelteceğiz! Düzelteceğiz! Kişinin yalancı olduğunu biliyorum. O rüşvet alabilir, kıskançtır. Sizin yazdığınız gibi kişi doğal olarak egoisttir. En iyi insanlarda bile böyle olduğunun farkındayım."

Stalin, kalkıp odada dolaşmaya başlar.

Stalin: "Hatırlıyorum, onlar basit işçiyken veya çiftçiyken, adalet isterlerdi."

Stalin hem yürüyor hem piposuna tütün koyup, onu yakıyor.

-"Fakat iktidara geldiklerinde, çalmaya başladılar. Köylere gitmek istemiyorlar. Her bok parçası herif lider olmak istiyor. Eşleri, anlıyor musun, Paris'teymiş gibi giyinmek istiyorlar.

Bir Sinematik Roman

(Yüzü kızarır) Ve senin eşitlik ve kardeşlik hiç umurlarında değil. Kendilerine göre diğerleri açlıktan ölebilir."

Birden Rav Aşlag'ın karşısında durur.

-"Biliyor musun ne, gel biraz çıkıp gezelim."

Kremlin'in bahçesine çıkarlar.

Stalin: "Sizin yazdığınız gibi, belki insanlar egoist doğar, ama biz onlara fedakar olmayı öğreteceğiz. Onu yeniden düzeltip şekillendireceğiz. İleride aydın ve komünist olarak mutlu bir hayat yaşayacağımızı, sizler de göreceksiniz."

Önlerinde kapılar açılır. Kremlin'den çıkıp birlikte Kızıl Meydan'a doğru giderler.

Sessiz muhafızların refakatinde yürüyorlar.

Stalin, hiç beklenmedik bir hareketle Rav Aşlag'ın sırtını sıvazlar.

-"Merak etmeyin, biz eşitlikle yaşamak istemeyenleri nizama sokarız."

Rav Aşlag: "Onları düzeltemezsiniz."

Stalin: "Neden?"

Rav Aşlag: "Önce kendinizi düzeltmeniz lazım."

Stalin (Gülerek): "Bende kötü olan ne? Söyle, korkmayın!"

Rav Aşlag: "Kötü olduğunu bilmemek."

Stalin meydanın ortasında durur.

Karşısında Rav Aşlag duruyor.

Stalin: "Ben mi kötüyüm?"

Rav Aşlag: "Evet."

Stalin: "Kötü?"

Rav Aşlag: "Bir ideal var Stalin, onu biliyor musun?"

Merdivenin Sahibi

Stalin: "Onu kim biliyor? Siz?"

Rav Aşlag: "Evet."

Stalin: "Nedir bu ideal?"

Rav Aşlag: "Mutlak aşka eriştiğimiz zaman, Yaradan'a erişirsin. Bu yasadır."

Stalin: "Öyleyse, bu O'dur... Ben de O'nun bize yukarıdan bakan sakallı bir dede gibi olduğunu düşünürdüm."

Rav Aşlag (bu sözleri önemsemeden): "Ancak o zaman dünyayı düzeltebilirsiniz, Stalin. Biraz da olsa bu ideale yaklaşırsanız, bu bizim amacımıza dönüşecektir."

Stalin: "Ama bu ideale varmak çok uzun zaman alır."

Rav Aşlag: "Sadece arzulamak lazım."

Stalin, Rav Aşlag'ı baştan ayağa kadar bakışlarıyla inceliyor.

-(Aniden) "Çok özel bir kişisiniz. Sizi dinleyemeyeceğimi biliyorsunuz. Buna rağmen bana bunları söylüyorsunuz, beklentiniz nedir? Siz ya saf ya da aptalsınız? İnsan denilen hayvanın termemiz, saf aşkı uygulayana kadar bekleyeceğimi mi zannediyorsunuz, hakikaten? Hayır, beklemeyeceğiz, ama onu düzeltmeye başlayacağız. İkna ederek, zorla ve korkutarak..."

Stalin döner, ellerini arkada bağlayarak Kızıl Meydan'ın ortasındaki dev gibi anıta yavaş yavaş yaklaşır.

Rav Aşlag, onu izliyor.

Stalin: "Siz, yeterince korkuyu önemsemiyorsunuz, ama egoizme karşı müthiş bir silah."

Rav Aşlag: "Bu anlayış da, sizin büyük bir hatanız. Kuvvet kullanarak adam düzeltilemez."

Bir Sinematik Roman

Stalin, döner yan gözle Rav Aşlag'a bakar.

Rav Aşlag: "Adama, yüce aşk yasasını zorla kabul ettiremezsiniz. Mümkün değil. Çok kan dökülecek, şimdiden her yandan dökülüyor. Bak, kimleri öldürüyorsun; Generaller, bilim adamları... Bu sağduyuya aykırı, üstelik en dehşetli savaştan önce!"

Stalin (Sertçe): "Onlar vatan haini!"

Rav Aşlag: "Onlar sizi tehdit ediyor, o kadar. Sizin egonuz haykırıyor 'Onları sağ bırakma! Onlar sizin şöhretinizi kısıtlıyor!"

Sıra, sıra belgesel görüntüler. Ekranda, tutuklularla dolu geçen vagonlar. 'Vatan hainlerinin' halka açık infazları... Kış vakti ormanda odun toplayan, acı çeken insanlar. Buz gibi sokakta arkadaşlarını gömenler.

***

Kızıl Meydan

Rav Aşlag: "Sizlerin birlik içinde olduğunuzu düşünün. Kardeş olduğunuzu... Onları öldürünce kendinizi öldürüyorsunuz... Ne olurdu o zaman?"

Stalin (Durur): "Yeter! Devam etmene gerek yok. Her şeyi anladım. Ben pratik ve gerçekçi bir adamım. Sen ise idealist ve belirsiz biri... Sana bunu açıkça söyleyeceğim. Ağaçları yontarken etrafa bir sürü kırpıntı, çentik sıçrar. Doğru, tamam. Birçok masum insanın kanı dökülecek fakat burada yeni bir nesil doğacak."

Rav Aşlag: "Bomboş insanlar, hiçbir inancı olmayan... Kan ve haksızlık dolu dünyada yetişecekler."

Merdivenin Sahibi

Stalin, sessiz.

Muhafızlar onun gergin olduğunu sezer ve ona doğru yaklaşır.

O, parmak işaretiyle onları uzaklaştırır.

Stalin (Sertçe): "Seni dinledim. Şimdi sen beni dinle. (Rav Aşlag'ın gözünün içine bakar) Biz hiçbir yasaya inanmayız. Senin Allah'ın, siz Yahudilerin icadı... Nerede O? O'nu dünyada göremedim. (Stalin sırıtıyor) Var olsa bile O senin Allah'ın. O bile zorla insanları kendine çekmeye çalışıyor. Aşk... Senin bu sonsuz, mutlak aşkın... Bak burada ne biçim dünya yarattı. Sadece acı... Ne kadar kan aktı ve daha ne kadar akacak! Cevap ver! Benim sorum çok ilginç, değil mi?"

Rav Aşlag cevap vermek ister, ama Stalin kabaca sözünü keser.

Stalin: "Sus, cevap verme! Sen her şeyi söyledin, ben de her şeyi anladım."

Stalin, döner ve Kremlin'e doğru gider.

Rav Aşlag da arkasından yürür.

Korumalar ikiye ayrılıp aralarından geçmelerini sağlar. Kremlin'e gelip giriş kapılarının yanında dururlar.

Stalin: "Demek insanları zorla adam edemeyiz?"

Rav Aşlag: "Bu korkunç bir hata olur."

Stalin: "Sen bunun Allah'ın yasası olduğunu mu söylüyorsun."

Rav Aşlag: "Sadece O muktedirdir."

Stalin (derin nefes alır): "Buna rağmen biz deneyeceğiz. (Rav Aşlag'a gülümser) Bana söylediklerinin bir kelimesine bile inanmadım. Normalde kışkırtma suçuyla seni idam etmeleri emrini verirdim... Ama şimdilik yaşa."

Elini Rav Aşlag'a uzatır.

Stalin: "Allah'a ısmarladık, Aşlag."

Rav Aşlag: "Siz çok fazla kan dökeceksiniz. (Stalin'in gözlerine bakar ve kendi kendine konuşur gibi). Daha ne kadar kan dökülecek..."

Rav Aşlag döner. Kremlin'in çıkışına doğru ilerler. Stalin, ona doğru bakar.

Stalin, bu esnada baş muhafıza doğru elini kaldırır, baş muhafız hemen yanına gelir.

Stalin, Vladimir'e "Çıkışta onu hemen indirin!" der ve kapının ardından kaybolur.

Rav Aşlag, köşeyi dönüp gözden kaybolur.

İç bahçeye geçer ve Vladimir telefona doğru koşar.

-"(Bağırarak) Alo Sergey!"

Kremlin'in girişindeki polis memuru telefonu kaldırır.

Polis: "İşini göreceğiz, hesabını kapatacağız orgeneralim," der ve dışarıya doğru ilerleyip tabancasının kılıfını açar. Rav Aşlag'ın gelmesini bekler. Rav Aşlag, ortalıkta görünmüyor.

1939 senesinden belgesel görüntüler. Naziler Polonya'yı işgal ediyor. Varşova Getto'su kurulur. Sokaklarda sarı yamalı siyon yıldızı işaretiyle Yahudiler dolaşıyor. Kaderlerini kabullenmiş gibi üzüntüleri yüzlerinden okunuyor.

Naziler, zar zor yürüyen yaşlı bir grup dindar Yahudi'yi götürüyorlar. Durdular. Ama Naziler

Merdivenin Sahibi

onları sopalarıyla itiştiriyorlar. Aralarında Haham Feldman, Haham Zilber, Haham Apşteyn ve Öğretmen Şimuel ve arabacı var. Bitkin ve derin düşüncelere dalmışlar. Haham Zilber yere düşüyor, artık yürümeye kudreti yok. Arkadaşları onu kaldırmaya çalışıyorlar fakat kalkmayı başaramıyor. İki asker onu kenara sürükleyerek duvarın kenarına atarlar. Ateş sesleri duyulur.

Yaşlı Solomon'un kitap dükkânı ateşler içinde, yırtık pırtık giyimiyle kenarda duruyor.

Kurtarabildiği tek şeyi göğsüne bastırıyor, 'Zohar' kitabını.

Asker konvoyu onu Hahamların olduğu gruba doğru itiyor. Haham Feldman Solomon'un elindeki kitabı görüyor.

Solomon (Heyecanla fısıldıyor): "Bu kitapta Rav Aşlag'ın açıklamaları var. (Kitabı açar) Görüyor musunuz? Onun el yazısı... Ve kendisi ancak 7 yaşındayken..."

Haham Feldman acılı, başını sallar.

Solomon: "O büyük, önemli insan! O ne muazzam adam, Yehuda. Kimse onun derecesine erişemedi."

Arabacı (Haham Feldman'ın peşinden gidiyor): "Benim Moşe onu hemen anladı. Ne büyük bir Haham'ın evimize geldiğini derhal anladı. (Haham Feldman'a) O, oğluma buna benzer bir kitap verdi. Kendi o kitabı okudu. Rav Aşlag, hayatını uzattı... (Gözleri yaşla doldu) O, kendisiyle beraber gelmemi önerdi... Ben Moşe'mden nasıl ayrılırım? Mezarı burada... Burada, düşündüm ben de onun yanına yatayım. (Haham Feldman'a) Fikriniz ne Haham hazretleri, oğlumun mezarını ziyaret etmeme izin verirler mi?"

Paralel sokaktaki binanın sokak kapısından adamın birini sokağa fırlattılar. Hemen ayağa kalkıp bağırır.

-"Ben Yahudi değilim!"

Subay gülerek kamçısını yüzüne indirir. Yan'ın suratı kanla dolar. Evet odur.

Yakında duran arkadaşlarına ve bir keresinde kurtardığı güzel, genç Polonyalı kıza doğru bağırıyor.

-"Söyleyin onlara! Onlara kim olduğumu söyleyin."

Hepsi susuyor.

Yan: "Beni ölüme yollayamazsınız! Onlar bizi öldürmek için alıyorlar! Vanda! Vanda!"

Genç kız gözlerini indiriyor.

Arkadaşlarından biri: "Sen Yan değilsin, Polonyalı değilsin, sen Yahudi'sin. Yapacak bir şey yok."

İki Alman Yan'ı iki yanından tutup, onu yaşlı Yahudilerin bulunduğu gruba doğru atarlar.

Varşova Getto'sunun kuruluş belgeseli ve resimler. Yeni toplama kamplarının yapılışı. Devamlı hareket eden esirlerle dolu trenler.

Neler olacağını kimse bilmiyor.

Bazı kimseler hâlâ gülümsemekte.

Yahudi mahallelerinin ve köylerinin yıkılıp yakılması...

Varşova'da faşistler 1940 yeni yılını kutluyorlar.

***

Yafo. Rav Aşlag'ın evi.

Rav Aşlag, yorgunca evine yaklaşıyor.

Merdivenin Sahibi

Evde onu on beş yaşlarında bir çocuk bekliyor.

Çocuk: "Siz Rav Aşlag mısınız?"

Rav Aşlag: "Evet."

Çocuk: "İsmim Zamia. Beni Haham Baruh yolladı. Size her şeyi anlatmakla görevlendirildim."

Rav Aşlag, çocuğa doğru eğilir.

Rav Aşlag: "O öldü mü?"

Çocuk: "Hayır, yaşıyor."

Rav Aşlag (Rahat bir nefes alır): "İçeri gir Zamia."

Polonya, belgesel görüntüler... Küçük bir kasaba pogrom katliamı. Evler yanıyor. Naziler evden çıkardıkları bir kadını saçlarından tutup yerde sürüklüyorlar. Aynı yerde bahçede, bir Yahudi grubuna ateş edip öldürüyorlar. Sokaklarda koşan insanlar, peşlerinden motosikletli Naziler. Olan bitenden çok zevk aldıkları görünüyor.

Zamia'nın sesi: "Sadece ihtiyar Baruh'un bizi kurtaracağını biliyorduk."

Bir grup Yahudi... Yaşlılar, gençler ve kucaklarında çocuklar taşıyan kadınlar Baruh'un evine doğru koşuyorlar. Bembeyaz saçlı Baruh, kapının eşiğinde duruyor.

Sesler: "Kurtar bizi Baruh! Evlerimizi yakıyorlar."

Baruh (İddialı): "Ağlamayı kesin! Hepiniz içeri girin!"

Birbirlerini iterek evin içine girdiler. Baruh kapının eşiğinde başını gökyüzüne kaldırır. Hızla ilerleyen bulutlara bakıyor. Onlarda, kolları sıvalı ateşler içinde kalmış yollarda motosikletlerini süren Alman askerlerini yansıması görünüyor. Çürük

dişlerini gıcırdatarak yumruğunu gökyüzüne doğru kaldırıyor.

Baruh: "Hâlâ seni seviyorum!"

Arkasından kapı çat diye kapanır.

Korkmuş olan Yahudiler bir arada, Baruh'un evine güç bela girmişler.

Ona ümitle bakıyorlar.

Kadınlar, çocuklarını sıkı sıkı bağırlarına basıyor.

Herkes sessiz, hiç kimse ağlamıyor.

Baruh: "Ne yani, siz Yaradan'a mı lanet ediyorsunuz? Sakin olun! Şu anda O'nunla konuştum. Her şey iyi olacak."

***

Yafo, Rav Aşlag'ın evi

Rav Aşlag ve Rivka, Zamia'yı dikkatle dinliyorlar

Zamia: "Herkes son derece sessiz oturdu. Herkes onun Yaradan'la konuştuğunu biliyordu. Eğer Yaradan söz verdiyse, O kurtaracaktır. (Bir Rivka'ya, Bir Rav Aşlag'a bakıp, çekinerek) Belki sizde biraz yemek vardır?"

Rivka, üzülerek elini cebine sokar ve bir parça kuru ekmek çıkarır.

Rivka (Rav Aşlag'a): "Raheli için saklamıştım, ama ona vermeyi unuttum."

Zamia ekmeği hırsla ısırır.

Zamia: "Gemiden, doğru size geldim, önce Kudüs'e gittim. Ama orada, sizin Yafo'da olduğunuzu söylediler. Gemide bize hiç yemek vermediler. Daha öncesinde de söz açılmışken buraya nasıl gelebildim bir bilseniz. Bütün yol boyunca mucizeler olmuştu.

Neredeydim? Evet, gördüm ki Baruh bana bakıyor. Sonradan bana yaklaşıp, yavaşça kimse duyamadan..."

Polonya, küçük bir kasabada, Baruh'un evi.

Baruh: "Sen Kudüs'e gideceksin."

Zamia (Korkuyla): "Hangi Kudüs'e?"

Baruh: "Dünyanın başkenti."

Zamia: "İsrail topraklarına mı? Oraya nasıl varırım?"

Baruh (Çabucak fısıldar): "Sen oraya varacaksın. Yolda sorun olmayacak. Rav Aşlag'ı bulup ona her şeyi anlatacaksın."

Zamia: "Ben yapamam! Bakmam gereken annem ve kardeşlerim var!"

Baruh: "Sus! Gideceksin dediysem gideceksin demektir. Annen ve kardeşinle ben meşgul olurum."

Dışardan motosiklet gürültüsü duyulur, sarhoş Naziler tahta panoların aralıklarından evi gözetliyorlar. Birbirine kümelenmiş, sıkışık Yahudileri görüyorlar. Naziler gülerek içeri girmeye çalışıyorlar.

Evin içi.

Baruh (Zamia'ya): "Şayet bir bilseydin kiminle karşılaşacağını, küçük Yahudi. (Kırışık, gözleri yaşlarla doluyor) Bana bakma! Bunu ona anlatma! Yok... Söyle ona... Baruh, sevinçten ağlıyor."

Almanca konuşmalar duyuluyor.

Çatlakların arasından, ellerinde benzin dolu şişelerle koşuşan Almanlar.

Merdivenin Sahibi

***

Yafo, Rav Aşlag'ın evi

Zamia: "O dedi ki... Bütün yol boyunca unutmamak için kelimeleri tekrarladım. O dedi ki..."

***

Küçük bir kasaba... Baruh'un evi.

Korkudan inleyen kişiler.

Naziler eve benzin döküyor.

Baruh (Sanki olanlarla ilgilenmiyormuş gibi, Zamia'ya fısıldar): "Söyle ona, büyük Kohen 'e, ulular ulusu Bilge'ye. Ben Baruh, garip kuş, sarhoş, beş para etmeyen, beni her şey için affetsin. Benden daha mutlu kimse yok. Çünkü Yaradan'ın çok sevdiği, büyük harika bir ruhla tanışma şerefine eriştim. Ve ona de ki: Hiçbir şey onu gittiği yoldan çevirmesin. Zohar Kitabı zavallı insanlara ulaşmalı."

***

Yafo, Rav Aşlag'ın evi
Herkes sessiz.

Rivka, sessizce ağlıyor.

Zamia: "Ve bundan sonra mucize oldu. Beni damdaki bacadan dışarıya attı. Çalıların arkasına saklanabildim ve her şeyi gördüm."

Küçük kasabada, Baruh'un evi yanıyor.

Zamia'nın sesi: "Evi ateşe verdiler. Yaktılar. Nasıl da yandı..."

Yafo

Bir Sinematik Roman

Zamia (Birden sesi kısıldı): "Orada olanlardan hiç biri bağırmadı."

Rav Aşlag, sandalyesinde doğruldu.

Küçük kasaba, Baruh'un evi yanıyor.

Almanlar evin etrafında korkuyla duruyor.

Almanca konuşma sesleri duyuluyor.

- "Onlar orada mı?"
- "Ee onları gördün ya?"
- "Öyleyse neden feryat etmiyorlar, bağırmıyorlar!"
- "Lanet olsun Yahudilere!"
- "Bu, hiç hoşuma gitmiyor…"

Zamia'nın sesi: "Ne kadınlar, ne çocuklar kimse haykırmadı. Ev tamamen yandı."

Zamia'nın yüzü, çalıların arasından gözüküyor.

Alevler gözlerinde yansıyor.

Zamia: "Bu Nazilerin eve nasıl baktıklarını gördüm."

***

Yafo. Rav Aşlag'ın evi.

Zamia (Zafer haykırışıyla): "Korkularından donlarına yaptılar."

Küçük kasaba

Baruh'un evi yanıyor.

Evin duvarlarından biri yıkılıyor. Bir duvar daha… Damı da çöküyor.

Zamia'nın sesi: "Kaçmaya can atıyordum. Korkudan zor dayandım. Ama kaçmadım. Annem ve beş kız kardeşim orada kalmıştı."

Ev tamamen yandı…

Zamia'nın sesi: "Naziler oraya yaklaştı. Közleri incelediler."

***

Yafo. Rav Aşlag'ın evi.

Zamia'nın gözleri.

Rav Aşlag'ın gözleri

Zamia (Fısıldayarak): "Orada hiçbir şey yoktu. Hakikaten... Onlar gittikten sonra kendim kontrol ettim. Naziler ellerindeki her şeyi atıp evden kaçtılar. (Fısıldayarak) Ve bir şey daha gördüm. (susuyor)."

Rav Aşlag: "Ne? Ne gördün?"

Zamia (Nefes nefese): "Rav Baruh'u gördüm ve bizim tüm Yahudileri, annemi, kız kardeşlerimi. Hepsini... Onları gördüm."

Rav Aşlag: "Nerede?"

Zamia (Ciddiyetle): "Gördüm, yemin ederim ki gördüm. Ormanın üzerinden birçok beyaz kuş uçtu. Buraya doğru uçtular. İsrail'e... Güneye..."

Rav Aşlag'ın gözleri

Zamia'nın sesi: "Niye şaşırıyorsunuz? Herkes yaşlı Baruh'un Kabalist olduğunu biliyor. Mucizeler yarattığını, o da onları kurtardı."

Rav Aşlag, sandalyesinden kalkıp duvarın yanında yürümeye başladı.

Rivka'nın sesi: "Kalacak yerin var mı Zamia?"

Zamia: "Annem ve kız kardeşlerim gelince bir daire kiralarız."

Rivka: "O zamana kadar bizimle kal."

Zamia: "Size teşekkür ederim"

Bir Sinematik Roman

Rav Aşlag, duvarın yanında durup Rivka'ya ve Zamia'ya bakar.

Rivka (Gözlerini ona kaldırır): "Bizde yaşasın, dokuz kişi besledik. Onu da besleriz. Niye bana böyle bakıyorsun?"
Rav Aşlag: "Biz Kudüs'e dönüyoruz. Benim orada olmam şart. Teşekkür ederim... Sevgili eşim."

Kudüs 1940 senesinden sıra sıra belgesel görüntüler. Ben Gurion Tel Aviv'de bir toplantıda... New York'ta Jabotinsky bir konferansta. Yumruklarını kaldırıyor. Hemen arkadan başka bir dizi resimler. Varşova toplama kampı, büyük bir çukura cesetler atılıyor.

Tel Aviv İşçi Partisi'ne ait gazeteden bir sayfa... Revizyonist partisine ait başka bir sayfa... Partilerin arasında çıkan münakaşalar sokaklara yansıdı. Tel Aviv sokaklarında gösteriler.

Tekrar başka resimler... Varşova Gettosu, muazzam açlık... Yüzleri ıstırap dolu çocuklar sokaklarda ölüyor.

***

Kudüs, gece, sınıf.

Rav Aşlag, umutsuzca masaya vuruyor. Talebeleri onun böyle hareket ettiğini asla görmediler.

Rav Aşlag: "Ben kitap yazana ve baskıya hazırlayana kadar... Onlar basılana kadar... Ne kadar çok zaman geçer! Şimdi her dakikanın o kadar kıymetli olduğu zamanda!"
Hayim: "Sokaklarda sayfalar dağıtsak?"
Şimon: "Bunun daha iyi bir yolu olmalı, hazır ve elde edebilecek."
Baruh: "Biliyorum. (Herkese bakar) Gazete yayınlayalım!"

Merdivenin Sahibi

Rav Aşlag, bakışlarını hemen ona çevirir.

Rav Aşlag: "Gazete? Elbette, gazete! Hemen yazıp yayınlamak mümkün! Nasıl da bunu daha önce düşünemedim! Tek sorun parayı nasıl elde edeceğiz."

Hayim (Kendinden emin): "Para buluruz. Siz parayı merak etmeyin."

***

Gece, Rav Aşlag'ın evi

Çabuk çabuk yazıyor.

Birbiri ardına yakılan sigaralar. Küllük izmaritlerle dolup taşıyor. Yeni yeni sıralar ekleniyor.

- "Avrupa'da kalan kardeşlerimizin kaderi, bizim birlikte olup olmamamıza göre değişir. Olup olmamamıza bağlı..."

Gece, yük taşıyan trenlerin istasyonu... Araplar sırtlarında beton çuvalları taşıyorlar. Onları vagonlara yüklüyorlar. Çuvalların yükü altında ezilircesine... Rav Aşlag'ın talebeleri yavaşça ilerliyorlar.

Sabah, Rav Aşlag yazıyor.

Başı masaya doğru yaklaşmaya başladı.

Kızının ince eli, Batşeva arkasında oturuyor, hemen omuzuna dokunuyor. O uyanıyor ve yazmaya devam ediyor.

Kuyumcu dükkânı... Türk dükkân sahibi, Davud Yıldızlı altın zinciri tartıyor. Karşısında Şimon huzursuz. Türk satıcı kâğıt paraları sayıp ona uzatıyor. Şimon dükkândan çıkıyor. Hayim ve Baruh sokakta onu bekliyorlar.

Gündüz, Rav Aşlag yazıyor.

Merdivenin Sahibi

Başı masanın üstüne düşüyor.

Odanın kapısı yarı açık... Rivka, üzerine eğiliyor.

Kalemi tutan parmaklarını açmaya çalışıyor. Kalemi tutan parmaklarını açmaya çalışıyor, ama yapamıyor.

Kızı yardım ediyor.

Güçlükle, parmakları teker teker açmayı başarıyorlar.

Rivka, dizlerine çöküp, Rav Aşlag'ın ayaklarını içinde soğuk su olan küvetten dışarı çıkarıyor.

O, uyanmıyor.

Yol inşa edilen bir alan...

Arapların yanında Baruh onlarla beraber demirleri toprağa yerleştiriyor.

Rav Aşlag, yazıyor.

***

Los *Angeles*

'Diktatör' adlı filmin çevrildiği set... Aron, telefonun yanında köşede duruyor.

Aron: "Ne kadara ihtiyacınız var, Hayim? Telgraf vasıtasıyla size para yolluyorum. Niye hemen bana söylemediniz? Rav'a söyle Los Angeles'ta bir grup talebe var. Söyle ona (Elindeki kitabı sallıyor) Amerika'da kitabı yayınladım. Onu, her şeyden çok sevdiğimi ona söyle! Söyle ona sağlığım, sıhhatim yerinde! Bu gece Chaplin film yapımcılarını evine davet etti, ona bildir. Hepsine kitapları hediye edeceğim, onlara bu bilgelik hakkında her şeyi anlatacağım. Bundan daha büyük bir mutluluğun mümkün olmadığını söyle ona!" (Hat kesiliyor. Aron, ahizeyi yerine koyuyor. Gözleri parlıyor.

Bir Sinematik Roman

***

Kudüs. Eski bir matbaa, kırık pencereler...
Makineler çok gürültü çıkarıyor. Tek kelime duymak mümkün değil.

Rav Aşlag, baskı makinesinin önünde duruyor.

Baruh, onun yanında. Birkaç metre ötede Hayim, ellerini yanan sobada ısıtıyor.

Şimon, harfleri hazırlıyor ve onları Rav Aşlag'a veriyor. Rav Aşlag, onları, türüne göre kutulara dağıtıyor.

Birinci sayfa basıldı.

Zamia, onu alıp Rav Aşlag'a getiriyor.

Rav, onu dikkatle inceliyor.

Sayfayı yırtıyor ve harfleri yeniden düzeltmeye başlıyor.

Rivka yere düşen kâğıt parçalarını toplayıp masanın üstüne koyuyor. Onların üzerine, ekmek, soğan ve zeytinyağı koyuyor.

Camları kırık pencerenin önünde duran Rav Aşlag baskı makinesinden yeni çıkan sayfayı okuyor.

Rav Aşlag: "Bu gazete zor zamanda, zorlukla ve sıkıntıyla doğdu. Bu dünyada zehir ve nefretin hücumun uğramış milletlerin içinden..."

Varşova Getto'sundan belgesel görüntüler... İhtiyar bir Yahudi'yi soyuyorlar. Çocukları vagonlara götürüyorlar.

Rav Aşlag: "En fevkalade milletler bile, nazikçe kapılarını kapadılar."

Merdivenin Sahibi

Belgesel görüntüler… Yahudileri imha kamplarına götüren yük vagonları…

***

Kudüs…

Baskı makinesinden çıkan sayfalar… Gazetenin ismi görünüyor 'Ulus'.

Rav Aşlag: "Mucize olmayacak, biz aramızda birleşmedikçe."

Belgesel görüntüler… İsrail'de partiler arasında tekrarlanan mücadeleler. Bütün ihtişamıyla İsviçre, kayak yapan insanlar. İngiltere'de balolar. Teksas'da 'En çok kim yiyebilir?' yarışması. Getto'nun sokaklarında açlıktan ölen çocuklar.

Rav Aşlag: "Sonsuz büyüklükteki engelleri, inanılmaz derecede büyük çabalar sarf ederek aşmak için, çelik gibi bir birlik gerekir."

***

Matbaa

Sayfaları birleştiren eller.

Üst üste yığılan gazeteler.

Rav Aşlag, bir yığın gazeteyi ellerinde tutuyor. Mutluluktan yüzü ışık saçıyor.

Bacakları titriyor, ama Baruh yetişip onu tutuyor ve sandalyeye oturtuyor.

Şimon, birden oryantal şekilde dans etmeye başladı.

Hayim hasidik dansını ediyor.

Diğerleri onlara katılıyor.

Soğuk matbaada Rav Aşlag ve talebeleri dans etmekte.

Yüzlerini sevinç ve yorgunlukla karışık bir ifade kaplıyor.

***

Los Angeles, gece...

Sokakta Ford kamyonet... Denize yakın otobana yöneldi.

Rüzgâr arabanın açık penceresinden içeri doluyor.

Aron, gülümsüyor.

Karşı taraftan gelen otomobillerin ışıkları yüzünü aydınlatıyor.

***

Gece, Charlie Chaplin'in villası...

Charlie, misafirlerini karşılıyor.

Park yeri sürekli gelen muhteşem arabalarla doluyor.

Deniz kenarındaki otoban...

Radyoda klasik müzik çalıyor.

Dönemeçte gelen otomobilin ışıkları bir an gözleri kamaştırıyor.

Fren sesi duyulur.

Çarpışma!

Aron'un kamyoneti takla atıp yamaçtan aşağıya doğru yuvarlanıyor. Denize doğru içindeki kitaplar, uçan kuşlar gibi, yaprakları parlıyor. Kamyonetin arkasından uçuyorlar ve karanlığın içinde kayboluyorlar.

Merdivenin Sahibi

***

Kudüs, şehrin ana caddesi...

Rav Aşlag, kavşakta durmuş gazeteleri dağıtıyor. Önünden insanlar, at arabaları, otobüsler ve otomobiller geçiyor.

Herkes ona merakla bakıyor, elinden gazeteyi alır almaz okumaya başlıyorlar.

Okuma sesleri tek ses olarak birleşiyor:

-"Kendi kendinize bir düşünün. Bugünlerde olduğu gibi bir millet her şey yolundaymış gibi davranıyor. Bizleri kapıya koyduğu bir zamanda... Tabii ki hiç kimse hangi partiye mensup olduğunu aklına getiremezdi. Çünkü bu bela hepimizi aynı hamurun içinde yoğurdu."

***

Kudüs.

Rav Aşlag, kalabalık sokakta yürüyor. Gelen geçene gazete veriyor. Onların önünde lütfen dercesine eğiliyor. Onun elinden gazeteyi alanlar ne olduğunu anlamak için hemen açıp bakıyorlar.

Rav Aşlag, teşekkür edercesine okuyanlara bakıyor.

Okuyanların sesleri: "Bizler, cevizleri bir arada tutan, onları dışarıdan saran, birleştiren bir torbanın içindeki cevizler gibiyiz. Bu beraberlik bizi bir bütün yapamıyor. Torbadaki en hafif sallanma onlarda koşuşturmalar ve ayrılıklar yaratıyor. Her seferinde kısmen tam olmayan yeni birleşimler meydana geliyor. Bunun olumsuzluğu şudur ki doğal olarak kendiliğinden birleşememeleri."

Şimon'un karşısında duran dindar Yahudi kendi kendine sırıtıyor. Gazeteyi yüzünün hizasına kadar

Bir Sinematik Roman

yükseltip yavaş yavaş Şimon'un gözleri önünde yırtıyor. Şimon, onu yakasından tutuyor ama Hayim ve Baruh koşup onu oradan uzaklaştırıyorlar.

Laik bir Yahudi, Zamia'dan bir gazete alır. Birkaç adım ötede, gazeteyi buruşturup öfkeyle onu çöp kutusuna atar.

Zamia gazeteyi çöp kutusundan çıkarıyor ve özenle onu düzeltiyor.

Her köşede gazete okuyanlar.

Yaşlı birinin sesi: "İçimizdeki sönmüş olan doğal aşkı ve sevgiyi tekrar bulup canlandırmak. İnsan hayatının buna tabi olduğunu anlamamız lazım."

Genç ses: "Tehlikeyi hissetmek... Çocuklarımızın gözleri bizim üzerimizde."

Rav Aşlag dar bir sokakta yürüyor. Nefesini dinlendirmek için duruyor, Hayim ona yaklaşır.

Hayim: "Hocam, kötü bir haberim var."

Rav Aşlag, yorgun gözlerini kaldırır.

Hayim: "Los Angeles'ta... Trafik kazasında Aron öldü."

Rav Aşlag susuyor.

Sokağın karşı tarafında bir genç gazeteyi okuyor. Yaşlı bir dindar gazeteyi açıp okuyor. Arabacı gazeteyi yüksek sesle ağır ağır okuyor. Rav Aşlag, bir demet gazete alıp yokuştan aşağıya iniyor. Yorgunluktan titreyen ayaklarıyla gelen geçene gazete dağıtıyor.

Rav Aşlag'ın evinin yanındaki sokak, gece çok geç saatler...

Rav Aşlag evine yaklaşıyor. Kapıyı açıyor, yüzü endişeli Rivka onu karşılıyor.

Rivka: "Yehuda!"

Aniden iki İngiliz polisi onu iki yanından tutuyor. Rivka, kocasına yaklaşmaya çalışıyor, diğer iki polis onu durduruyor.

İngiliz subay salonda sandalyeden kalkıyor.

Subay: "Bay Aşlag, siz Filistin'de yasak olan komünist propagandası yapmakla suçlusunuz, sizi tutukluyoruz."

Sokakta Rav Aşlag'ı götürüyorlar.

Onu kapalı arabanın içine itiyorlar, kapıyı yüzüne çarpıyorlar.

Aşlag, kapının eşiğinde duran Rivka'yı görüyor.

Rivka ağlamıyor, elini sallıyor.

Emniyet bürosu, beyaz oda...

İngiliz subayı hızla yazıyor.

Sandalyenin üstünde birkaç 'Ulus' gazetesi var.

Rav Aşlag, subayın karşısında duruyor, subay başını kaldırıyor.

Subay: "Buraya imzalayın lütfen"

Rav Aşlag, imzalıyor.

Subay: "Neye imza attığını biliyor musun?"

Rav Aşlag: "Fark etmez."

Subay: "Seni tutuklamamız için kimin ısrar ettiğini bilmek ister misin?"

Rav Aşlag: "Hayır."

Merdivenin Sahibi

Subay: "Sizin bu gazeteyi çıkarmanızı ve her türlü politikayla uğraşmanızı yasaklıyoruz. Gidebilirsiniz. Serbestsiniz. Şimdilik..."

Rav Aşlag, döner ve kapıya doğru yürür.

Arkasından subayın sesi duyulur: "Sizin gazeteniz çok hoşuma gitti Bay Aşlag."

Rav Aşlag, durur.

Subay: "Orada nasıl yazmıştın (Yazılı olan yeri buluyor). Milleti birleştiren sevgi bağları bozuldu, kalplerimizden koptu. Gelip geçti ve artık yoklar. Eğer onları yenilemezsek... Önce kendimizi sonra bütün dünyayı felakete sürükleriz."

Rav Aşlag, kapının yanında subaya bakıyor.

Subay: "Burada Filistin'de herkesin nasıl da birbirine bağlı olduğunu gerçekten hissediyorum. Sana ihanet edenler kardeşlerindi."

Rav Aşlag, odadan çıkıyor.

Matbaa. Rav Aşlag, sonuna kadar açık kapıların önünde duruyor.

Baskı makinesi hareketsiz...

Yere saçılmış sayfalar...

Bütün harfler dağılmış.

Kalan gazeteler bahçede tamamen yanmakta.

Rav Aşlag, ateşten bir parça kâğıt çıkarıyor. Üstünde satırbaşı: 'Ama biz fırsatı kaçırırsak.'

***

Rav Aşlag'ın evi

Beyaz tavanda yaşlı bir ağacın gölgeleri oynuyor. Etrafta son derece sessizlik hâkim.

Rav Aşlag, solgun, yatakta yatıyor.

Eli bir kitabın üstünde...

Kapının arkasında bir ses duyulur.

-"Kalp krizi geçirdiği şüphesiz. Hem de oldukça kuvvetli. Bir ilaç daha ekliyorum. Beyni rahatlatır. Sorun şu ki, vücudunu kımıldatmaya kuvveti yok. Ama kafası durmadan çalışıyor."

Sırayla belgesel görüntüler. 22 Temmuz 1941. Naziler Sovyetler Birliği ile savaşıyor. İlk bombalar binalara yağıyor. Sokaklarda mülteci grupları... Alman zaferinden görüntüler...

***

Kudüs. Rav Aşlag'ın evi.

Aşlag'ın evinde mütevazı bir sofra. Herkes sessizce yemekte...

Rav Aşlag herkesten daha yüksek bir iskemlede oturuyor.

Kapı çalıyor. Rivka, açmaya gidiyor.

Kapının eşiğinde tutuklandığı gün Rav Aşlag'ı serbest bırakan İngiliz subayı duruyor.

Rivka: "O çok hasta. Kalp krizi geçirdi. Henüz kendine gelmeye başladı. Hasta adamı tutuklayamazsınız."

Subay: "Merak etme, başka amaçla geldim."

Rav Aşlag, yavaş yavaş yaklaşıp Rivka'nın arkasında durur.

Subay (Bir mektup uzatarak): "Rav Aşlag, size mektup getirdim. Kardeşim İngiliz gemisinde kaptan yardımcısı. Bu mektubu gemide çalışan Almanyalı verdi. Ona Varşovalı bir subay vermiş. Mektubu galiba 6 ay kadar önce yolladılar.

Merdivenin Sahibi

Bu zaman zarfında kardeşimdeydi. Üzerinde isminizi fark edinceye kadar..."

Rav Aşlag, mektubu açıyor.

İlk satırları çabucak okuyor.

- "Merhaba, saygıdeğer Rav Aşlag. Sizin değerinizi bilemedik. Anlamsız, acı dolu, çaresiz durumda size yazıyoruz."

Varşova... Toplama kampı yavaşça görünüyor. Sokaklarda yarı ölmüş insanlar güçlükle ilerliyor.

***

Rav Aşlag'ın sesi: "Bizim için zor olduğu için değil. Şimdi herkes için zor. Ama size ve bütün milletimize karşı biz suçluyuz. Bizi uyardınız, bizse sağır ve nefret doluyduk." Zayıflamış Hahamların ıstırap dolu bakışları görünür...

- "Sizi boykot ettik, kovduk. Kördük işte. Şimdi biz burada Getto'da mahkûmuz. Haklarımızı, evlerimizi aldılar. Çocuklarımız da burada, akrabalarımız da... Polonya'daki bütün Yahudiler burada... Bütün bunlar bizim yüzümüzden. Gurur dolu suçlularız... Haklıydınız. Milletimizin başına geleceklerden biz sorumluyuz. Bu duygularla yaşamak mümkün değil."

Rav Aşlag, halen kapının eşiğinde.

İngiliz subay sessizce önünde duruyor.

Rav Aşlag, mektuba dalmış, hiçbir şeyin farkında değil.

Varşova Getto'sundan resimler... Getto'nun sokaklarında cesetleri toplayıp arabaya atıyorlar.

- "Buradan asla çıkamayacağımızı biliyoruz. O zaman sizi keşke dinlemiş olsaydık! Keşke sizi dinleseydik!"

Birden Haham Feldman'in yüzü görünüyor, çok zayıf.

- "Dün Haham Feldman öldü. Size sonsuz sevgi ve hayranlığını iletmemizi istedi."

Haham Feldman gülümsüyor.

- "Gözümüzün önünde çocuğu döverken, onu koruma cesaretini gösterdiği için öğretmeni öldürdüler".

Öğretmen Şimuel. Rav Aşlag'a gülümsüyor. Rav Aşlag'ın ezeli düşmanı şimdi ona gülümsüyor.

Merdivenin Sahibi

-"Haham Zilber, açlıktan öldü."

Haham Zilber, başını güçlükle kaldırıyor.

-"Kızıl saçlı arabacı sizin nasıl tanıştığınızı anlattı. Kaçmaya çalışırken vurularak öldürüldü. O oğlunun mezarına gitmek isterken vuruldu."

Arabacı, Rav Aşlag'a el sallıyor.

-"Her şeyi keder kaplıyor. Keder... Görünüşe göre Getto'yu imha etmeye hazırlanıyorlar."

Rav Aşlag. Kapının yanında aynı yerde... Rivka, ona yaklaşıyor ve mektubu arkasından gözetliyor. Aceleyle okuyor. Gözleri yaşla doldu. Gözleri son satıra takıldı.

-"Bizi uyandırmaya devam et." Rivka okuyor.

-"Bizi birleştir. Bizleri birbirimizi sevmeye ikna et. Belki o zaman Yaradan bizi de kucaklar. Zavallı kardeşlerin, sözlerini dinlemeyen."

Belgesel görüntüler... Polonya, Varşova Getto'sunu imha etmeye başlıyorlar. Yük vagonları Getto'nun duvarlarına yükseliyor. Askerler, insanları zorla vagonların içerisine sokuyorlar.

Rav Aşlag'ın mektubu tutan eli aşağıya iniyor.

-"Onlar artık hayatta değil mi?" Rivka sorar.

-"Değiller." Rav Aşlag'ın sesini duyar.

-"Böyle olacağını biliyordun."

Rivka, mektubu tutan elin birden titremeye başladığını görüyor.

Bir Sinematik Roman

-"Elinden gelen her şeyi yaptın," diyor.

Kocasının keder dolu gözlerine bakıyor, çabucak konuşuyor.

-"Hatırlıyorum. Herkesin oradan gitmesini istedin. Hatırlıyorum... Onları uyardığını hatırlıyorum!"

Fısıldayarak "Evet." diye cevap verir.

-"Onlara her şeyi anlattın."

-"Her şeyi değil. Her şeyi anlatmadım onlara. Görüyor musun, onlar orada kaldı."

-"Bu işte kendini suçlayamazsın."

Onun gözleriyle karşılaşmak istedi, fakat başaramadı.

-"Kalp krizi geçirdin. Ben varım, ailen var, talebelerin var. Daha seni duyup tanıyacak dünya var, Yehuda."

Yehuda susuyor.

Bütün bu zaman zarfında İngiliz subay karşılarında duruyor.

Konuşulan Yidiş dilinden bir kelime bile anlamıyor ama bekliyor.

Çocuklar sessizce odadan gözetliyor.

Rivka kocasının elini okşuyor.

-"Sakin ol, sakin ol," Fısıldıyor.

Rav Aşlag'ın titreyen eli sakinleşti.

-"Özür dilerim Bay Aşlag, gitmem lazım. Ama gitmeden evvel Kabala ile ilgili kitap ve makalelerinizden satın almak istiyorum."

Rav Aşlag, gözünü kaldırır fakat onu görmüyor.

Rivka: "Elbette, elbette," diyerek kocasına dönüyor:

Bir Sinematik Roman

-"Bakın! Lütfen buyurun hepsi burada. Hem kitaplar hem de makaleler. Fiyatları çok ucuz." Subay, Aron'un yayınladığı kitabı eline alıp, birkaç dakika onu inceler.

-"Hepsini isterim. Sizde olan tüm her şeyi..."

***

Kudüs, sınıf...
Rav Aşlag, yünlü battaniye ile örtünmüş.
Kendisi halen halsiz, buna rağmen öğretiyor.

Rav Aşlag: "Aç, susuz çölde kolunu kaybeden toplum misali."

Naziler, evlerinden kovulup sokağa atılan insanları vagonlara götürüyor.

Rav Aşlag'ın sesi: "İşte onlardan biri bolluk içinde bir şehir buldu, mutsuz kardeşlerini hatırladı... Yüksek sesle bağırıp şofar çalmaya başladı, belki aç ve mutsuz arkadaşları onun sesini duyar ve ona yaklaşıp o bereketli şehre gelirler."

Sınıf. Rav Aşlag acıdan kıvranıyor.

Battaniyeye daha sıkı sarılıp başını pencereye doğru çeviriyor. Getto'daki çocuklar pencereden bakıyor.

Rav Aşlag'ın sesi: "Tüm beşeriyetle çölde yolumuzu şaşırdık, şimdi ise iyilik dolu büyük bir hazine bulduk."

Rav Aşlag, elini açık kitabın üstünde kaydırdı.

Rav Aşlag'ın sesi: "Bu kitap bir hazine, dünya onu takdir edecek. Arzularla dolu ruhumuzu tatmin eden, bize gönül rahatlığı ve huzur veren kitap, 'Zohar'..."

Rav Aşlag, gözlerini yumar.

Merdivenin Sahibi

Zamia'nın sesi: "Orada, akrabalarımızı ölüme götürüyorlar. Biz ise burada kitaplardan bahsediyoruz. Kimse bizi anlamayacak."

Talebelerin başı ona doğru döner.

Rav Aşlag, Zamia'ya bakıyor.

Rav Aşlag: "Zamia, insanlığın başarısı bu kitaba bağlı. (yavaşça ve sakince) Çözüm siyasi kararlarda değil. Askeri kuvvet, kahramanlık eylemlerinde de değil. Çözüm bu kitaba bağlı. (Eli kitabın üstünde) Bu kitapta aşkın ışığı saklı. Onu açıyorsun, eğer saf niyetliysen bu sevgiyi yukarıdan, Allah'tan çekiyorsun... O aşk senin sayende etrafındaki her şeyi değiştirmeye başlar."

Zamia (ağlıyor): "Size inanıyorum, ama çok zor... Çünkü... çünkü annemi ve kardeşlerimi bir daha dünyada göremeyeceğimi biliyorum."

Rav Aşlag: "Cismen zor olduğunu anlıyorum Zamia. Seni anlıyorum. Vücudun akrabalarının vücutlarını hissetmiyor ve acı çekiyor... Ama ruhların dünyasına girmeye çalış, o zaman başka bir dünya hissedersin... Ruhlar ölümsüzdürler, mutludurlar çünkü onlar birbirilerinden ayrılmazlar... Yaradan'dan da ayrılmazlar. Zohar Kitabı böyle yazar... Onu herkese açmanın zamanı geldi..."

Zamia: "Bunu yapacağınızı biliyorum. İhtiyar Baruh bundan bahsetti bana..."

***

Oda... Rav Aşlag yazıyor.

İlaçlar hemen önünde masanın üzerinde duruyorlar...

Önünde Zohar Kitabı açık.

Yukarı doğru ışık hüzmesi tavanda parlak yuvarlak halkalar halinde şekiller çiziyor.

Rav Aşlag'ın sesi: "Can Kardeşlerim şunu bilin ki Kabala Bilgeliğinin esası, Aşkın ilahi yücelerden bizlere kadar nasıl indiğini öğretmektir..."

Rav Aşlag, başını tavanı aydınlatan ışığa doğru kaldırır.

Kendisini Varşova'nın boş sokaklarında yürürken görüyor.

Kırık camlar, yırtık yastıkların içinden tüyler sanki kar tanecikleri gibiymiş gibi pencereden dışarıya uçuşuyorlar... Kapı eşiğinde bir çocuk ayakkabısı.

Yırtık dua kitabı, çamurların içinde...

Bütün orada olan bitenleri hissediyor.

Rav Aşlag'ın sesi: "Canımızı kurtaracak çareler arayıp, bir tek çare bulalım."

Rav Aşlag, savaşın bütün zor durumlarını yaşarcasına, her şeyi görüyor.

Rav Aşlag'ın sesi: "Düzenli bir hayat akışı dünyanın beklediği tüm mutluluk hepsi Zohar Kitabı'nda."

***

Kudüs...Oda...

Rav Aşlag yazıyor, yazdıklarını sesli okuyor:

"Kendimi daha fazla tutamıyorum. Zohar Kitabı'nı sizlere açmaya karar verdim. Nesiller boyunca üzerindeki kelepçe ve kilitleri açmak. Onun sayesinde ışığı, aydınlığı... Artık nesiller boyunca saklanan sır herkese açık olacak."

Kapı açılır ve Rivka odaya girer. Endişeli görünüyordur.

Merdivenin Sahibi

Rivka: "Naziler, Yafo'yu bombalıyorlar."

Rav Aşlag: "Yafo'ya gidiyoruz."

Rivka: "Beni dinlemiyorsun. Naziler Yafo'yu ve Tel Aviv'i bombalıyorlar."

Rav Aşlag: "Beni dinlemeyen sensin. Taşınabilecek birkaç şeyi al. Yafo'ya gidiyoruz."

Yafo...

Patlamalar duyuluyor.

Bazı evler yanıyor.

Denize düşen bombalar deniz suyunu yukarılara fışkırtıyorlar. Sular dinince, Rav Aşlag denize girip yüzmeye başlıyor.

Zorlukla ilerliyor. Kıyıdan uzaklaşır. Rivka, durmuş onu izliyor.

Birden ufuktan siyah bir noktanın yaklaştığını görüyor.

Nokta yaklaşıyor, yaklaşıyor... Bu bir Nazi uçağı.

Rivka, bağırmaya başlıyor.

Sahile doğru koşup kollarını sallıyor.

Rav Aşlag, hızlanıyor.

Sanki füzeymiş gibi suyu yarıyor.

Suyun içinden siyah gamalı haçlı uçağın kendine doğru alçaldığını görüyor.

Uçak denizdeki tek adama doğru iniyor.

Rivka (bağırıyor): "Yehudaaa!"

Rav Aşlag, sırt üstü, elleri iki yana açık suyun üstünde.

"Messerschmitt" ona doğru dalış yapıyor.

Merdivenin Sahibi

Rivka (Bağırıyor): "Yehudaaaaa hayıııııır!"

Rav Aşlag, kendisine doğru yaklaşan uçağa sakince bakıyor.

Pilotu fark ediyor.

Pilot hücuma geçiyor.

Makineli tüfek Rav Aşlag'ın başına doğru hedefini ayarlıyor.

Rav Aşlag, pilota bakıyor.

Pilotun gözleri....

Rav Aşlag'ın gözleri...

Pilotun gözleri...

Uçak aniden dönüp, muazzam bir gürleme ile hızla yükseliyor.

Geriye ufuğa doğru uzaklaşıyor.

Rav Aşlag, suda uzanmış, elleri iki yana açık.

Rivka, kumda oturuyor. Bağırmaktan bitkin düşmüş.

Uçak kayboldu.

Etrafta sessizlik.

Sadece kumları örtüp tekrar denize dönen dalgaların sesi var.

Rav Aşlag, yavaşça kıyıya doğru yüzüyor.

Sudan çıkıyor.

Rivka, onu havluyla sararken gözlerinin içine bakıyor. Kendisi çabucak giyinip sanki yalnızmış gibi gidiyor. Rivka, arkasından aceleyle koşuşturuyor.

Bir Sinematik Roman

Rav Aşlag: "Eve dönebiliriz. Onlar buraya bir daha dönmeyeceklerdir."

***

Kudüs... Gece... Rav Aşlag'ın evi...

Pencerede tuhaf, belirsiz bir ışık.

Yazmakta olan Rav Aşlag'ın siluleti görülüyor.

Kapının arkasında, elindeki tepside bir kahve ile bir parça siyah ekmekle Rivka duruyor. Kapıya vuruyor.

Cevap yok.

Kulağını kapıya dayadı, acayip bir ses duyuyor, top sesi gibi...

Hemen tepsiyi yere bırakıp evden çıkıyor.

Evin karşısında durup ışıklı pencereye bakıyor. Oradan çıkan ışık göğe doğru yönelmiş.

Pencerenin ardından Rav Aşlag'ın bir yandan öbür yana yürüdüğü görülüyor.

***

Oda... Rav Aşlag, kitabın üzerine eğilmiş.

Zohar'dan birkaç satır okuyor.

Kalkıp pencereye yanaşıyor, oradan duvara, duvardan kapıya, tekrar oturuyor...

Bir iki satır daha okuyup tekrar kalkıyor.

O gece tekrar tekrar böyle hareket ediyor.

Sınıf... Rav Aşlag okuyor, karşısında talebeleri oturuyor:

-"Boş dünyaya ışık getirmek için beni seçtin. Sana giden yolda muhafızlar koydun."

Işık parlaması.... Dağ...

Merdivenin Sahibi

Dağın içinde bir geçit...

Rav Aşlag'ın üzerine uzaktan hafif bir ışık çarpıyor.

Henüz birkaç adım atan Rav Aşlag'ı siyah giysili bir adam durdurur ve kendisinden biraz uzaklaşarak önünde durur.

Yüzü görünmüyor.

Rav Aşlag'ın sesi: "Ve bana git dedin! Ve gittim."

Siyahlar giymiş adam Rav Aşlag'a doğru koşuyor.

-"Ve dedin: 'Eğer onları aşarsan, ışığı dünyaya açıklayacaksın. Şayet geçemezsen dünyayı bir karganın kanadı kapatacak."

Rav Aşlag durdu. Hiç yerinden kımıldamıyor.

Siyahlı adam ona hızla ilerliyor.

Sınıf... Talebeler, Rav Aşlag'a bakıyor.

Susuyor, ama sesi duyuluyor.

-"Her şey sendedir. Siyahlı adam, 'kendine yönelik düşünceler', beyaz adam "başkalarına yönelik düşünceler'... Onlar birbirleriyle çarpışmaya mecburlar."

Geçit...

Siyah adam Rav Aşlag'a çarpar.

-"Beyaza tutun!"

Rav Aşlag'ın vücudu bu darbeden sarsılıyor.

-"O zaman geç!"

Bir haykırış sesi duyulur.

Kudüs... Sınıf...

***

Herkes Rav Aşlag'a bakıyor.

Bağırıyor: "Dayan!"

Geçit...

Siyah kütle tekrar ve tekrar Rav Aşlag ile çarpışıyor.

Rav Aşlag'ın sesi: "Sıkı tutun!"

Sınıf...

Herkes bağırıyor: "Dayan!"

Geçidin içinde...

Siyahlı adam Rav Aşlag'ı düşürdü.

Ama Rav Aşlag, hemen ayağa kalktı.

Siyahlı adam arkaya doğru sıçrıyor. Geriye çekilip durdu.

Başını eğiyor, birden siyah bir kurşuna döndü.

Rav Aşlag (Bağırıyor): "Dayan!"

Kudüs... Sınıf...

Rav Aşlag: "Vazgeçmek yok!"

Herkes: "Vazgeçmek yok!"

Rav Aşlag, masayı o kadar sıkı tutuyor ki, parmakları beyazlaşıyor.

Geçidin içinde...

Siyah kurşun, Rav Aşlag'a doğru hızla ilerliyen bir topa dönüştü. Arkasında ateş dalgası. Aralarındaki mesafe hızla azalıyor.

Merdivenin Sahibi

***

Kudüs... Sınıf...

Aniden Rav Aşlag sakin bir sesle:

-"Saldırının manası kendi kendimize saldırmak. Şayet şimdi tek bir gayemiz olursa, sadece bir tek- Sevmek. Yaradan'ın Sevgisi gibi... Vermek, onun verdiği gibi. Kendimize bir şey bırakmadan- egoistliğimizi yeneriz.... Tek, basit bir işlemle... Aynı düşüncede olup, onu bırakmamak!"

Siyah top, Rav Aşlag'ın vücuduna çarpar, onu havaya uçurup geriye atar. Rav, havada takla atıp ayaklarının üstüne iniyor.

Sallanıyor ama hâlâ ayakta.

Siyahlı adam kenara savruluyor, duvara çarpıyor ve on tane siyah gölgeye dönüşüp havada çözünüyorlar.

Rav Aşlag'ın önünde tünelin sonundaki ışık görünür.

Ona doğru ilerlemeye başlar.

***

Kudüs... Rav Aşlag'ın evi...

Odada çapraz duran masanın üstünde bol yemek ve bir votka şişesi var. Rav Aşlag, masanın yanında oturuyor. Etrafı talebeleri ve bir çok misafirle çevrili...

Onlardan birinin sesi: "Bu kadar yemeği nasıl elde ettiler?"

Fısıltılı cevap: "Evde ne varsa sattıklarını duydum."

Fısıltı (Sırıtarak): "Sanki neleri vardı ki?"

Fısıltılı cevap: "17. asırdan kalma Zohar Kitabı vardı."

Fısıltı cevap (hayretle): "Onu sattı mı?"

Rav Aşlag: "Bu gece Zohar Kitabı'nın ilk bölümü olan 'Merdiven' açıklamasını bitirdim. (herkese bakıyor) Allah bunu yapmama izin verdi. Bu da sadece şunu ifade eder; Işık dünyaya inmeye başlıyor. Yüzlerce sene boyunca onun yokluğu vardı."

Rav Aşlag, kalkar ve içki dolu bardağını kaldırır.

Rav Aşlag: "Bu muazzam Işık kitabının 125 basamağı önümüzde, onları ancak beraberce çıkabiliriz, şerefe."

Herkes: "Şerefe!"

Rav Aşlag: "Bugün büyük zaferimizi kutluyoruz. Bugün Purim."

Masanın öbür ucundan birisi öksürüyor.

Rav Aşlag (Başını ona çeviriyor): "Galiba sen yanıldığımı söylemek istiyorsun. Bugün Purim değil miymiş?"

Ses: "Saygı değer Rav, Adar ayının 14'ünde Purim bayramıdır, bugün ise tarih Şvat ayının 7'si."

Rav Aşlag: "Biz onu bugüne geçirelim saygı değer haham Druker, Şerefe!"

Rav Aşlag içiyor.

Haham Druker'in sesi: "Saygı değer Rav Aşlag, bu gece birinci bölümü yazmayı bitirdiniz.... (öksürür)... Bu gece Naziler Stalingrad'da teslim oldular... Bu bir tesadüf mü?"

Rav Aşlag: "Hayır, tesadüf eseri değil haham Druker, Şerefe!"

Herkes: "Şerefe! Şerefe! Merdivenin Sahibi!"

Şimon: "Bugünden sonra size Merdivenin Sahibi diye hitab etmemize izin verir misiniz?"

Merdivenin Sahibi

Çatışmalardan görüntüler. Tekrar eden geri çekilmeler. Hitlere karşı suikast teşebbüsü. Amerikalılar ikinci cepheyi açıyorlar.

***

Kudüs... Sınıf...

Ders zamanı...

Kapı açılıyor, yedi kişi beraber sınıfa giriyor. İlk giren, Şlomo. Yirmi beş yaşlarında.

Şlomo: "Merhaba başhaham Rav Aşlag, 'Merdivenin Sahibi' isminizi bizim hahamdan duyduk. Bize o başhahama gidin dedi- O, merdivenin ruhani sahibidir. Ona sizi yanına alması için yalvarın dedi. İşte biz de geldik."

Merdivenin Sahibi: "Sizin hahamınız kimdir?"

Şlomo: "Bizim haham on gün evvel vefat etti."

Merdivenin Sahibi: "Nasıl oldu?"

Şlomo: "Rav Levi"

Merdivenin Sahibi: "Rav Levi öldü mü?"

Şlomo: "Evet. Ölümünden evvel bize, dünyada en çok nefret ettiği adamın siz olduğunuzu, ama en çok sevdiği adamın da siz olduğunuzu söyledi."

İmha kamplarından belgesel görüntüler...

Auschwitz – Birkenau'daki fırınların bacalarından duman tütüyor. İşkence görmüş gözlerinde tek bir umut ışığı olmayan cansız Museviler. Fener ışığında sıra sıra barakalar. Nöbetçi askerler devriyede. Öbür askerler kampın içinde devriyedeler.

Yüksek şapkalı birinin dikenli tel boyunca ilerleyen gölgesi.

'Merdivenin Sahibi' kampta yürüyor.

Yanlarında köpek, iki muhafız ona doğru ilerliyorlar.

Köpek Merdivenin Sahibi'ne havlıyor. Ağzındaki salyalar Merdivenin Sahibi'nin pantolonuna sıçrıyor. Ama muhafızlar kimseyi fark etmiyorlar.

***

Kudüs, sınıf...

Merdivenin Sahibi: "Rav Yohanan der ki, üzerlerine nehir gibi felaketlere uğrayan nesil gördüğün zaman, kurtarıcı (mesih) görünür."

Zamia: "Öyleyse O nerede? O muhakkak burada olmalı!"

Merdivenin Sahibi: "O'nu nasıl hayal ediyorsun Zamia?"

Zamia: "Hepimizi birleştirecek bir adam, yoksa ne biçim bir kurtarıcı olabilir?"

Merdivenin Sahibi: "Sence Mesih bir insan mı?"

Zamia: "Başka bir şekilde olamaz bence."

Merdivenin Sahibi: "Belki de o bir güçtür?"

Zamia: "Güç mü?"

Merdivenin Sahibi: "Seni çıkaran, bu dünyadan kurtaran bir kuvvet."

Zamia: "İnsan değil mi?"

Merdivenin Sahibi: "Belki de bütün çekilen bu ıstıraplardan sonra kurulacak olan adaletli bir devlet? Acaba ülke kurtarıcı olamaz mı?"

Zamia: "Böyle bir ülke yok ki?"

Merdivenin Sahibi: "Öyle bir devlet kurulacak, kurulacak... Ama, bu kadar fazla mağduriyete değer mi?"

Zamia: "Hayır."

Merdivenin Sahibi: "Yok mu?"

Zamia: "Ben, annemi ve kızkardeşlerimi düşünüyorum... Bütün ölenleri... Ve elimden hiçbir şey gelmiyor."

Merdivenin Sahibi: "Sen, Yaradan'dan nefret mi ediyorsun?"

Zamia (Duraklar): "Doğrusunu isterseniz bazen... Hakikaten ondan nefret ediyorum."

Şimon (yerinden sıçrıyor): "Zavallıcık!"

Merdivenin Sahibi (Sözünü keser): "Bu iyi."

Şimon: "Nasıl yani? Sizin talebeniz, arkadaşımız, Yaradan'dan nefret ettiğini nasıl söyleyebilir?"

Rav Aşlag: "Yaradan'a karşı duyduğumuz her türlü davranış, kayıtsızlıktan daha iyidir."

Zamia: "Ondan nefret etsem de mi?"

Merdivenin Sahibi: "Sen O'nunla diyalog halindesin. O'nu suçluyorsan, her şeyin O'nun hükmüyle olduğunu anlıyorsun demektir. Mutluluklar, dertler... Mesih... Tek hakikat olanı sana açıklayan O'dur. Belalar Yaradan'dan gelmez. Sadece iyilik ve sevgi. Geri kalanı senden kaynaklanır. Senin kara egondan. Onunla başa çıkmalısın. Böyle düşünmeliyiz. Herbirimiz."

Birden sınıf kaybolur.

Tünelin giriş kısmı yaklaşıyor. İşte O, Işık.

Işığın göründüğü an, tünelde siyah bir gölge geçiyor. Arkasından bir gölge daha.

Bir tane daha, bir defa daha.

Gölgeler Merdivenin Sahibi'ne hücum ediyorlar.

Merdivenin Sahibi

***

Kudüs. Sınıf.

Merdivenin Sahibi: "Dayanın!"

Herkes: "Dayanın!"

Merdivenin Sahibi: "Dayanın!"

Herkes: "Dayanın!"

Tünelin içinde.

Merdivenin Sahibi'nin yüzüne inen darbe, onu yere düşürüyor.

Yüzünü korumak için ellerini kaldırıyor, ama bir darbe daha alıyor.

Gölgeler üzerinden kayboluyor.

Merdivenin Sahibi'nin zayıf sesi: "Dayan!"

Birden gölgelerden biri kayboluyor.

Bir tane daha

Bir üçüncü...

Bir güç Merdivenin Sahibi'nin koparırcasına yerden kaldırıyor.

Kendisini Baruh ve Hayim'in ellerinde buluyor. Şimon ve Zamia yardıma koşuyorlar...

Bu esnada büyük bir taş düşer ve tünelin girişini kapatır.

Belgesel görüntüler. Berlin'de çatışmalar, savaşın son günleri...

7 Mayıs 1945

General Alfred Jodl. Almanya'nın teslim olma evraklarını imzalıyor.

Bir Sinematik Roman

***

Kudüs. Rav Aşlag'ın evi.

Müzik eşliğinde güzel bir ziyafet.

Hasidik talebeleri etrafta dans ediyorlar.

Rav Druker (Kahkahaların, şarkıların sesleri arasında boğazını temizler): "Saygıdeğer Rav Aşlag, size bir şey sorabilir miyim?"

Rav Aşlag: "Buyrun sorun, Rav Druker."

Rav Druker: "Sayın Rav Aşlag, bu gece bir bölüm daha bitirdiniz (sesler kesildi, herkes dinliyor) duyduğuma göre, bu korkunç savaş bu gece sona erdi. (durakladı) Acaba bu bir tesadüf eseri mi?"

Rav Aşlag: "Daha önce bana bu soruyu sormuştunuz Rav Druker, size cevap vermiştim."

Rav Druker: "Bölümü bitirdiğiniz anı bekledim. Sonuncu noktayı koyduğunuzda, kızınız BatŞeva'dan rica ettim. Bitirdiğiniz zamanı tam olarak not almasını. Aynı dakikada Naziler Almanya'da ağır yaptırımları da içeren teslim olma anlaşmasını imzaladı. (Boğazını temizliyor.) Tesadüf mü?"

Bütün gözler Rav Aşlag'a dönüyor.

Herkes cevabı beklemekte.

Rav Aşlag, herkese bakarak...

Rav Aşlag: "Bu bir tesadüf. Rav Druker, tesadüf, bölümün bitişine içelim... Savaşın sona ermesine."

Herkes: "Şerefe"

Berlin. Hitler'in sığınağı.

Subaylar koridorda koşuşuyorlar.

Bir yandan yerlere saçılmış evrakları yakan askerler.

Merdivenin Sahibi

Kanlar içinde yatan bir subay.

Sarhoş bir S.S. subayı duvara dayanmış, bağırıyor.

Merdivenin Sahibi koridorda yürüyor. Kimse onu fark etmiyor. Muhafızların önünden geçiyor, büyük bir kapıyı açıyor, büyük bir salona giriyor.

Karşısında sandalyeye oturmuş bir adam.

Sadece halının üstünde gevşekçe sallanan solgun bir el gözüküyor.

Merdivenin Sahibi, bu adama yaklaşıyor.

Sandalyede oturan Hitler.

Merdivenin Sahibi ona yukardan bakıyor.

Hitler elini kaldırıyor.

Dudakları bir şeyler mırıldıyor, ama hiçbir ses duyulmuyor.

Gözleri yorgun, cansız.

Aniden Rav Aşlag'a çılgınca bağırmaya başlar.

Ağzı köpük saçıyor. Hâlâ bir kelime duyulmuyor.

Belgesel görüntüler... Savaş sona erer. Moskova'nın Kızıl Meydanı'nda zafer geçidi. Stalin ve devlet adamları tribünlerde ayakta duruyorlar, önlerinden askerler ve subaylar resmi geçitte. Islak kaldırımlara atılan Nazi bayrakları.

Amerika, savaştan dönen askerlerini karşılaşıyor.

Fransızlar, askerlerini kucaklıyorlar. Hapishaneden mahkum elbiseleriyle çıkan çocuklar Auschwitz'den çıkıyorlar. Küçük kollarında dövme ile yazılmış numaralarını kendilerini kurtaran Rus askerlerine gösteriyorlar. Askeri heyet kampı geziyor.

***

İsrail... Merdivenin Sahibi uzun bir koridorda yürüyor.

Kapılardan birini açıyor. Bir masa ve üç sandalyenin bulunduğu bir çalışma odasına giriyor. Ben Gurion, onu karşılamak üzere masadan kalkıyor.

Ben Gurion: "Rav Aşlag, şüpheniz olmasın aramızdaki konuşmayı hatırlıyorum. Aklım hep orada."

Merdivenin Sahibi: "Biz bir devlet kurmak üzereyiz. Bu yüzden sizinle görüşmek istedim."

Ben Gurion (oturuyor. **Merdivenin Sahibi'ni oturmaya davet ediyor**): "Kibutzlar, teklif etmek istediğiniz bu değil mi?"

Merdivenin Sahibi: "Yalnız bir düzeltme eklemek lazım."

Ben Gurion: "Birleşmeden bahsettiniz. Kibutzlar demek birleşmek demek. Eşitlikten bahsettiniz,- Kibutzlarda bu her şeyin temeli. Sevgiden bahsettiniz, Kibutzlar zaten 'Komşunu kendin gibi sev' kuralıyla idare ediliyor."

Başta kurulan Kibutzlardan belgesel görüntüler. Sevinç ve enerji dolu mutlu insanlar.

***

Ben Gurion'un bürosu.

Merdivenin Sahibi: "Kibutzlar çok uzun süre dayanamayacaklar! Egoistler bu dünyada cenneti kurmayı başaramayacaklar."

Ben Gurion: "O kadar acı çektik ama ancak eşit olmamız doğaldır."

Merdivenin Sahibi

Merdivenin Sahibi: "Sayın David, Kibutzlara sadece bir düzeltme eklemek lazım- Üst Gücü... O zaman her şey başarılı olacak."

Ben Gurion: "Bu savaştan sonra. Onları böyle bir düzeltmeye mecbur edemezsin. Bizi de Yüce Gücü de cehenneme gönderirler. Akrabalarını kaybettiler, çocuklarını, ebeveynlerini... Siz neyden bahsediyorsunuz? Hangi Yüksek Güç'ten bahsediyorsunuz?"

Merdivenin Sahibi: "Ben onları hatırlıyorum. İzah etmeye hazırım, duyurabilirim... Kabala Bilgeliğini öğretebilirim. Herkes anlayacaktır."

Ben Gurion: "Siz safsınız"

Merdivenin Sahibi: "Saf olan ben değilim, hayır..."

Ben Gurion: "Yine de, burada Musevilere bir devlet kuracağız."

Merdivenin Sahibi: "Sonsuza dek."

Ben Gurion: "Dünyanın zulmettiği Yahudiler."

Merdivenin Sahibi: "Yüce Aşk yasasını dünyaya bildirecek olan Yahudiler..."

Ben Gurion: "Siz Allah'ı böyle mi adlandırıyorsunuz?"

Merdivenin Sahibi: "Allah odur."

Ben Gurion (duraklar, Rav'a bakar.): "Birazdan bana birisi gelecek. Çok eski bir arkadaşım. O bütün bu cehennemi yaşadı... Ona neler yaptıklarını tahmin edemezsin. Enerji doluydu, hayat doluydu. Ama artık bitti... Rav Aşlag, sevgili dostum, senin o Yüce Aşk yasasını ona yükleme... Bu korkunç tecrübeleri yaşayan insanlar bunu kabul etmezler... Anlayamazlar... Size fena şekilde bozulurlar."

Merdivenin Sahibi: "Üç sene sonra, Milli konsey başkanı sonradan başbakan olacağınız zaman, bütün bu sorumluluk sizin üzerinizde olacak."

Ben Gurion: "Oooo... Siz devletin ne zaman kurulacağını bile biliyorsunuz?"

Merdivenin Sahibi: "Beni dinleyin lütfen. Bu devlet sadece manevi kurallara göre var olabilir. Sadece manevi prensiplere göre!"

Kapıya vurulur.

Ben Gurion: "Odur, her zamanki gibi tam vaktinde (Rav'a) Sizi uyardım... (kapıya doğru yüksek sesle) Evet, girin."

Kapı açılıyor, içeriye çok zayıf bir adam giriyor. Çok sessiz, beli bükülmüş, gözleri yorgun, zoraki gülümseme. Ben Gurion'a yaklaşır, ikisi sarılırlar.

Ben Gurion oturmasına yardım eder. Adam başını yavaşça Merdivenin Sahibi'ne çevirir.

Ben Gurion: "Tanıştırayım, Rav Aşlag, büyük idealist."

Dikkatle Rav Aşlag'a bakar ve birden kalkmaya çalışır. Yorgun ayakları zorlanıyor, başı titriyor, mırıldanıyor.

-"Yuuuda..."

Merdivenin Sahibi: " Yanke'le!"

Yanke'le: "Yuda..."

Merdivenin Sahibi ona doğru ilerliyor.

Yan yürüyemez ve Rav Aşlag onu hemen tutar.

Yan eski arkadaşına asılır ve gözyaşlarını tutamaz. Hiç utanma hissi olmadan.

Merdivenin Sahibi

Yanke'le (Ağlıyor): "Yuda'le sevdiğim. Oradayken seni ne kadar düşündüğümü bir bilseydin. Kaç kere bana gelmen için yalvardım, hayatını bana anlatmanı... Eğer bilseydin, sevgili kardeşim!"

Ben Gurion hayret içinde bu sahneye bakıyor.

Ben Gurion: "Anlaşılan... Siz birbirinizi tanıyorsunuz..."

Merdivenin Sahibi: "Biz birbirimizi uzun senelerdir tanırız."

***

Ben Gurion'un ofisi...
Bir saat sonra.
Yanke'le oturmuş Merdivenin Sahibi'nin ellerini tutuyor.
Yanlarında Ben Gurion oturuyor.

Yanke'le: "Ve ondan sonra getto ve beraberinde terör... Ondan sonra Auschwitz lanet olası, orada kardeşlerimin cesetlerini fırınların içine taşıdım, ondan sonra da ölümüm geldi..."

Ben Gurion: "Ama sen ölmedin."

Yanke'le: "Ben öldüm."

Ben Gurion: "Bunu taksitle mi söylüyorsun..."

Yanke'le: "Sen şimdi bir cesetle konuşuyorsun."

Ben Gurion: "Haydi, biz seni hayata döndürürüz. (Yanke'le'nin omzunu okşuyor.) Daha önümüzde o kadar çok şey var ki, arkadaş!"

Yanke'le ilgisiz....

O, Rav Aşlag'a bakıyor.

Bir Sinematik Roman

Yanke'le: "Çoktan öldüğümü ne zaman anladığımı anlatayım... İkinci kere kaçmaya çalıştığım zamandan sonra. Beni dövdüler ve çırılçıplak hapse attılar. Zemin betondu. Yanlızca ayakta durmak mümkündü. Güçlükle ayakta durabildim. Ölmeyi istedim. Ama ölüm gelmedi. Birkaç kere bilincimi kaybettim... Her seferinde aynı kâbusa döndüm, tekrar ölmek için yalvardım. Ne kadar zaman geçti hatırlamıyorum ama tekrar kendime geldiğimde... Bu soğuk ve korkunç ölülerin hapishanesinde... Birdenbire bir sıcaklık hissettim... Sıcaklık hissettim. Sanki beni sıcak bir battaniye ile örttüler. Hayatım boyunca bu hissi unutamam... Aklımı kaybediyorum sandım. Her zaman net bir düşünceye sahip olduğumu bilirdim. Mantıklı bir insan. Eh, sen beni hatırlarsın... Dokunamadığım bir şeye hiçbir zaman inanmazdım... Buradaysa... ayağa kalktım, etrafıma baktım, bu durumun sebebini aradım."

Merdivenin Sahibi ona sakince bakıyor.

Yanke'le onun elini sıkıca tutuyor.

Yanke'le: "Onu buldum. Küçük bir ışık hüzmesi hapishane odasınının ufak penceresinden içime sızıyor."

Ben Gurion: "Ama sen gece idi demiştin..."

Yanke'le: "Gece idi, ama bu ışık beni uzaktan aydınlattı."

Ben Gurion: "Yanke'le."

Yanke'le (Elini kaldırıp Ben Gurion'u durdurur ve Rav Aşlag'a döner): "Ama, olay bu değil. Mühim olan hissettim, hissettim... Aşkı, sevgiyi hissettim... (başını sallıyor.) Evet, evet.... Bu his beni dalga dalga doldurdu. Bunu nasıl izah edebilirim? Bu sonsuz aşk hissini nasıl izah edebiliriz? Kesin bir güvenlik hissi... İlahi mutluluğu... O zaman hücrede hissettiğim... Hakiki idi. Her anı açıkça hatırlıyorum. Bunun penceremden giren incecik ışık ile olduğunu anladım. Asla! Asla böyle bir şey yaşamamıştım. (Kelimeleri arıyor) Buna benzer bir his... Yaşadığımı hissettim! Düşündüm... Buna değerdi diye düşündüm... O kadar acı çekmeye değerdi, böyle bir duyguyu hissetmek için..." Odaya sessizlik yayılıyor.

Hiç kimse bu sessizliği bozmak istemiyor.

Ben Gurion: "Bundan sonra ne oldu?"

Yanke'le: "Bundan sonra her şey yok oldu."

Ben Gurion: "Kendini tekrar hücrede buldun, aynı hayatı..."

Yanke'le (Rav Aşlag'a hitaben): "Hemen seni hatırladım. Hep seni hatırladım. Fakat bu sefer senle konuşmaya başladım, sanki buradaymışın gibi, yanımda, şimdi gibi..."

Merdivenin Sahibi: "Hissettiğin bu şey çok nadirdir... Ama olur böyle şeyler. Böyle bir his çok ağır ıstırap çeken kimselerde görülür... Allah ona bunun karşılığında, en alçak seviyedeki zevki hissetmesini sağlar. Ruhani dünyadaki en alçak derecedeki zevk."

Ben Gurion: "Bunun için bütün bu cehennemden geçmek mi lazım?"

Merdivenin Sahibi: "Hayır, lazım değil! Işığın yolunu seçmek lazım. Istırap yolunu değil. Bu tam da benim size şimdi teklif etmek istediğim... Ve beni dinlemiyorsun. Sürekli olarak aynı durumda olunabilir, bir anlık değil. Eziyetler çekmeden devamlı mutlu hissetmek mümkün. Şimdi olabilir, bu hayat dönümünde!"

Ben Gurion: "Ben seni dinlemiyor muyum?"

Bir Sinematik Roman

Merdivenin Sahibi: "Siz, geleceğin İsrail başbakanı, inanın bana şimdi ışığı seçerseniz her şey başka türlü olacak."

Ben Gurion: "Ama bu çok hayali."

Merdivenin Sahibi: "Şimdi kabul edeceğiniz tek kanun bu. Dünyayı bu hale getiren mantığın üstesinden gelmeli. Savaştan önce dünyanın yaptığı hesapların üstesinden gelmek. Nerede şimdi bütün bu hesaplar? Bugün kanunlara göre bir devlet kuracağım diyebilmek. İsrail dünyadaki öbür devletler gibi olamaz. Hedef olmaksızın burada yaşanamaz, dünyanın her tarafında olduğu gibi. İsrail- Yaradan'ın yeridir."

Ben Gurion: "Bu kelimelerin arkasında ne var?"

Rav Aşlag: "Sadece tek bir kanun; 'Komşunu kendin gibi sev' kanununa göre hayat. Sadece sevmek için değil... Ancak Yaradan'ı keşfetmek... Bunun için..."

Ben Gurion: "Siz bu kanuna göre yaşamayı biliyor musunuz?"

Merdivenin Sahibi: "Biliyorum."

Ben Gurion bir an duruyor.

Sonra kalkıp elini Rav Aşlag'a uzatıyor.

Ben Gurion: "Teşekkür ederim Rav Aşlag. Bugün yapacak bir çok işim var. (Yanke'le'ye) Kalın. Kibutzlarla ilgili bütün işleri sizin görmenizi isterdim."

Merdivenin Sahibi kalkar ve kapıya doğru gider.

Yanke'le (Ben Gurion'a): "Hemen dönerim."

Yanke'le Merdivenin Sahibi'nin ardından gider.

Dar koridor.

Yanke'le Merdivenin Sahibi'nin karşısında durdu.

Yanke'le: "Böyle bir duyguyu tekrar hissedemez miyim?"

Merdivenin Sahibi: "Hayır. Böyle bir his insana bir kere verilir. Bundan sonra onu elde etmek kendisinin alacağı özgür karara bağlıdır."

Yanke'le: "Senin yolunda gitmemi istiyor musun?"

Merdivenin Sahibi: "Böyle durumlarda, böyle bir sual sorulmaz – ya bu yolda gidilir ya da gidilmez."

Yanke'le: "Sana yardım edebileceğimi düşünüyorum... Eğer kibutzlar hakkında ilgileneceksem. Kendimi daha kuvvetli hissedeyim... Daha sonra gelirim."

Merdivenin Sahibi: "İyi, peki."

Yanke'le: "Seni hayal kırıklığına mı uğrattım?"

Merdivenin Sahibi: "Yanke'le. Maneviyat'da zorlama yoktur. İnsan kalbinin izinden gider. Senin kalbin hâlâ bu dünyaya ait. Her şeye rağmen, bunu inkar edemezsin. Ama sende manevi bir tomurcuk var ve sen oraya ulaşabilirsin."

Yanke'le: "Ulaşacağım."

Merdivenin Sahibi onu kucaklar, dönüp koridorun çıkışına doğru ilerler.

Yanke'le uzun uzun ona bakar.

Birleşmiş Milletler Kurulu toplantıda. Belgesel görüntüler.

İsrail devletinin kurulması ile ilgili tartışmalar.

İsrail'de verilecek olan kararın beklentisi.

Birleşmiş Milletler... Oy sayımı...

İsrail... Radyoların etrafını sarmış insanlar.

Yayalar radyo olan yerlerin yanında duruyorlar.

Beklenti sessizliği.

Birleşmiş Milletler...

Merdivenin Sahibi

İsrail devletinin kuruluşuna karar alınır.
Sokaklarda sevinç kahkahaları.
Sevinç gözyaşları.
İsrail'de neşe ve bayram.
Merdivenin Sahibi'nin elinde sivri bir çivi...
Bu çiviyle bıçağın kabzasına 'İsrail Devleti' yazıyor.
Merdivenin Sahibi doğrulur.
Bıçağı yukarıya kaldırıp onu masanın etrafında oturan talebelerine gösterir.
Bir saat sonra aynı bıçakla Cuma akşamı ekmeğini kesecek.
Etrafı arkadaşlar ve korumalarıyla çevrili olan Ben Gurion koridorda ilerliyor.
Merdivenin Sahibi ona doğru gelmekte.
Ben Gurion kollarını iki yana açarak.

Ben Gurion: "Sayın Rav Aşlag, bugün sizinle görüşemem, görüşemem."

Merdivenin Sahibi ona yaklaşmayı dener. Ama iki genç koruma onu kenara doğru nazikçe iterler.
Aniden, sessiz ve sakin bir şekilde...
Merdivenin Sahibi onları kenarda bırakıp Ben Gurion'a doğru ilerler.
Korumalar duvarın kenarında, yerlerinden kımıldayamaz bir halde duruyorlar.

Ben Gurion'un sesi: "Bu ütopya, bunu anlıyor musun veya anlamıyor musun?"

Merdivenin Sahibi: "Ütopya olan, İsrail devletini, manevi bir temele dayandırmadan kurmaktır."

Bir Sinematik Roman

Ben Gurion: "Okullarda, Tevrat kitabını zorunlu ders olarak öğretiriz. Cumartesi gününü tatil günü yaparız."

Merdivenin Sahibi: "Ben bundan bahsetmiyorum. Ben devletin kuruluşundaki hedefini söylüyorum."

Ben Gurion: "Hedef, Musevilere ev…"

Merdivenin Sahibi: "Hedef, Yaradan'ın Evi…"

Ben Gurion: "Seninle münakaşa edecek zamanım yok."

Merdivenin Sahibi: "Tekrar kan dökülecek."

Ben Gurion: "Rav Aşlag, 14 Mayıs'ta Yahudi Devletinin kuruluşunu bildireceğiz. O kadar…"

Ben Gurion yürümeye devam ediyor.

Şokta olan genç korumalar, duvardan ayrılıyorlar.

Başlarını arkaya çevirip Merdivenin Sahibi'ne bakıyorlar.

Merdivenin Sahibi koridorda tek başına kaldı.

***

Gece, ders.

Rav Aşlag talebelerinin arasına oturuyor.

Merdivenin Sahibi: "İyar ayının 5'inci günü, bağımsız İsrail Devleti kurulacak."

Belgesel görüntüler. 14 Mayıs 1948.

İnsanla dolup taşan bir salonun sahnesinde, Ben Gurion duruyor.

Çekici kaldırıyor, bir an duruyor ve masaya bir çekiç darbesi indiriyor.

Ben Gurion: "İsrail toprağında, Yahudi Devletinin kuruluşunu ilan ediyoruz. İsrail Devleti!"

Merdivenin Sahibi

Dinleyenlerin gözleri yaşarıyor.

Sokaklar; bayraklarlar, dans edenlerle, müziklerle coşuyor.

Ülkenin kuruluşunu kutluyorlar.

Gece gündüzle, gündüz geceyle karışıyor.

Merdivenin Sahibi: "Fakat hemen çatışmalar başlayacak."

Birdenbire silah sesleri bayramı keser.

Bombalar bir bir düşüyor, havada panik havası.

Bağımsızlık savaşı başlar.

***

Sınıf.

Merdivenin Sahibi: "Zohar'da yazılı; 'İsmailoğulları o zaman dünya halkının Kudüs'e doğru hareket etmesini... Ve bütün milletler onlar hakkında fikir danışacaklar, kötü kararlar alıp, hep beraberce saldıracaklar. Yakup'a zor, kötü zaman olacak."

Merdivenin Sahibi susar.

Zamia: "Hepsi bu kadar mı? Daha fazla yazmıyor mu?"

Merdivenin Sahibi: "Gerçek, tamamen bozguna uğramayacak, ancak bundan kurtulabilecek."

Zamia: "Demek ki onlar başaramayacaklar mı?"

Merdivenin Sahibi: "Bu savaşta değil..."

Sıra sıra bu savaştan belgesel görüntüler.

Silah dolu gemiler İsrail kıyılarına yaklaşıyor.

Teknelere yükleri indiriyorlar.

Silahları çaprazlama asan askerler koşmaya başladılar bile.

Çukurların içine atlıyorlar.

Bazıları yere düşüyor.

Bir Sinematik Roman

***

Rav Aşlag'ın evi.

Sınıf

Sanki onu korumak istermiş gibi, talebeleri onu sarıyorlar. Hepsi söylediklerini dinliyorlar.

Rav Aşlag: "Yirmi birinci gün ancak durum lehimize dönecek. On gün gece gündüz, aralıksız savaştan sonra. Ramallah'ı Lud'u kuşatıp Kudüs'e bağlanacağız." Zamia: "Çok yakında Zohar yorumunu derlediğiniz kitabı bitireceksiniz. Ve o dünyaya kurtuluş getirecek."
Merdivenin Sahibi: "Önce karanlık gelecek. Böyle olması lazım... Ne kadar fazla ışık var, daha çok pislik görülür. İnsanlar Firavun'u bulacaklar. O'nu kendilerinde keşfedecekler. Fakat, şunu sormalı, O'nun hakimiyetinden kurtulmak isteyecekler mi?"

Savaşın sonu dökümanter görüntüler.

Zırhlı araçlar Kudüs'e dönüyorlar.

Sinai'da Mısırlıların engelleri yıkılıyor.

Gönder'de İsrail bayrağı... Anlaşma imzalıyorlar.

Merdivenin Sahibi'nin sesi: "Eğer şimdi sözlerimi dinlemezseniz, elli sene sonra, savaşlardan yorgun düşmüş bir devletle karşılaşacaksınız. Onlara öğretilen bütün idealleri unutmuş insanlar. Tek bir şeyi hayal eden insanlar; buradan bir önce kaçıp gitmek isteyen insanlar."

Ağzına kadar dolu bir salon...

Rav Aşlag, sahnede duruyor.

Salondan bir ses: "Bu ne saçmalık! Onu buraya kim çağırdı?"

Merdivenin Sahibi

Ses: "Biz zafer kutluyoruz, yenilgi değil!"

Merdivenin Sahibi: "Devleti kurmaktaki hedef, Yahudilere bir devlet kurmak değil."

Kalabalıktan ıslıklar.

Merdivenin Sahibi (Sesiyle ıslıkları aşar): "Hedef! Kurduğumuz devleti... En yüksek manevi yasalara dayandırmak..."

Halktan bir ses: "Bizi Auschwitz'de yaktıkları zaman, senin o yüksek yasaların neredeydi?"

Yükselen sesler- ıslıklar.

Merdivenin Sahibi (Bağırmaları önemsemez): "Yahudiler buna ilk önce erişenler olmalıdırlar. İlk önce burada yaşayanlar, bu toprakların üzerinde. Ve ondan sonra bütün dünyada..."

Tekrar ıslıklar ve bağırmalar.

-"İndirin onu sahneden!"

-"Bütün dünya yok! Sadece hür İsrail Devleti var!"

-"Biz burada eşit bir toplum kuracağız. Yahudiler için bir cennet. Kendimiz yapacağız, senin o çeşitli yüksek güçlerin olmadan!"

Salonda alkışlar.

Merdivenin Sahibi alkışların bitmesini bekliyor.

Halk sakinleşti.

Salonu gözleriyle süzüyor.

Merdivenin Sahibi'nin sesi: "Burada cenneti oluşturamazsınız! Kimsenin böyle bir devlete ihtiyacı yok. Ne sizlerin ne de dünyanın. Burada Yaradan olmaz!"

Islıklar ve çığlıklar.

Aniden Merdivenin Sahibi susar. Ve herkes sustu. Merdivenin Sahibi herkesin daha da ötesine, daha uzağa bakıyor.

Ön sıralardaki bazı kişiler başlarını arkaya çevirip, onun baktığı şeyi görmeye çalışıyorlar.

Şaşırmış birinin sesi: "Haydi, niye susuyorsun?"

Işık parlaması.

Merdivenin Sahibi bir tünelden ışığa çıkıyor... Arkasında Baruh ve Hayim.

Merdivenin Sahibi (Fısıldar): "Kudüs..."

Baruh'un ve Hayim'in yüzleri mutluluktan ışık saçıyor.

Tünelin karanlığından Şimon ve Zamia görünür.

Onlar bir anda görünmeyen bir duvara çarparlar.

Zamia bağırıyor, duvara vuruyor, ellerinde kan damlaları.

Şimon, onu kucaklıyor.

Zamia ve Şimon sessizce uzaklaşan dostlarına bakıyorlar.

Şimon'un sesi: "Gidin! Biz sizleri düşüneceğiz! Varın!"

Zamia, sessizce ağlıyor, Şimon'a sarılmış.

Şimon'un sesi: "Bütün düşüncelerin onlarda! Ağabeylerinin üzerinde olsun!"

Merdivenin Sahibi en başta, beyaz şehrin açık kapısına doğru yürüyor.

Ses: "Hey!"

Bu haykırış Merdivenin Sahibi'ni salona döndürür. Salonda.

Merdivenin Sahibi

Merdivenin Sahibi (Halkın karşısında sakince konuşuyor): "Anlayın... Beni dinleyin... Sadece isteyin... Yalnızca isteyin... O'nunla birleşmeyi... Bu kanunla... Hayatın kaynağıyla! Bunu kendinize hedef olarak alın... Ve göreceksiniz... Siz göreceksiniz... Bütün dünya bizim gelişmemizi isteyecek. Sadece ışığı buraya davet edelim. Dünyanın en karanlık yerine. Işık karanlığa ve egoya girecek. Her şeyi değiştirecek. Herkesi de. Dünyanın birleştiğini, bütün dünyanın bir tek aile olduğunu... Herkesin o yüksek bağa ait olduğunu..."

Sessizlik. Herkes Merdivenin Sahibi'ne bakıyor.

Merdivenin Sahibi onlara ciddiyetle bakıyor.

-"...Aşk..."

Işık Parlaması

Merdivenin Sahibi, Baruh ve Hayim beyaz şehrin sonuna kadar açık olan kapılarına yaklaşıyorlar. Şimon ve Zamia görünmeyen duvarın önünde dururken onlara bakıyorlar. Daha fazla ilerleyemiyorlar.

Merdivenin Sahibi içeri giriyor.

Talebeleri arkasından tereddütle giriyorlar.

-"Onlar girdi." Arkadan Şimon'un heyecanlı sesi duyulur.

Beraber şehirde yürüyorlar.

Güzel insanlar onlara gülümsüyorlar. Her ulustan insanlar.

Baruh: "Bu rüya değil!"

Merdivenin Sahibi'nin sesi: "Bu, kalbinizdeki Kudüs."

Hayim: "Allah'ım sen ne büyüksün! Allah'ım sende ne kadar 'Aşk' var!"

Birden Şimon onu ayıran engelin kaybolduğunu hissediyor.

Buna inanmaya korkuyor.

Elini yavaşça öne uzatıyor.

El 'içeriye' giriyor.

-"Beraberce girelim Zamia" diyen Şimon soğukkanlılığını korumaya çalışıyor. "En mühim olan şey, kendin için bir düşüncen olmasın... Haydi!"

Beraberce yürüyüp o duvarı aşarlar.

Şehrin kapısına doğru yürüyorlar.

Koşmamak için kendilerini zor tutuyorlar.

Arkaya bakmadan, yalnızca ileriye bakıyorlar.

Bir anda bu manzaranın içinden bağıranlar, ıslıklar.

Salon dolu.

Merdivenin Sahibi çalkantılı ve öfkeli halkın karşısında...

Bağıranlar: "İn sahneden!"

Merdivenin Sahibi

Ona doğru domates fırlatıyorlar.

Merdivenin Sahibi kaçmaya çalışmıyor.

Domates başından bir kaç santim farkla geçip, duvara çarpıyor.

Salon olanca sesiyle kükrüyor.

Ve kayboldu.

Işık parlaması.

Onlar Beyaz Şehir'de yürüyorlar, gülümsüyorlar, mutlular.

Merdivenin Sahibi öğrencilerinin önünde...

Baruh (Fısıldıyor): "Allahım, ne çok sevgi!"

Zamia (Fısıldıyor): "Ne büyük aşk!"

Birdenbire önlerinden siyah gölgeler geçiyor.

Ve kayboluyorlar.

Merdivenin Sahibi'nin sesi: "Sıkı tutunun!"

Tekrar bir gölge geçer.

Zamia'nın bir benzeri hızla ona doğru yaklaşıyor.

Merdivenin Sahibi'nin sesi: "Kendin için hiçbir düşüncen olmasın!"

Merdivenin Sahibi: "Ben söyleyeceğim ve siz dinleyeceksiniz."

Zamia'nın benzeri havada çözülüp dağılıyor.

Merdivenin Sahibi: "İnsanların gözleri açıldığında bir rüyada olduklarını anlayacaklar. O zaman sevgi kanunlarına göre yaşamak isteyecekler."

Bu sözleri dopdolu salonda söylediğini görüyoruz.

Buna yanıt olarak kalabalığın kükremesini duyuyor.

Merdivenin Sahibi elini kaldırıyor.

Herkes susuyor.

Salonda birden sessizlik...

Herkes Merdivenin Sahibi'ne bakıyor.

Birisi bağırmak istiyor ama beceremiyor. Çenesi çarpılıyor.

Başka biri ağzını açıp kapatıyor ama hiç sesi çıkmıyor.

Merdivenin Sahibi: "Devletin kanunu şöyle olacak: İnsan sevgisi. Çünkü... Yaradan'a erişmenin şartı budur."

Yerlerinde donakalmış insanlar görünüyor.

Rav Aşlag'ın sözlerini sessizce dinliyorlar.

Merdivenin Sahibi: "İsrail devleti bu kanunu üstlenecektir. Ve dünyanın en önemli noktasına dönüşecektir."

Görüntüler... Ben Gurion dinliyor, başı ellerinin arasında.

Merdivenin Sahibi sahnede yürümeye başladı. Halk hipnotize olmuş gibi bakıyor.

Merdivenin Sahibi

Merdivenin Sahibi: "Bunlar geleceğin toplumunun ilkeleri (Durur). Yaradan'ın kanunlarına göre. Bütün dünya tek bir aile... Bütün dünya bir tek millet, beyaz yok zenci yok, kültürlü, kültürsüz yok."

Rav Aşlag'a bakan insanların portreleri.

Merdivenin Sahibi'nin sesi: "Atom bombalarının olduğu bu zamanda, dünya başka türlü var olamaz. Yaradan, insanlara teknolojiyi verdi, onlar da atom ve hidrojen bombasını icat ettiler. Eğer şimdi beni dinlemezseniz, üçüncü ve dördüncü dünya savaşları olacak. Daha güçlü bombalarla olan savaşlar olacak. Tüm bunlar imha olduktan sonra, Birlik Kanunu'nu kabul etmekten başka çare olmayacak."

Merdivenin Sahibi sahnenin ortasında durur ve çok açık bir şekilde:

-"Kişiler de, uluslar da, kendi varlıklarını korumaya yetecek kadar çalışacaklar. Geriye kalan işleri, başkalarının iyiliği için çalışmak olacak. (Duraklar) Eğer dünyadaki bütün milletler bunu kabul ederlerse, bütün savaşlar son bulacak. Çünkü savaşlara ihtiyaç kalmayacak. Önümüzdeki büyük kriz önlenecek, seller ve felaketler vasıtasıyla tabiat bizden intikamını almayacak. Huzur ve sükûnet olacaktır. Çünkü herkes diğerini sevecek. Bu kadar. Her şey bu kadar basit... Bunu düşünün, az vakit kaldı."

Merdivenin Sahibi sahneden iner ve salondan çıkar.

Halk onu bakışlarıyla takip ediyor.

Binadan çıktığı zaman, pencereler açılıyor.

Onlarca kişinin başları onun uzaklaşmasını izliyorlar.

Binadan uzaklaşınca haykırışlar duyuluyor.

ISRAEL IS BORN

Egyptian Air Force Smothers
Bombs Tel Aviv, One Shot Down

U.S. RECOGNIZES JEWISH STATE

Proclamation by Head of Government

Special Assembly Adjourns

2 Villages Taken in Road Battle

Merdivenin Sahibi

O sokakta yürüyor.

Birkaç kişinin arkasından koştukları duyulur.

O arkasına dönüp bakmıyor bile.

Onlar Ben Gurion ve iki genç koruması.

Ben Gurion: "Rav Aşlag!"

Merdivenin Sahibi durur.

Ben Gurion: "Sen söylediklerine inanıyor musun?"

Merdivenin Sahibi: "Ben bunu görüyorum."

Ben Gurion: "Yeşaya'da yazıldığı gibi: Kurt kuzuyla beraber oturur, kaplanla geyik aynı yerde yatar, buzağı ve genç aslan beraber büyür ve küçük bir çocuk onları güdecek."

Merdivenin Sahibi: "Ne kaplanlar, ne aslanlar ve ne de geyikler... Ve küçük bir çocuk, çocuk değil, ancak iradedir, David. Adalet kurallarına göre yaşamak iradesidir. Söylediğin bu cümlenin anlamı şudur: Bütün dünya tek bir yürek olacak."

Ben Gurion: "Ben senin nasıl yaşadığını düşünemiyorum. Kimse sizi kabul etmiyor. Herkesin gözünde sen deli gibi görünüyorsun."

Merdivenin Sahibi: "Ben hayatımı yaşıyorum. Benim hayatım sizin hayatınızdan daha basit."

Ben Gurion susuyor.

Doğru kelimeleri bulmaya çalışıyor.

Ben Gurion: "Biliyor musun, nutkundan evvel sana söylemek istedim. Ama Yanke'le öldü. İlk çatışmada, ateş altında kalkıp yürüdüğünü söylediler. Allah'a ısmarladık Rav Aşlag. Öylesine ışık dolu... Olduğunuz için teşekkür ederim."

Ben Gurion dönüp gider.
Merdivenin Sahibi, sokağın ortasında sessizce durur.
Gece, Merdivenin Sahibi yazıyor.
Kendisi yün battaniyeye sarılmış.
Fakat eli titriyor ve gözleri yorgunluktan kapanıyor.

Merdivenin Sahibi: "Baruh?"

Karanlık odanın köşesinden Baruh geliyor.

Baruh: "Buradayım baba."

Merdivenin Sahibi: "Sekiz satırım kaldı, onları bitirmeme izin vermiyor."

Baruh: "Baba, seni yatağa götüreyim."

Merdivenin Sahibi: "Yok yatarsam, kalkamayabilirim."

Baruh: "Öyleyse bana onları dikte et."

Baruh kalemi alır ve babasına bakar.
Merdivenin Sahibi gözlerini kapatır.

Merdivenin Sahibi: "İnsanların karşısına çıkacağım ve bu şofarı çalacağım. Onlara diyeceğim ki…(Yavaş yavaş nefes alıyor) Sevdiklerim… (Zor nefes alıyor) İşte bu harika kitabı… (Durumu kötüleşir) açıklamak için… Güç kazandım… Neden… Duymuyorsunuz…"

Merdivenin Sahibi susar.

Baruh: "Baba!"

Merdivenin Sahibi gözlerini kapar. Sandalyeden yere doğru sarkar.

Baruh, ona doğru eğilir.

Merdivenin Sahibi kımıldamıyor, sanki felçli gibi.

Merdivenin Sahibi

Baruh: "Baba! Baba!" diye bağırıyor.

Baruh: "Anne!"

Merdivenin Sahibi yatakta...

Yanında Doktor, Rivka ve Baruh duruyor.

Doktor: "Rav Aşlag, bunu sizden saklamayacağım. Durumun ciddiyeti yüzünden size açıklamam lazım. Arka arkaya iki kalp krizi geçirdiniz. Normal bir adamın kalbi buna dayanamaz. Hiçbir iş! Duydunuz mu? Hiçbir çaba, hiçbir heyecan (Rivka ve Baruh'a döner)... Böylece uzanıp hiçbir şey düşünmemelisiniz."

Rivka: "Bu, imkânsız."

Doktor: "O zaman ölür."

Baruh: "Zohar Kitabı'nın tefsir yazılarını daha bitirmedi ki!"

Doktor: "Ee, ne demek bu şimdi?"

Baruh: "Yani O ölemez."

Doktor (Sinirli): "Söylediklerimi hatırlayın."

Doktor öfkeyle aletlerini toplar ve odadan çıkar.

***

Kudüs

Eski bir matbaa.

Baruh harfleri topluyor.

Merdivenin Sahibi oğlunun yanında oturuyor.

Kalın bir battaniyeye sarılmış.

Gözleri kapalı, konuşuyor.

Merdivenin Sahibi: "Zohar'da yazılı. Aşk kanununa erişen bir kişi, ne yukarıdakilerden ne de aşağıdakilerden, ne hastalıklardan ne de zararlardan korkmaz. Çünkü o

Bir Sinematik Roman

Yaradan'a bağlıdır ve her gün Yaradan'dan öğrenir. Yüce aşkı öğrenir."

Purim Bayramı, Merdivenin Sahibi, bayram sofrasının yanında oturuyor.

Aşlag ailesinin evinde, uzun zamandır olmayan bir bayram kutlanıyor.

Kemancı 'Yaşam dolu' bir melodi çalıyor. Yüzlerinde komik maskelerle talebeler dans ediyorlar. Çocuklar çeşitli kıyafetler giymişler. Torunlar neşeyle bağrışıyorlar.

Baruh, başında Zohar'ın bölümleri, babasının önünde dans ediyor.

Kitaplar elden ele geçiyor.

Bir anlığına, Rivka'nın endişeli yüzü görünüyor.

Kocasının iskemleden kalkıp birkaç hasidik dans hareketi yaptığını görüyor.

Birden kemancı çalmayı bırakıyor.

Herkes ona hayranlık ve kaygıyla bakıyor.

Merdivenin Sahibi ve Rivka'nın gözleri karşılaşır.

O, gülümsüyor.

Herkes onu hayranlıkla izliyor.

Müzik tekrar canlanıyor.

Merdivenin Sahibi salonu yavaşça dolaşıyor...

Talebeleri etrafında dönüyorlar. Baruh ve Rivka'nın yüzleri görünüyor.

Birdenbire, odaya nefes nefese bir Hasidik Ortodoks girer, Merdivenin Sahibi'ni görüp hemen ona yaklaşır.

Merdivenin Sahibi

Ortodoks Yahudi: "Rav Aşlag, şu anda Rusya'dan telgraf aldım. Ben Kabala öğreniyorum. Benim Haham size ısrarla karşı. Ama ne yapacağımı bilemiyorum. Bütün akrabalarım orada, çocuklarım orada..."

Moskova. Şehrin dışında Stalin'in yazlık konutu... Stalin, uzun bir koridorda bize doğru yürüyor.

Ortodoks Yahudi'nin sesi: "Stalin gizli bir emir verdi. Bütün Yahudileri Sibirya'daki imha kamplarına yollamak... Sonra da aralarındaki önemli kişileri Kızıl Meydan'da idam etmek..."

Stalin duruyor.

Doğru kameraya bakıyor.

Parmağını tükürükle ıslatıp, kameranın objektifini siliyor.

Bu güvenlik kamerası...

Parmağını tehdit işareti gibi sallayarak kapıları kapatıp kilitliyor.

Dönüyor, kimsenin evine girmediğine emin olmak için etrafa bakıyor ve odasına giriyor.

Ayakları kan rengindeki halıya basıyor.

***

Kudüs

Aşlag ailesinin evi, Purim bayramı.

Merdivenin Sahibi (Hasidik'e): "Ve sen istiyorsun ki..."

Hasidik: "Onu durdurmanı... Yeryüzünde bunu yapabilecek olan tek kişi olduğunuzu söylediler."

Merdivenin Sahibi: "Bir mucize mi bekliyorsun?"

Hasidik: "Başka umudum kalmadı. Size güveniyorum."

Bir Sinematik Roman

Merdivenin Sahibi (Sessizlik): "Bu dünyada mucizeler yoktur."

Hasidik: "Hiçbir şey yapılamaz mı?"

Merdivenin Sahibi: "Şimdi bu sana dokundu, onun için teyakkuza geçtin!"

Hasidik: "Bunlar benim çocuklarım!"

Merdivenin Sahibi: "Milyonlarca insan öldü ve sustun!"

Hasidik: "Size kendi sıkıntımla geldim! Ve siz..."

Merdivenin Sahibi: "O'ndan başkası yoktur. Ona dönmemiz gerekir (Herkese bakar). Arkadaşlar! Şimdi bayram. Dünyayı düşünün, kendi küçük dünyanızı değil! Bu, egoizmden kurtulan dünyanın bayramı! Mutlu olalım! Bu, kötülüğe karşı zafer bayramı! (Hasidik'e) Bize katıl."

Tekrar müziğin sesi duyulur.

Herkes tekrar dans etmeye başlıyor.

Sadece yerinden kımıldamayan Hasidik odanın ortasında duruyor.

Ağlıyor.

Sonra kapıyı çarparak dönüp evden çıkıp gidiyor.

***

Moskova. Stalin'in yazlık evi...

Stalin, odadaki halının üstünde sürünüyor.

Bütün kuvvetiyle gayret ediyor. Neredeyse boğuluyor. Eliyle kapının koluna erişmeye çalışıyor. Fakat eli kayıyor.

Kudüs. Merdivenin Sahibi masanın başında oturuyor.

Müzik duruyor.

Bir Sinematik Roman

Herkes ona dönüyor.

Rivka, ona bakıyor.

Baruh, başını indirip yanına oturuyor.

Bütün talebeleri onun yanına gidiyorlar.

Ayaklarının dibinde oturuyorlar.

Merdivenin Sahibi onlara gülümsüyor

Işık parlaması.

Merdivenin Sahibi Beyaz şehrin kapısının yanında oturuyor.

Merdivenin Sahibi: "Nasıl her şeyi bu kadar mükemmel düzenledin...(Derin bir nefes alır) Bu nasıl bir sevinç... Seni hissetmek... Yanında olmak... Ne büyük saadet..."

Kapılar sonuna kadar açık.

Şehrin içinden hafif bir nağme duyuluyor.

Bu melodi mutlu bir kahkaha ile karışıyor.

Merdivenin Sahibi gülümsüyor.

Merdivenin Sahibi: "Görüyor musun, her şey istediğin gibi oldu. İnsanlar geldi. Onlar beraber, sevinçli ve mutlular. Senin yanında iyi hissediyorlar."

Her şey donakalır.

Etraf kararır.

Aniden bir daha açılır.

Günümüzde yapılan gerçek röportajlardan bazı bölümler.

Moskova. Parkta, kısa saçlı bir adam bankta oturuyor-Oleg Damidov.

9 Sene Sibirya'daki kamptaydım. Suç dünyasında tanınmış biriydim. Kaderim budur. (Sakin bir tavırla) Başka kanun yoktur. İnsan öbür insanlara karşı kuvvet kullanmalı. Ve bir keresinde, kıştı, öylesine bir dayak yedim ki. Ne yapacağımı bilemedim. Votka beni dindirmedi, uyuşturucu verdiler, ama yaramadı. Bir gece kampa yeni 'gençler' getirdiler. Kulübenin yanında onlardan biriyle konuştum. Bana sordu 'Merdivenin Sahibi'ni bilir misin? Hiç duymadım! O bana 'Öyleyse' onun kitabını bul. Deneyiver, belki sana yardımı dokunur. İyi bir tercümesi var, Rusça'ya Michael Laitman çevirmiş. Onu buluver. Adamlarıma emir verdim, onlar benim için bu kitabı Novosibirsk'te buldular. Şöyle küçük, yumuşak, ciltlenmiş bir kitap. Kendimi unuttum. İlk defa olarak hayatımın en mühim kişisinin ismine rastladım... Merdivenin Sahibi, Rav Yehuda Aşlag... O, bana ışığı gösterdi. O, beni kurtardı.

O, herkesi kurtarmak için dünyaya geldi. Hayatımın her anında ona, bunun için teşekkür ediyorum.

***

New York. Manhattan. Broadway.

Seth Bogner, kalabalık sokağın merkezinde oturuyor.

-"Ben milyonerim. Hiçbir zaman ekonomik sorunum olmamıştı, ama sorunlarım olmuştu. Rahatımı kaçıran sorunlarım vardı. Sözde her şeye sahiptim ama içimde bir boşluk hissediyordum. Ancak bu büyük adamı tanıyana kadar... Şimdi onun adını anınca, kalbimi hissediyorum. O benim için bir babadan daha fazla öğreten. Bana en yakın olan. Sevgi, güven, her şey. O büyük bir öğretmen. İsmi

Bir Sinematik Roman

Merdivenin Sahibi... Ona yüzde yüz güvenebilirsiniz. O sizi mutluluğa kavuşturur. Sizi, hepimizi, bütün dünyayı mutluluğa... Merdivenin Sahibi'ni anlatmakla bitiremem."

***

Ankara, Sokak... Yürüyenler.

Hafif sakallı bir genç caminin yanında duruyor, ismi Mutlu.

"Ben Müslümanım, bütün ailem dindar Müslüman. 22 Yaşına kadar Türkiye'deydim. Sonra iki sene İngiltere'de yaşadım, sonra Avustralya'da. Merdivenin Sahibi'nin kitaplarını okuduğumda, nasıl ağladığımı hatırlıyorum. Hayatım boyunca bekledim! Koca bir dünya buldum, aydınlık. Bunun sorumlusu Merdivenin Sahibi... Dünyada bana en yakın olan insan."

***

Bulgaristan, Sofya. Boş bir kilise, Papaz İvan Milonov anlatıyor.

Sofya'nın teoloji akademisinden mezun oldum. Rahip oldum. Hristiyanlık hakkında her şeyi öğrendim. Ayrıca başka dinler hakkında binlerce kitap okudum, değişik inançlar, manevi konular... Ufak bir kitaba rastlayana kadar... Bu, Merdivenin Sahibi'nin kitabıydı. Onda her şey vardı, aradığım her şey. O kadar çok ışık vardı ki, ben... Bugünmüş gibi hatırlıyorum. Mutluluktan boğulacak kadar. Hemen kitabı Bulgarcaya çevirmeye başladım, bu mutluluğu bütün milletime iletmek için... Onlara 'bakın nasıl bir hazine buldum' demek için... Biz mutlu bir hayat kurabiliriz! Merdivenin Sahibi, büyük bir isim, en kutsal... Bugün nasıl barış içinde yaşayabileceğimizi

Merdivenin Sahibi

anlattı... Bütün dinler ve bütün milletler... Bize fazla bir iş kalmadı, sadece onu dinlemek!"

***

Brüksel, Kafe. Dışarıda masalar. Masaların birinin yanında orta yaşlı bir adam oturuyor. Kibar bir bey. İsmi Tarsi

Ben film yapımcısıyım. Belçikalıyım. Yahudilikle hiçbir ilgim yoktur. Bir Akşam internette iken bir isme rastladım, Merdivenin Sahibi. Okumaya başladım. Gecenin bittiğini ve sabah olduğunun farkına bile varmadan... Tekrar akşam oldu. Ve ben... Okumaya devam ettim. Hepsini İngilizce okudum. Sonra onun izinde giden, Dr. Laitman'ın derslerini dinlemeye başladım. Merdivenin Sahibi'nin yazılarından öğretiyor. Merdivenin Sahibi'nin hakiki yazılarına dayalı olmak şartıyla, herkesin bunu öğrenebileceği başlıca yöntemi öğreten kişi! Bunlarla hayatın kaynağını anladım. Merdivenin Sahibi'nin yorumladığı Zohar Kitabı, dünyamıza inen ışıktır. 'Son neslin yazıları' Işığın kılavuzu... Daha ne isteyebiliriz ki?

Bizim bu çılgın dünyamız daha ne ister? Sadece al bunu, o kadar. Ne yapmak istediğimi biliyorum. Merdivenin Sahibi'nin bir filmini... Herkesin onu bilmesini isterdim. Dünyadaki her insanın!

***

Kudüs. İki katlı küçük bir evin karşısında bir adam, Dr. Micheal Laitman.

Ben Merdivenin Sahibi'nin büyük oğlunun talebesiyim, Rav Baruh Aşlag'ın. Kendisi, bizim genellikle ebeveynlerimiz hakkında bahsettiğimiz gibi konuşmadı.

Bizler onları hürmet ve sevgiyle anarız daima. Ama hocam ise babasının bir mucize olduğunu söylerdi. Dünyanın yedi harikası, bu mucizenin yanında hiç kalır. Aramızda, Yaradan'la konuşan bir adam bulunuyordu, tıpkı şimdi sizinle konuştuğum gibi. Kendisi gelecekteki dünyada yaşadı, onu bize anlattı. Bizi bekleyen, ışık dünyası, mutluluk dünyası... Meraktan bile olsa, onun kitaplarına bakın, onlarda olan açık. Işık... Sizi aydınlatacak olan ışık. Dünyadaki bütün belaları durduracak ve onu kusursuz ve sevgi dolu yeni bir yola götürecek olan ışık.

***

Merdivenin Sahibi'nden Bugüne Kadar

Merdivenin Sahibi'nin çalışmalarına, sadık öğrencisi, en büyük oğlu, Baruh Şalom Aşlag (Rabaş) devam etmiştir. Öğretmeniyle manevi bağlılığa ulaşıp, günümüzün en büyük Kabalisti oldu. Yazdığı yazılarda en gizli şeyi bile açıklamayı başardı. İnsanın niyetlerini ve manevi çalışmalarını açıklamayı onun gibi kimse yapamadı.

1991 Senesinde onun talebesi Dr. Laitman "Bney Baruh' (Baruh'un Oğulları) adlı Kabalist grubu kurdu. Tek hedefi, hocalarının dileğini gerçekleştirmek...

Grup on arkadaşla başladı. Bugün 'Kabala Leam' (Halk için Kabala) diye adlandırılan bütün dünyada milyonlarca talebesi olan bir kuruluş. Kuruluş herkese açık, mükemmelliğe ulaşmak için uyanan ruha sahip olan, beraberlik ve sevgi arayan herkese açık.

Micheal Laitman, dünyanın birleşmesini öneren büyük bilgeliği, herkese ulaştırdı. Bu nedenle bu neslin en önemli öğretmeni olmuştur.

Merdivenin Sahibi

Bugün, Merdivenin Sahibi ve oğlu Rabaş (Baruh)'ın hayallerinin gerçekleştiğini görüyorum. Dünyanın onların izinden gideceğine dair ümidim var.

Feyge Aşlag

Rav Baruh Şalom Aşlag'ın dul eşi. Doktor ve psikolog.

BNEY BARUH HAKKINDA

Bney Baruh, Kabala bilgeliğini tüm dünya ile paylaşan büyük bir Kabalistler grubudur. 38 den fazla dildeki çalışma araçları bir nesilden diğerine geçmiş otantik Kabala metinlerini temel alır.

Mesaj

Bney Baruh dünya çapındaki binlerce öğrencinin birçok çeşitli hareketinden oluşmaktadır. Her öğrenci kendi kişisel koşullarına ve yeteneklerine göre kendi yolunu ve yoğunluğunu seçer.

Son yıllarda grup, orijinal Kabala kaynaklarını çağdaş bir dille sunan gönüllü eğitim projeleriyle uğraşan bir hareket olarak büyüdü. Bney Baruh tarafından dağıtımı yapılan mesajın özü insanların birlik olması, ulusların birliği ve insan sevgisidir.

Binlerce yıldır, Kabalistler insan sevgisinin yaratılışın temeli olduğunu öğretmektedirler. Bney Baruh kesinlikle Din, Irk, Dil, v.b. bir ayırım gözetmez. Bu sevgi Hz. İbrahim'in, Hz. Musa'nın ve onların kurduğu Kabalist grupların günlerinden beri hakim olmuştur. İnsan sevgisi temelsiz nefrete dönüştüğü zamanlarda, millet sürgün ve ızdırap içine düşmüştür. Eğer bu eski-ama-yeni değerler için bir yer açarsak, farklılıklarımızı bir kenara koyup birleşmek için gerekli olan güce sahip olduğumuzu keşfedeceğiz.

Bin yıldan beri gizlenmiş olan Kabala bilgeliği şimdi açığa çıkıyor. Bizim yeterince geliştiğimiz ve onun mesajını uygulamaya hazır olduğumuz bir zaman için bekliyordu. Bugün Kabala ulusların kendi içlerindeki ve uluslar arasındaki gruplaşmaları, ayrılıkları birey ve toplum olarak çok daha iyi bir durumda birleştirecek bir mesaj ve çözüm olarak ortaya çıkmaktadır.

Tarih ve Kökeni

Kabalist Michael Laitman, Ontoloji (Varlık Bilimi) ve Bilgi Kuramı Profesörü, Felsefe ve Kabala konusunda doktora, Tıbbi Bio-Sibernetik konusunda yüksek lisans yapmıştır ve 1991 de, hocası Kabalist Baruh Şalom HaLevi Aşlag'ın (Rabaş) vefatından sonra Bney Baruh adlı Kabalist grubunu kurmuştur.

Kabalist Michael Laitman akıl hocasını anmak için onun anısına grubuna Bney Baruh (Baruh'un Oğulları) adını verdi. Hayatının son 12 yılında, 1979 dan 1991 e kadar onun yanından hiç ayrılmadı. Kabalist Laitman, Aşlag'ın en önemli öğrencisi ve özel asistanıydı ve onun öğretim metodunun takipçisi olarak tanındı.

Rabaş 20.yüzyılın en büyük Kabalisti Yehuda Leib HaLevi Aşlag'ın ilk oğlu ve takipçisidir. Yehuda Aşlag, Zohar kitabı üzerine yazılmış en kapsamlı ve en saygın tefsirin yazarıdır. Sulam Tefsiri (Merdiven Tefsiri) manevi yükseliş için eksiksiz bir metod ifşa eden ilk Zohar tefsiridir.

Bney Baruh tüm çalışma metodunu bu büyük manevi liderler tarafından kazılmış yol üzerine temellendirir.

Kabala Dersleri

Yüzyıllardır Kabalistlerin yaptığı gibi ve Bney Baruh faaliyetlerinin odağındaki en önemli ögesi olarak, Kabalist Laitman Bney Baruh'un İsraildeki merkezinde her gün 03.00-

06:00 (İsrail ve Türkiye saatiyle) arası verdiği dersler yer almaktadır. Dersler simultane olarak 7 dilde; İngilizce, Rusşa, İspanyolca, Almanca, İtalyanca, Fransızca ve Türkçe olarak çevirilmektedir.

Tüm Bney Baruh faaliyetleri gibi canlı yayınlarda dünyanın her yerinden olan binlerce öğrenci için ücretsiz olarak sunulmaktadır.

Finansman

Bney Baruh Kabala bilgeliğini paylaşmak üzere kâr amacı gütmeyen bir organizasyon olarak kurulmuştur. Bağımsızlığını ve niyetlerin saflığını koruyabilmek için Bney Baruh hiçbir devlet ya da politik oluşum tarafından desteklenmemektedir, fonlanmamaktadır ya da hiçbir kuruluşa bağlı değildir.

Çoğunlukla bu aktiviteler ücretsiz olarak sunulduğu için, grup aktivitelerinin temel kaynağı öğrencilerin gönüllü olarak katkıda bulunmalarından oluşmaktadır.

Kabalist Michael Laitman'ın Kabala'yı Arayışı

Bir çok derste ve röportajda Kabala'ya nasıl geldiğim bana sürekli sorulan bir sorudur. Kabala'dan uzak bir takım konuların içerisinde olsaydım muhtemelen bu sorunun geçerliliğini anlayabilirdim. Ancak Kabala hayatımızın amacının öğretisidir; hepimize çok yakın ve her birimizi ilgilendiren bir konu! Dolayısıyla bence daha uygun bir soru, Kabala'nın kişinin kendisi ve hayat ile ilgili soruları içinde barındırdığını nasıl bulduğum olmalı. Yani soru, "Kabala'yı nasıl keşfettiniz?" değil, "Neden Kabala ile ilgileniyorsunuz?" olmalı.

Hâlâ çocukluk çağındayken, tıpkı bir çok insan gibi, neden var olduğum sorusunu sordum. Bu soru, dünyevi zevklerin peşinde koşarak bu soruyu bastırmadığım anlarda sürekli beni rahatsız ediyordu. Bununla beraber, bu soruyu defalarca suni şeylerle, örneğin ilginç bir meslek edinip kendimi yıllarca işime adayarak ya da uzun yıllar peşinde koştuğum kendi ülkeme göç etmekle bastırmaya çalıştım.

1974 yılında İsrail'e geldiğimde de hayatın manası nedir sorusuyla hâlâ boğuşuyordum; yaşamaya değecek bir neden bulmaya çalıştım. Elimdeki imkânları kullanarak eski konuları (politika, iş hayatı vs) farklı yorumlarla ele alıp herkes gibi olmaya çalışsam da hâlâ bu ısrarlı soruyu silip atamıyordum: Hangi nedenden dolayı tüm bu şeyleri yapmaya devam ediyorum? Diğer herkese benzeyerek ne elde ediyorum?

Maddi ve manevi zorlukların etkisiyle beraber realiteyle başa çıkamayacağımın farkına varmam 1976 yılında beni dindar bir hayat yaşamaya getirdi, ümidim bu hayat tarzının bana daha uygun düşünceler ve fikirler getireceği ve yapıma daha uygun olacağı inancıydı.

Hiçbir zaman insanlığa özel bir meylim olmadı, sosyal bilimler, psikoloji ya da Dostoyevski'nin derinliğinin değerini ölçecek bir ilgiye sahip değildim. Sosyal bilimlerdeki tüm ilgim hep alelâde seviyedeydi. Belli bir düşünce ya da hissin derinliğinden kaynaklanmıyordu.

Buna rağmen, çocukluğumun erken dönemlerinden beri bilime güçlü bir çekim hissediyordum ve sanırım bu bana çok faydalı oldu.

1978 yılında tesadüfen Kabala dersleri için bir reklam gördüm. Hemen gidip kayıt yaptırdım ve doğamın geleneksel heyecanıyla Kabala'ya daldım. Bir çok kitap aldım ve bazen haftalarımı bile alsa cevaplar bulabilmek için bu kitapları derinlemesine çalışmaya başladım.

Hayatımda ilk kez böylesine derinden, özümden etkilenmiştim ve anladım ki benim ilgi alanım buydu çünkü yıllardır kafamı karıştıran konuların hepsiyle ilgileniyordu.

Gerçek bir öğretmen aramaya başladım, tüm ülkeyi dolandım ve bir çok yerde derslere katıldım. Ama içimden bir ses sürekli esas Kabala'nın bu olmadığını söylüyordu, çünkü benden değil soyut ve uzak şeylerden bahsediyordu.

Tüm bulduğum hocaları terk ettikten sonra bana yakın bir arkadaşımın da Kabala'ya ilgi duymasını sağladım. Akşamlarımızı birlikte, bulabildiğimiz tüm Kabala kitaplarını çalışarak geçirirdik. Bu aylarca sürdü.

1980 yılında soğuk, yağmurlu bir kış gecesi, Pardes Rimonim ve Tal Orot kitaplarını çalışmak yerine, çaresizlikten, kendim de şaşırtacak şekilde arkadaşıma Bney-Barak şehrine gidip bir hoca arayalım dedim.

Orada bir hoca bulursak derslere katılmak bizim için uygun olur diye de teklifimi haklı çıkarmaya çalıştım. O güne kadar Bney-Barak şehrini sadece birkaç kere Kabala kitapları ararken ziyaret etmiştim.

O gece Bney-Barak soğuk, rüzgarlı ve yağmurluydu. Kabalist Akiva ve Hazon-İsh dört yoluna geldiğimizde camı indirip sokağın öteki tarafında uzun siyah palto giymiş bir adama seslendim: "Buralarda nerede Kabala çalışırlar bana söyler misin?" Dinci bir mahallenin ne tür bir atmosferi olduğunu bilmeyenler için bu sorunun kulağa çok garip geleceğini söyleyebilirim. Kabala hiçbir dini eğitim okulunda öğretilmiyordu. Hatta Kabala'ya ilgi duyduğunu başkasına söyleyecek kişiler bile bulmak mümkün değildi. Ancak sokağın karşı tarafında duran bu yabancı, sanki hiç şaşırmamışçasına bana cevap verdi: "Sola dön ve turunç bahçelerine gelene kadar devam et, orada bir bina var. Orada Kabala öğretiyorlar."

Tarif edilen yere geldiğimizde karanlık bir bina bulduk. İçeriye girdiğimizde yan bir odada uzun bir masa gördük. Masada dört beş tane uzun ak sakallı adam vardı. Kendimi tanıttım ve Rehovot'tan geldiğimizi söyleyip Kabala çalışmak istediğimizi ekledim. Masanın başında oturan yaşlı adam bizi katılmaya davet etti ve ders bittikten sonra konuşuruz dedi.

Sonra ders Zohar Kitabı'ndan Sulam tefsiriyle bir bölüm okuyarak, yarı Aşkenazi (Yidiş) dili mırıldanarak ve sadece yarı bakışlarla insanların birbirlerini anladığı bir ortamda devam etti.

Bu insanları görüp dinledikten sonra sadece yaşlılıklarını geçirmek için bir araya gelen bir grup adam sandım, henüz akşam fazla geç değildi ve Kabala çalışabileceğimiz bir yer daha bulmak için zamanımız vardı. Ama arkadaşım beni durdurdu ve bu kadar kaba davranmamın uygun olmadığını söyledi. Birkaç dakika sonra da ders sona ermişti ve yaşlı adam kim olduğumuzu öğrendikten sonra telefon numaralarımızı istedi. Bizim için uygun bir hocanın kim olabileceğini düşünüp haber vereceğini söyledi. Bunun da çabamızı daha önceleri gibi boşa harcamaktan başka bir şey olmayacağını düşündüğümden telefon numaramı vermekte biraz çekingendim. Benim tereddüdümü hisseden arkadaşım kendi numarasını verdi. Ve iyi akşamlar diyerek oradan ayrıldık.

Ertesi akşam arkadaşım evime geldi ve yaşlı adamın kendisini arayıp bize bir hoca ayarladığını ve hatta ilk dersin o akşam olduğunu söyledi. Bir geceyi tekrar boşa geçirmek istemiyordum ama arkadaşımın arzusuna boyun eğdim.

Tekrar oraya gittik. Yaşlı adam bir başkasını çağırdı, kendisinden biraz daha genç fakat onun gibi beyaz sakallı biri; genç adama Yidiş dilinde birkaç kelime söyledi ve ayrılarak bizi yalnız bıraktı. Hocamız hemen oturup çalışmaya başlayalım dedi. Bir makale ile başlamayı tavsiye etti "Kabala'ya Giriş"; ben ve arkadaşım bu makaleyi daha önce defalarca anlamaya çalışmıştık.

Boş odadaki masalardan birine oturduk. Bizlere her paragrafı açıklayarak tek tek okumaya başladı. O anı hatırlamak benim için her zaman çok zordur; yıllarca arayıp da hiçbir yerde bulamadıktan sonra sonunda aradığımı bulduğuma dair keskin bir his vardı içimde. Dersin sonunda bir sonraki gün için ders ayarladık.

Ertesi gün bir kayıt cihazıyla geldim. Esas derslerin her sabah saat 3 ile 6 arasında olduğunu öğrendikten sonra, her gece gelmeye başladık. Ayrıca her ay yeni ayı kutlama yemeklerine de katılmaya başladık ve herkes gibi merkezin masraflarına katkıda bulunup aylık ödemelerimizi yapmaya başladık.

Her şeyi ille de kendim keşfedeceğim arzusuyla genellikle de biraz agresif olarak sık sık tartışmalara girdim. Ve bizlerle olan tüm olaylar grubun hocasına hep gidiyordu ve o da bizler hakkında sürekli soru soruyormuş. Bir gün bizim hocamız sabah dersinden sonra saat 7 gibi grubun büyük hocasının benimle "Zohar Kitabı'na Giriş" kitabını çalışabileceğini söyledi. Ancak, birkaç ders sonra benim bu derslerden hiçbir şey anlamadığımı görünce, kendi hocam aracılığıyla bu derslerin durdurulacağını söyledi.

Hiçbir şey anlamamama rağmen onunla çalışmaya devam etmeye razıydım. İçsel anlamlarına inebilme ihtiyacının dürtüsüyle, sadece mekanik olarak okumaya bile hazırdım. Çok alınmama rağmen zamanımın gelmediğini bilmiş olsa gerek ki dersleri sona erdirdi.

Aradan altı yedi ay geçti ve bizim hocamız vasıtasıyla büyük hocamız onu arabamla doktora götürüp götüremeyeceğimi sormuş. Elbette hemen kabul ettim. Yolda bana bir çok konudan bahsetti. Ben ise ona Kabala ile ilgili sorular sormaya çalışıyordum. Ve o yolculukta bana, şu an ben hiçbir şey anlamıyorken benimle her şeyden konuşabileceğini ama gelecekte anlamaya başladıkça benimle bu kadar açık konuşmayacağını söyledi.

Ve aynen söylediği gibi oldu. Yıllarca sorularıma cevap vermedi bana şöyle derdi "Kimden talep edeceğini biliyorsun" yani Yaradan'dan bahsediyordu, "talep et, sor, yalvar, iste, ne istiyorsan yap, her şeyi O'na yönlendir ve her şeyi O'ndan talep et!"

Doktor ziyaretlerimiz pek bir işe yaramadı ve kendisini kulak iltihabından koca bir ay hastaneye yatırmak zorunda kaldık. Bu zamana kadar hocamı bir çok kez doktora götürdüm; ve hastaneye alındığı gün geceyi onun yanında geçirmeye karar verdim. Tüm bir ay boyunca hastaneye sabah 4'de gelir, telleri tırmanır, görünmeden binaya girerdim ve çalışmaya başlardık. Tüm bir ay boyunca! O zamandan sonra Kabalist Baruh Şalom Halevi Aşlag, Baal HaSulam'ın en büyük oğlu, benim hocam oldu.

Hastaneden ayrıldıktan sonra, sık sık parklara uzun yürüyüşlere gittik. Bu yürüyüşlerden döndükten sonra duyduğum her şeyi harıl harıl yazardım. Bu sık yürüyüşler her gün üç dört saat sürerdi ve zaman içinde alışkanlık oldu.

İlk iki yıl boyunca hocama sürekli daha yakına taşınabilir miyim diye sordum, ama yakında oturmamın bir gereklilik olmadığını hatta Rehovot'a gidiş gelişlerimin manevi çalışma açısından çaba olduğunu söyledi. Ancak, iki yıl sonra hocam yakına taşınmamı ve Bney-Barak'ta yaşamamı kendisi tavsiye etti ve nedendir bilinmez pek bir acelem yoktu. O kadar yavaş hareket ediyordum ki bu konuda, hocam gidip benim için kendisine yakın bir apartman dairesi buldu ve taşınmamı söyledi.

Hâlâ Rehovot'ta yaşarken hocama daha önce katıldığım bir merkezde Kabala çalışmaya teşebbüs eden birkaç kişiye ders verebilir miyim diye sordum. Bu haberi fazla heyecanlı karşılamasa da daha sonraları derslerimin nasıl gittiğini sordu. Kendisine Bney-Barak'taki grubumuza yeni kişileri davet edebileceğimi söylediğim zaman kabul etti.

Sonuç olarak bir çok genç erkek grubumuza katıldı ve birden tüm merkez cıvıl cıvıl hayat dolu bir yer oldu. İlk altı ayda yaklaşık on kadar düğün oldu. Hocamın hayatı ve günleri sanki yeni bir anlam kazanmıştı. Birçok insanın Kabala çalışmak istediğini görmesi kendisini çok memnun etmişti.

Günümüz genellikle sabah saat 3'de başlardı ve sabah saat 6'ya kadar çalışırdık. Her gün sabah saat 9'dan 12'ye kadar parka yürüyüşe ya da denize giderdik.

Döndükten sonra ben evime çalışmaya giderdim. Sonra tekrar eve giderdim ve sabah saat 3'de tekrar derse katılırdım. Bu şekilde yıllarca devam ettik. Tüm dersleri kasete kayıt ederdim, derslerin kayıtları bini geçti.

Son beş yılımızda, 1987'den itibaren, hocam beraber Tiberias'a yolculuk etmemizin iyi olacağını söyledi ve her iki haftada bir iki günlüğüne Tiberias'a giderdik. Bizi herkesten ayıran bu geziler aramızda bir yakınlaşmaya sebep oldu. Ama zamanla aramızdaki manevi algılayışın farkından kaynaklanan mesafe içimde giderek büyümeye başladı ve bu mesafeyi nasıl kapatacağımı bir türlü bilemedim. Bu mesafeyi, o yaşlı adamın her defasında fiziksel bir ihtiyacı nasıl geri çevirerek mutlu olduğunu net olarak algılayabildiğimde görebiliyordum.

Onun için sonucun net olduğu bir şey kanundu, ister yorgun olsun ister hasta günlük çalışma programı son derece disiplinli uygulanıyordu. Yorgunluktan yığılacak bile olsa günün gerekli olan tüm planını her detayıyla eksiksiz yerine getirirdi ve üstlendiği hiçbir şeyi tam halletmeden bırakmazdı. Yorgunluktan nefessiz kalıp, nefes darlığı çekmesine rağmen bir dersini bile atlatmaz, sorumluluğunu hiçbir zaman bir başkasına devretmezdi.

Onun bu olağanüstü gücünün, amacının yüceliğinden ve Yaradan'dan geldiğini bilmeme rağmen, onu sürekli böyle gördüğümde kendime olan güvenim sarsılır ve başarılı olma ihtimalimin olmadığını düşünürdüm.

Onunla T'veria ve Meron dağına yaptığımız gezilerin bir anını bile unutmam mümkün değil. Uzun geceler onun karşısında oturur, bakışlarını, sözlerini ve mırıldandığı şarkıları içime alırdım. Bu hatıralar içimde hâlâ yaşıyor ve bugün bile benim yolumu belirleyip rehberlik ediyorlar. On iki yıl boyunca her gün bire bir çalışmamızdan içimde kalan tüm bilgi, bağımsız olarak yaşıyor ve işliyor.

Sık sık hocam bir konuşmasından sonra çok alakasız bir cümle söylerdi ve bunu bu cümlelerin dünyaya girip yaşaması ve işlevlerini yerine getirdiğinden emin olmak için yaptığını söylerdi.

Grup çalışması Kabalistler tarafından çok eski zamanlardan beri yapılmaktadır ve ben de hocamdan yeni gelenlerden böyle gruplar oluşturmasını ve bu grupların bir araya gelmelerini düzenleyecek yazılı bir plan talep ettim. Bu şekilde haftalık makale yazmaya başladı ve hayatının son günlerine kadar da devam etti.

Sonuç olarak bizlere kendisinden sonra bir araya getirdiğimiz bir çok ciltlik muazzam materyal kaldı ve yıllar boyunca biriktirdiğim kayıtlarla birlikte, Kabala ilmi üzerine çok geniş kapsamlı anlatımlar oluşturduk.

Yeni yıl kutlamaları esnasında, hocam aniden göğsündeki bir baskıdan dolayı rahatsızlandı. Ancak çok yoğun ısrardan sonra tıbbi bakıma girdi. Doktorlar kendisinde hiçbir hastalık ya da rahatsızlık bulamadılar, ama Tişrei ayının beşinci gününde 5752 (1991) yılında vefat etti.

Son yıllarda gruba katılan bir çok öğrenci hâlâ Kabala çalışmaya devam etmekte ve yaratılışın içsel anlamını araştırmaktadır. Öğreti yaşamaya devam etmektedir, tıpkı geçmiş yüz yıllarda olduğu gibi. Kabalist Yehuda Aşlag ve onun büyük oğlu, hocam Kabalist Baruh Aşlag, çabalarıyla bu öğretiyi bizim neslimizin ve zamanımızda dünyamıza inen ruhların ihtiyacına göre uyarladılar.

Manevi bilgi Kabaliste Yukarıdan kelimeler olmadan aktarılır ve tüm duyu organları ve akıl tarafından eş zamanlı algılanır. Dolayısıyla, bütünüyle anında algılanır.

Bu bilgi sadece bir Kabalistten, ya aynı ya da daha Üst Seviyedeki bir başka Kabaliste aktarılabilir. Aynı bilgiyi henüz o manevi seviyeye ya da manevi dünyaya gelmemiş bir insana aktarmak mümkün değildir, çünkü bu kişi gerekli algıdan yoksundur.

Bazen bir hoca kendi perdesiyle (Masah) öğrencisini geçici olarak kendi bulunduğu manevi seviyeye çekebilir. Bu durumda, öğrenci manevi güçlerin ve hareketlerin özüyle ilgili bir nosyon edinebilir.

Manevi dünyaya henüz geçmemiş bir kişi için standart bilgi aktarım yöntemleri uygulanır: yazılar, sözlü anlatım, direkt iletişim, kişisel örnek vs.

"Yaradan'ın İsimleri" adlı makaleden de bildiğimiz gibi harflerin tarifi anlamının ötesinde bir şey, yani içsel manevi mesajı aktarmak için kullanılabilir. Ancak kişi manevi anlamlarına tekabül eden algıları edinmediği sürece, kelimeleri okumak masaya boş tabaklar koymak ve yanlarına güzel yemeklerin isimlerini yazmak gibidir.

Müzik daha soyut bir şekilde bilgi aktarmaktadır. Bizim dünyamızı yöneten ve yedi kısımdan ya da Sefirot'tan oluşan manevi varlık "Atsilut'un Partsuf Zer Anpin'i" gerçeğinin ışığı altında, tıpkı görünebilen bir ışık gibi, yedi temel güç -nitelik- tondadır.

Bulunduğu duruma göre, kişi müziği besteleyen Kabalistin manevi koşullarını çıkarabilir. Bu kişi melodiyi oluşturan Kabalistle aynı seviyede olmak zorunda değildir; içsel manasını kişisel manevi derecesinin mümkün kıldığı kadarıyla kavrayabilir.

1996, 1998 ve 2000 yıllarında Baal HaSulam ve Rabaş'a ait üç müzik diski kaydedilmiş ve çıkartılmıştır. Melodiler Kabalist Laitman'ın hocası Kabalist Aşlag'dan duyduğu şekilde sunulmuştur. Sözlere ek olarak, melodilerin sesleri de bir çok Kabalistik bilgi taşımaktadır.

Kabala Bilimi - Herkes İçin Manevi İlim Kitabı

Çağımızın büyük Kabalistlerinden Yehuda Aşlag ve onun oğlu ve varisi Baruh Şalom Aşlag, yaşamın temel sorusuna cevap getirir: Hayatımın anlamı ne? Zohar ve Yaşam Ağacı kitaplarının yorumlarına dayandırılan bu kitapla günlük yaşamda Kabala ilminden nasıl faydalanacağımızı öğreniriz. Büyük Kabalistlerin otantik metinlerine ilave olarak, bu kitap, bu metinlerin anlaşılmasını sağlayan pek çok yardımcı makaleyle birlikte, Kabalistlerin deneyimlediği Üst Dünyaların evrimini betimleyen çizimlerden oluşur.

Kabala Bilimi kitabında, Baruh Aşlag'ın kişisel asistanı ve baş öğrencisi Michael Laitman, manevi dünyaları edinmeyi amaçlayan Kabala öğrencileri için kadim makaleleri uyarlamıştır. Laitman günlük derslerini bu ilham verici makalelere dayandırarak, Üst Alemlere muhteşem yolculuğumuzda izleyeceğimiz manevi yolu daha iyi anlamamız için bizlere yardımcı olur.

Merdivenin Sahibi

İnsanlık tarihinin en yıkıcı çağının şafağında, 20. yüzyılda, gizemli bir adam insanlık ve onun acılarının alışılmadık çözümüyle, sosyo-politik arenada ortaya çıktı. Kabalist Yehuda Ashlag, yazılarında açıklıkla ve tüm detaylarıyla öngördüğü savaşları, karışıklıkları ve daha çarpıcı olarak da bugün yüz yüze kaldığımız ekonomik, politik ve sosyal krizi anlattı. Birleşmiş bir insanlık için duyduğu derin özlem, onu Zohar Kitabını açmaya -ondaki eşsiz gücü- herkes için ulaşılabilir yapmaya zorladı.

Kabalist, kabala, maneviyat, özgür seçim ve realitenin algısıyla ilgili bildiğinizi düşündüğünüz her şeye arkasını dönen, sinematik bir romandır. En yüksek edinim derecesine ulaşmış, tüm realiteye hükmeden tek güçle direkt temas içindeki insanın, hissiyatını ve içsel çalışmasını aktarmaya çalışan kendi türündeki ilk romanıdır.

Kabalist, bilimsel bir açıklık ve şiirsel bir derinlikle birlik mesajı verir. Dinin, milliyetin, mistisizmin, uzay ve zamanın şeffaf yapısının ötesine geçerek, bize tüm insanlıkla beraber doğayla ahenk içinde olduğumuzda, tek mucizenin içimizdeki mucize olduğunu gösterir. Bize hepimizin Kabalist olabileceğini gösterir.

Ölümsüz Kitabın Sırları

Musa'nın beş kitabı, tüm zamanların en çok satan kitabı Tora'nın parçasıdır. Bu şekliyle Tora, şifreli bir metindir. Masalların ve efsanelerin altında, insanlığın en yüksek seviyeye doğru yükselişini—Yaradan'ın edinimi- anlatan bir alt metin saklıdır.

Ölümsüz Kitabın Sırları, Tora'nın Yaratılış ve İsrail Halkının Mısır'dan sürgünü hikayeleri gibi en gizemli ve sıklıkla alıntı yapılan dönemlerinin şifresini çözer. Yazarın enerjik ve kolay anlaşılır üslubu, insanın kendi dünyasını sadece arzu ve niyetle değiştirebildiği realitenin en derin seviyelerine, mükemmel bir giriş yapmanızı sağlar.

Kitabı okurken Tora'da anlatıldığı gibi olmuş veya olmamış fiziksel olayların seviyesinin ötesine geçiş yapacaksınız. İçinizde Firavun, Musa, Adem, Havva, hatta Habil ve Kabil'in olduğunu keşfedeceksiniz. Onların hepsi sizin bir parçanız. Onları içinizde keşfettikçe ve Ölümsüz Sevgiye, Yaradan'ın edinimine doğru ilerledikçe, bu gizli realitenin muhteşem hazineleriyle bizi ödüllendiren Yaradan'ın sonsuz sevgisini de keşfedeceksiniz.

Kişisel Çıkar Özgecilliğe Karşı

Bu kelimelerin yazıldığı zaman, dünya hala İkinci Dünya Savaşından beri en uzun gerileme sürecini geçiriyor. Tüm dünyada on milyonlarca insan, işlerini, birikimlerini, evlerini ve en önemlisi gelecekleri için olan ümitlerini kaybettiler.

Ancak krizler tarih boyunca sürekli olağandı. Bu krizi geçmiş krizlere kıyasla farklı kılan insanoğlunun şu anki gerginliğinin yapısıdır. Toplumumuz çatışma içeren iki uç noktaya doğru çekilmiştir – bir taraftan globalleşme ile gelen bağımlılık ve öteki taraftan da giderek büyüyen kişisel, sosyal ve politik narsizm. Bu koşul dünyanın daha önce hiç görmediği bir felaketin oluşumu!

Bu karanlık geleceğin önüne geçebilmek için, Kişisel Çıkar Özgeciliğe Karşı, bu dönemde dünyanın önünde bulunan sorunlarına yeni bir perspektif getirerek, insanoğlunun bir dizi hatasına bağlamaktansa, gereklilikten büyüyen egoizminin sonucu olarak değerlendirmektedir. Bu anlayışla, kitap egomuzu bastırmak yerine, toplumun iyiliği için kullanmanın gerekliliğini dile getirmektedir.

Kabala ve Bilim

Prof. Michael Laitman eşsiz ve etkileyici bir kişilik: Kabala ve bilimin sentezini anlaşılır bir şekilde gerçekleştiren yetenekli bir bilimadamı

—Daniel Matt, Tanrı ve Big Bang kitabının yazarı: Bilim, maneviyat ve Zohar arasındaki harmoniyi keşfetmek.

Bu gezegendeki geleceğimiz için kritik tercihler yapacağımız bir dönemde, kadim Kabala bilgeliği seçeneklerimizi hem arttırdı hem de yeniledi. Klasik kutsal yazılarda yer alan bilgelik, yüzleşmekte olduğumuz ve önümüze açılan fırsatları taşıyabilmemiz için getirilmeli ve bu mesaj tüm dünyada tüm insanlara ulaşılabilir yapılmalı. Prof. Michael Laitman, diğerlerinden farklı olarak bu çok önemli meydan okumayı başarmaya ve bu tarihi görevi yerine getirmeye yetecek güçtedir.

—Prof. Ervin Laszlo, Kaos Noktası, Bilim ve Akaşik Alan kitabı da dahil 72 kitabın yazar : Herşeyin Birleşik Teorisi

Kadın ve Kabala

Bir arzu sonucu ortaya çıkanı ellerinizde tutuyorsunuz. Birçok kadın bir araya gelerek, yeni gelen bütün kadınlara Kabala çalışmasında yardımcı olabilmek için bu kitapçık üzerinde çalıştı. Toplanan soruların tümü Bney Baruh Kabala Eğitim Merkezine yeni başlamış olan kadın öğrencilerin sordukları sorulardan olulmaktadır. Cevaplar Dr. Laitman'ın kitaplarından, derslerinden ve konuşmalarından alınmıştır. Sorulan sorular bizim maneviyatı edinmek isteme ihtiyacımızdan ortaya çıkmıştır: bizler buna açız, kalplerimiz bunun ağırlığında haykırıyor. Bizler kendimizi her şeyi yapabilecek duruma hazır, amaca doğru erkeklerimizi desteklemeye hazır buluyoruz.

Dr. Laitman bize der ki: "Kadınların karşılıklı sorumluluk hissiyatı içerisinde erkekleri uyandırmak ve onları bir araya getirmek için bağ kurmaları gerekir ki, erkekler birbirleri ile bağ kursunlar ve bu birlik sayesinde maneviyata erişsinler. Daha sonra erkekler arasındaki bu bağ ve karşılıklı sorumluluk sayesinde maneviyat kadınlara da geçecektir. Bunun sonucunda herkes bir bütün olacaktır –ulusun erkek ve dişi parçası veya bütün insanlığın."

Işığın Tadı

"Bu nesilde bulunduğum için mutluyum zira artık Kabala Bilgeliğini yaymak mümkün."

Kabalist Yehuda Aşlag – Baal HaSulam

Binlerce yılın sonunda gizli olan Kabala Bilgeliği bizim neslimizde ifşa olmaya başladı. "Işığın Tadı" adlı bu kitap bilgeliğin üzerine bir pencere açmakta. Kitap, günümüzün her bireyi için ilk defa duygularında tadacağı bir lezzet ve kalplerinde yoğun bir anlayış sağlayacaktır.

Bu kitap neslimizin en yüce kabalisti Dr. Michael Laitman'ın her sabah verdiği canlı derslerden derlenmiştir.

Kabalanın Sesi

Bizim neslimizin en sonuncusu olan Büyük Kabalist Baruh Aşlag'ın öğrencisi ve kişisel asistanı olmak benim için çok büyük bir ayrıcalıktır. Basitçe söylemek gerekirse, tüm içtenlik ve sevgimle ondan öğrendiklerimi okuyucularla paylaşmaktan çok mutlu olacağım.

Dr. Michael Laitman

Kabala'nin Sesi, Kabala makalelerinden seçilerek ve derlenerek hazırlanmış olup, bu otantik bilgeliğin zengin ve tam bir mozaiğini meydana getiren on bölümden oluşmaktadır.

Bir Demet Başak Gibi

Neden Birlik ve Karşılıklı Sorumluluk Bu Zamanın Çağrısıdır

Bu kitap, bazı Yahudilerin en ürkütücü ve gizemli sorularına ışık tutar: Bu gezegendeki rolümüz nedir? Bizler gerçekten "seçilmiş insanlar mıyız?" Eğer öyle isek, ne için seçildik? Anti-Semitizme neden olan nedir ve bu iyileştirilebilir mi?

Tüm zamanların Yahudi tarihçileri ve bilgelerinin sayısız referansının kullanıldığı bu kitap, Yahudilerin ulaşmak istediği ama bir o kadarda tanımlaması zor hedefini yerine getirmek için bir yol haritası sunar: sosyal bağlılık ve birlik. Gerçekte birlik, yalnızca Yahudilerin bunu sabırsızlıkla bekleyen dünyaya vereceği bir hediyedir.

Birlik olduğumuzda ve bunu tüm dünyayla paylaştığımızda huzur, kardeş sevgisi ve mutluluk tüm dünyada sonsuza kadar hüküm sürer.

Kabalaya Uyanış

Dünyanız değişmeye hazır. Bu neslin en büyük Kabalistinin rehberliğinde sizde bunu gerçekleştirin. Micheal Laitman, Kabalayı Yaradan'a yaklaşmayı sağlayan bir bilim olarak görür. Kabala yaratılış sistemini, Yaradan'ın bu sistemi nasıl yönettiğini ve yaratılışın bu seviyeye nasıl yükseleceğini çalışır. Kabala manevi doyuma ulaşma metodudur. Kabala çalışması ile siz de kalbinizi ve sonuç olarak yaşamınız başarıya, huzura ve mutluluğa doğru nasıl yönlendireceğinizi öğrenirsiniz.

Kadim ilim geleneğine bu farklı, özel ve hayranlık uyandıran girişiyle büyük Kabalist Baruh Aşlag (Rabaş)'ın öğrencisi Laitman bu kitapta, size Kabalanın temel öğretilerinin derin anlayışını ve bu ilmi başkalarıyla ve etrafınızdaki dünyayla ilişkilerinizi netleştirmek için nasıl kullanacağınızı anlatır. Hem bilimsel hem de şiirsel bir dil kullanarak, maneviyatın ve varoluşun en önemli sorularını araştırır:

Hayatımın anlamı ne? Neden dünyada keder var? Reenkarnasyon manevi yaşamın bir parçası mı? Mümkün olan en iyi varoluş aşamasını nasıl edinebilirim?

Bu eşsiz rehber, dünyanın ötesini ve günlük hayatın sınırlamalarını görmeniz, Yaradan'a yaklaşmanız ve ruhun derinliklerine ulaşmanız için size ilham verecek.

Erdemliliğin Yolu

Bugün Kabala Bilgeliğinin insanlığa bir mesajı var:

Günümüzün sorunlarını ancak birlik ve beraberlikle çözüme ulaştırabiliriz. Problemler raslantısal değil, onları gözardı etmemeliyiz. Dahası, oluşan durumu doğru bir biçimde değerlendirebilirsek hayatımız yeni, mutluluk ve sükunet dolu bir yöne akmaya başlayacaktır. Gelişi güzel değil, gayet bilinçli bir şekilde yaşamımıza yön verebiliriz.

Üst Dünyaları Edinmek

Micheal Laitman'ın sözleriyle, "Özü tam bir özgecilik ve sevgi olan manevi nitelikleri anlamak, insan idrakinin ötesindedir. Bunun sebebi insanoğlunun bu tip hislerin var olabileceğini kavrayamaması ve herhangi bir eylemi yerine getirmek için teşvik bekleyip, kişisel kazanç olmadan kendini büyütmeye hazır olmamasından kaynaklanmaktadır. Bu sebeple özgecilik gibi bir nitelik, insana Üstten verilir ve sadece deneyimleyenler bunu anlayabilir."

Üst Dünyaları Edinmek, yaşamımızda manevi yükselişin muhteşem doyumunu keşfetmemize olanak sağlayan ilk adımdır. Bu kitap, sorularına cevap arayan ve dünya fenomenini anlamak için güvenilir ve akılcı bir yol arayan tüm insanlar içindir. Kabala ilmine bu muhteşem giriş, aklı aydınlatacak, kalbi canlandıracak ve okuyucuyu ruhunun derinliklerine götürecek olan farkındalığı sağlar.

Zoharın Kilidini Açmak

Zohar Kitabı(Aydınlığın Kitabı), şimdiye kadar yazılmış en gizemli ve yanlış anlaşılan yapıtlardan biridir. Yıllar boyunca kendinde uyandırdığı hayranlık, şaşkınlık ve hatta korku emsalsizdir. Bu kitap tüm Yaratılışın sırlarını içermesine rağmen, bugüne kadar bu sırların üzeri bir gizem bulutuyla örtülmüştür.

Şimdi Zohar, insanlığa yol göstermek için ilmini tüm dünyanın gözleri önüne sermektedir, şöyle yazıldığı gibi (VaYera, madde 460), "Mesih'in günleri yaklaştıkça, çocuklar bile ilmin sırlarını keşfedecek." 20. Yüzyılın büyük Kabalistlerinden Yehuda Aşlag (1884-1954), bize Zohar'ın sırlarını açığa çıkaracak yepyeni bir yol göstermiştir. Bu yüce Kabalist, yaşamlarımıza hükmeden güçleri bilmemize yardım edecek ve kaderimize nasıl hükmedeceğimizi öğretecek, Zohar Kitabına giriş niteliğindeki dört kitabı ve Sulam (Merdiven) Tefsirini yazmıştır.

Zohar'ın Kilidini Açmak, üst dünyalara nihai yolculuğun davetiyesidir. Kabalist Dr. Michael Laitman, bilgece bizi Sulam Tefsirinin ifşasına götürür. Bu şekilde Laitman, düşüncelerimizi düzenlemekte ve kitabı okumaktan kaynaklanan manevi kazancımızı arttırmaktadır. Zohar Kitabıyla ilgili açıklamaların yanı sıra kitap, bu güçlü metnin kolay anlaşılması ve okunmasını sağlayan, özenle çevrilmiş ve derlenmiş Zohar kaynaklı sayısız ilham verici alıntıya da yer vermiştir.

Kalpteki Nokta

Hayatın elimizden kayıp gittiğini hissettiğimizde, toparlanmak için zamana ihtiyacınız olduğunda ve düşüncelerinizle baş başa kalmak istediğinizde, bu kitap içinizdeki pusulayı yeniden keşfetmenize yardım edecek. Kalpteki Nokta, ilmi sayesinde tüm dünyada ve Kuzey Amerika'da kendini ona adamış öğrenciler kazanmış bu insanın makalelerinden oluşan eşsiz bir kitaptır. Dr. Michael Laitman bir bilim adamı, Kabalist ve büyük saygı uyandırarak kadim ilmi temsil eden büyük bir düşünürdür. Bu fırtınalı günlerde popüler www.kabbalah.info sitesi vasıtasıyla, gerçeği ve sonsuz huzuru arayanlar için umut ışığı olmaktadır.

Açık Kitap

Bu kitap çok temel görünse de, Kabala'nın temel bilgisini ifade eden bir kitap olma niyetini taşımıyor. Daha ziyade, okuyucuların Kabala kavramlarına, manevi nesnelere ve manevi terimlere yaklaşımını ilerletmeye yardım içindir.

Kişi bu kitabı defalarca okuyarak içsel görüş ve duyu geliştirir ve daha önce içinde var olmayana yaklaşır. Bu yeni edinilen görüşler, sıradan duyularımızdan gizlenmiş olan boşluğu hisseden algılayıcılar gibidirler.

Dolayısıyla, bu kitap manevi terimlerin düşüncesini geliştirmeye yardım amaçlıdır. Bu terimlerle bütünleştiğimiz ölçüde, tıpkı bir sisin kalktığı gibi, etrafımızı saran manevi yapının ortaya çıkışını içsel gücümüzle görmeye başlayabiliriz.

Yine, bu kitap olguların çalışılmasını hedeflememiştir. Bunun yerine, yeni başlayanların sahip oldukları en derin ve en güç algılanan hisleri uyandırmak için yazılmış bir kitaptır.

Dost Sevgisi

Grubun Amacı

Burada, Baal HaSulam'ın yolunu ve metodunu takip etmek isteyen herkes, bir grup olmak için bir araya geldik ki hayvan olarak kalmayalım ve insan denilen varlığın derecelerinde yükselelim.

Rabaş'ın Yazıları, 1. Bölüm, "Topluluğun Amacı"

Erdemliliğin İncileri

Erdemliğin İncileri, tüm nesillerin büyük Kabalistlerinin yazılarından, makalelerinden özellikle de Zohar Kitabının Sulam(Merdiven) Tefsirinin yazarı Yehuda Aşlag'dan derlenen alıntılardan oluşur. Bu yapıt, kaynağı referans alarak, insan yaşamının her aşamasıyla ilgili Kabalanın yenilikçi kavramlarını açıklar. Kabala çalışmak isteyen herkes için eşsiz bir hediyedir.

İlişkiler

"Bilim ve kültürün gelişiminin yanı sıra, her nesil kendinden sonra gelen nesle, biriktirdiği ortak insanlık tecrübesini aktarır. Bu bellek bir nesilden diğerine, çürümüş bir tohumun enerjisinin yeni bir filize geçmesi gibi geçer. Belleğin aktarımında var olan tek şey, Reşimo veya enerjidir. Maddenin çürümesi gibi, insan bedeni de çürür ve tüm bilgi yükselen ruha aktarılır. Daha sonra bu ruh yeni bedene yerleşir ve bu bilgiyi veya Reşimo"yu hatırlar.

Genç bir çiftin çocuğunun dünyaya gelişinde tohumdan gelen bilgiyle, ölmüş bir insanın ruhunun yeni bir bedene geçerken beraberinde getirdiği bilgi, arasındaki fark nedir? Neticede anne ve baba hayatta ve çocukları da onlarla beraber yaşıyor! Hangi ruhlar, onların çocukları oldu?

Yüzyıllar boyunca tüm uluslar, doğal olarak sahip oldukları tüm bilgiyi miras yoluyla çocuklarına geçirmek için büyük bir arzu duydular. Onlara en iyi ve en değerli olanı aktarmak istediler. Bunu aktarmanın en iyi yolu yetiştirme tarzı, bilgiyi öğretmek, kutsal olduğu düşünülen fiziksel eylemler yöntemi ile düzenli toplum oluşturmaya çalışmak değildir.

Kabalanın Temel Kavramları

Bu kitabı okuyarak kişi daha önce var olmayan içsel alametler geliştirir.

Bu kitap, manevi terimlerin analizini hedefler. Bu terimlere uyumlu olmaya başladıkça, etrafımızı saran manevi yapının tıpkı bir sisin kaybolmaya başlaması gibi örtüsünü açmaya başladığına tanık oluruz.

Kabala kitapları, Baal HaSulam'ın dünyayı kötülüklerden kurtarmanın sadece ıslah metodunu yaymaya bağlı olduğunu belirten yönlendirmelerini izlemeyi amaçlamıştır, tıpkı şöyle dediği gibi, "Eğer gizli olan ilmi kitlelere nasıl yayacağımızı bilirsek, kurtuluşun tam eşiğindeki bir nesil oluruz."

Bu gerçekleştirmenin tek yolu olan Kabala kitaplarını tüm dünyayla paylaşmak olduğunu biliyoruz. Bu sebeple tüm bu kitapları internette ücretsiz olarak yayınlıyoruz. Amacımız her köşeye bu ilmi mümkün olduğunca yaymaktır. Basılmış kitapları pek çok insana ulaştırabilir, onlar vasıtasıyla ilmin başkalarına yayılmasına yardım edebilirsiniz.

Kabalanın İfşası

Kabalaya gizli ilim denilmesinin 3 nedeni vardır. Birincisi kabalistler tarafından özellikle gizlenilmiş olduğundan. Kabalanın insanlara öğretilmesi ilk 4000 yıl kadar öncelerine Hazreti İbrahim'e dayanmaktadır MÖ 1947-1948 yıllarına. Milat tarihinin başlangıcına kadar geçen 2000 yıllık süreçte bu öğreti gizlenmeden halka öğretilmekteydi. Hz İbrahim'in çadırının önünde oturup geçen yolculara gösterdiği misafirperverlik hikâyesini biliyoruz. Sunduğu yiyecek ve içeceklerle birlikte aynı zamanda insanlara bu ilmi anlattığını da biliyoruz. O dönemlerde var olan ruhlar bizim neslimize göre daha arıydılar ve bu öğretiyi daha doğal olarak anlayabildiler.

Kabalanın Gizli Bilgeliği

Artan krizler dünyasında, fırtınanın ortasında bir ışığa, yanlış giden şeylerin nereden kaynaklandığını görmemizi sağlayan ve en önemlisi de dünyamızı ve yaşamlarımızı daha huzurlu ve yaşanabilir kılmak için ne yapmamız gerektiğini öğreten bir rehbere ihtiyacımız var. Bu temel ihtiyaçlar sebebiyle bugün Kabala ilmi milyonlara ifşa olmuştur. Kabala, yaşamı geliştirme metodu olarak düzenlenmiştir. Kabala bir araç ve Kabala İlminin Gizli Bilgeliği bu aracı nasıl kullanacağımızı öğreten bir yöntemdir. Bu rehber, bu kadim bilimi günlük yaşantımıza uyarlamanın yanı sıra, Kabalanın temellerini öğrenmek için ihtiyacınız olan bilgiyi bize sunar.

Kaostan Ahenge

Kaostan Ahenge: Kabala İlmine Göre Küresel Krizin Çözümü, dünyanın bugün içinde bulunduğu endişe verici aşamasına yol açan unsurları açığa çıkarır.

Birçok araştırmacı ve bilim adamının hemfikir olduğu gibi, insanoğlunun sorunlarının kaynağı insan egosudur. Laitman'nın çığır açan yeni kitabı sadece insanlık tarihi boyunca tüm acıların kaynağı olan egonun ifşasını değil, aynı zamanda egolarımıza bağlı olarak, mutluluğa nasıl ulaşacağımızı ve sorunlarımızı nasıl fırsata dönüştüreceğimizi de açıklığa kavuşturur. Kitap iki bölümden oluşur. İlki, insan ruhunun analizi yaparak, ruhun nasıl egonun zehri olduğunu ortaya koyar. Bu kitap mutlu olmak için yapmamız gerekenlerin ve acıya sebep olduğu için kaçınmamız gerekenlerin bir haritasını çizer. Kitap boyunca Laitman'ın insanlık aşamasının analizi bilim kaynaklı veriler, çağdaş ve kadim Kabalistlerinden alınan örneklerle desteklenmiştir.

Kaostan Ahenge yeni bir varoluş aşamasına kolektif olarak yükselmemiz gerektiğini ve bu hedefi kişisel, sosyal, ulusal ve uluslararası seviyede nasıl başaracağımızı gösterir.

Niyetler

Derste otururken, sizinle beraber çalışanlar vasıtasıyla uyanan müşterek ruha bağlı olarak içsel değişimleri deneyimlersiniz. Herkes, siz de dahil, hepimizi birleştiren Kaynağa bağlanır... Beraber çalıştıkça hepimiz birbirimize bağlanmaya çalışırız. En önemli şey, herkesin aynı Kaynağa, aynı düşünceye bağlanmasıdır... Sadece bu güç bizi birbirimize bağlar.

Ruh ve Beden

Zamanın başlangıcından beri insan, varoluşun temel sorusuna cevap aramaktadır: Ben kimim, dünyanın ve benim var olmamızın sebebi ne, öldükten sonra bize ne oluyor? Hayatın anlamı ve amacı ile ilgili sorularımız, gündelik hayatın sınamaları ve acıları, küresel bir boyuta ulaştı – neden acı çekmek zorundayız? Bu sorulara cevap olmadığından, mümkün olan her yöne doğru araştırmalar yapılmaktadır.

Kadim inanç sistemleri, şimdilerde moda olan doğu öğretileri, bu arayışın bir parçasıdır. İnsanlık sürekli olarak varlığının akılcı kanıtını aramaktadır; insan binlerce yıldır doğanın kanunlarını araştırmaktadır.

Kabala bir bilim olarak bunun araştırılmasında bir yöntem öneriyor. Bu yöntem, insanın evrenin gizli olan bölümünü hissetme becerisini geliştirmesine olanak tanıyor. "Kabala" kelimesi "almak" demektir ve insanın en yüksek bilgiyi alma ve dünyayı doğru pencereden görme özlemini ifade eder.

Yarının Çocukları

Yarının Çocukları: 21. Yüzyılda Mutlu Çocuklar Yetiştirmenin Temel Esasları, siz ve çocuklarınız için yeni bir başlangıç olacaktır. Yeniden başlat düğmesine basabilmeyi ve bu sefer doğru olanı yapmayı hayal edin. Hiçbir mücadele, hiçbir sıkıntı ve en iyisi, hiçbir tahmin yok.

Büyük keşif şudur ki çocukları yetiştirmek, tamamen oyunlardan, onlarla oynamaktan, onlarla küçük yetişkinlermiş gibi ilişki kurmaktan ve tüm önemli kararları birlikte almaktan ibarettir. Çocuklara dostluk ve diğer insanların iyiliğini düşünmek gibi olumlu şeyleri öğretmekle, nasıl otomatik olarak günlük hayatınızın diğer alanlarını da etkilediğinizi görünce şaşıracaksınız.

Herhangi bir sayfayı açın ve orada, çocukların yaşamlarına ait her alana dair düşünceleri sorgulatan sözler bulacaksınız: ebeveyn – çocuk ilişkileri, dostluklar ve sürtüşmeler, okullar nasıl tasarlanır ve nasıl işler konusunda açık, net bir tablo. Bu kitap, her yerdeki tüm çocukların mutluluğunu amaç edinerek, çocukların nasıl yetiştirileceğine dair taze bir bakış açısı sunuyor.

Sonsuza Kadar Birlikte

Yani, eğer bir gün siz de kalbinizin derinlerinde, hafif bir "Şak!" hissederseniz, bilin ki şefkatli ve bilge bir sihirbaz size sesleniyor, çünkü sizin dostunuz olmak istiyor.

Ne de olsa, yalnız olmak çok üzücü olabilir.

İNTERNET AĞIMIZ

Ana sitemiz:

http://www.kabala.info.tr/

İlk internet sitemiz olup en temel dokümanların yayınlandığı portal sitemizdir. Kabala hakkında Türkçe olarak yayında olan dünyadaki en büyük doküman arşivi olarak kabul edilebilir.

Dr. Michael Laitman'ın Blog Sitesi:

http://laitman.info.tr/

Hocamız Dr. Michael Laitman'ın günlük derslerinden derlediği kısa makalelerinin yayınlandığı blog sitedir.

Bu blog sitesi şu an 19 dilde yayın yapmaktadır ve Türkiye'deki öğrenci ve dostlarımızın katkılarıyla site Türkçe olarak da yayınlanmaktadır.

Dr. Michael Laitman'ın Eğitim Sitesi:

http://michaellaitman.com/tr/

Bu sitede Dr. Michael Laitman'ın uluslararası kamuoyunda dile getirdiği güncel sorunlara yönelik sunumlarını ve bu konularla ilgili uzmanlarla yaptığı söyleşileri takip edebilirsiniz.

Dr. Laitman, eğitim metodoloji ve uygulamaları ile günümüzde eğitimin geçirdiği en sıkıntılı dönemlerde olumlu değişimi desteklemektedir. Eğitime yeni bir yaklaşım sunarak, bağımlı ve integral dünyada yaşamın gereklilikleri için eğitime yeni bir yaklaşım sunmaktadır.

ARI Enstitü Merkezi:

http://ariresearch.org/tr/

ARI Enstitüsü, kâr amacı olmayan bir organizasyon olarak kurulmuştur. Eğitim uygulamalarına, pozitif değişime yaratıcı fikirler ve çözümlerle, şimdiki neslimizin giderek daha çok ihtiyaç duyduğu eğitim konularına kendini adamış bir organizasyondur. ARI, entegre ve birbirine bağlı yeni dünya düzeninin ve kurallarının farkına varılmasını ve küresel yeni dünyada uygulanmasını yeni bir düşünce yaklaşımı olarak sunmaktadır. İletişim ağları, multimedya kaynak ve aktiviteleriyle, ARI uluslararası ve farklı akademik çalışma grupları arasında işbirliğini desteklemektedir.

Kabala İlmi Eğitim Sitemiz:

http://em.kabala.info.tr/

Bu site internet olanakları kullanılarak en geniş kapsamlı eğitimi insanlara sunmak için yapılmıştır. İnternet ortamında bulunan sınıflar ve dünyanın en geniş kapsamlı Kabalistik metinler kütüphanesi gibi hizmetler sunan Bney Baruh'un tüm çabası, sorularınıza cevaplar bulabileceğiniz ve içinde yaşadığımız dünyayı daha iyi anlayabilmenizi sağlayacak olan bir ortam yaratabilme üzerine yoğunlaşmaktadır. Tüm kurslar ücretsizdir.

Media Arşivi:

http://kabbalahmedia.info/

Bu sitemizde yıllardır işlenmekte olan tüm ders, çalıştay ve söyleşi programlarının video ve MP3 arşivine ücretsiz olarak ulaşabilirsiniz.

Kabala TV Sitesi:

http://kabalatv.info/

Her sabah 03:00 – 06:00 arası yapılan canlı dersleri bu sitenin ana sayfasından takip edebilirsiniz. Ayrıca bu sitede Bney Baruh Kabala Eğitim Merkezi'nin Türkçe dilinde düzenlediği tüm video arşivini inceleyebilirsiniz. Bu sitede ayrıca 24 saat canlı yayın yapan TV odası ve aynı zamanda belirli zamanlarda canlı yayın yapan Radyo odasına ulaşabilirsiniz.

Sviva Tova – İyi Çevre:

http://kabbalahgroup.info/internet/tr/

Bu sitede Bney Baruh dünya topluluğu ile ilgili günlük bildirimleri takip edebilirsiniz. Bu bildirimler sayesinde tüm etkinliklerimizden haberdar olup bu etkinliklere internet üzerinden dâhil olabilirsiniz.

Ari Film:

http://www.arifilms.tv/

Ari Film yapımcılarının Kabala İlmi hakkında gerçekleştirmiş oldukları tüm sinema ve video çalışmalarına bu site aracılığıyla ulaşabilirsiniz.

Kitap Sitemiz:

http://www.kabbalahbooks.info/

30 farklı dilde yayınlanmış tüm kitapları bu sitede inceleyebilirsiniz.

Müzik Sitemiz:

http://musicofkabbalah.com/

Her birimiz müziği farklı algılarız. İki kişinin aynı melodiyi nasıl algıladığını karşılaştırmak mümkün değildir. Kabala, ruhun ilmi, bu nedenden dolayı kişiye özeldir. Kabala ruhun tümüyle açılıp, yaratıldığı zaman içinde mevcut olan mutlak potansiyeline ulaşması için bir yoldur.

Bu sitede yer alan melodiler, çok büyük kabalistlerden biri olan Baal HaSulam ve geçmişteki Kabalistlerin yaptıkları bestelerin farklı değişimleriyle düzenlenmesinden oluşmuştur. Ziyaretçiler ayrıca müzik ve Kabala ile ilgili bazı materyallere bağlantı bulabilirler.

Sosyal Ağlar:

Tüm sosyal ağlarımızın kısa linklerine sitelerimize girerek ulaşabilirsiniz.

Katkı Sunun

Kabala İlmi bir grup çalışmasıdır. Dünya'nın birçok ülkesinde grupları bulunan Bney Baruh Kabala Eğitim Enstitüsü tüm faaliyetlerini öğrencilerinin gönüllü katkıları ile sürdürmektedir. Bu katkılar bireylerin niteliklerine göre değişmektedir. Sitemizde de incelediğiniz gibi Bney Baruh, prensipleri gereği, kullanılabilecek tüm Öğrenim Araçları ile Manevi Bilgi'yi öncesinde hiç bir ön koşul öne sürmeden tüm insanlığa ücretsiz olarak götürmeyi kendisine ilke edinmiştir.

Bu doğrultuda Manevi Dağıtıma katkı sunmak isteyenler **turkish@kabbalah.info** adresine yazarak Bney Baruh ile iletişime geçebilirler.

NOTLARIM

www.ingramcontent.com/pod-product-compliance
Lightning Source LLC
Chambersburg PA
CBHW071213080526
44587CB00013BA/1357